IMMANUEL KANT

Metaphysische Anfangsgründe der Tugendlehre

Metaphysik der Sitten
Zweiter Teil

Mit einer Einführung
›Kants System der Pflichten in
der Metaphysik der Sitten‹
von Mary Gregor

Neu herausgegeben und eingeleitet
von Bernd Ludwig

FELIX MEINER VERLAG
HAMBURG

PHILOSOPHISCHE BIBLIOTHEK BAND 430

Bibliographische Information der Deutschen Nationalbibliothek

Die Deutsche Nationalbibliothek verzeichnet diese Publikation in der Deutschen Nationalbibliographie; detaillierte bibliographische Daten sind im Internet über ›http://portal.dnb.de‹ abrufbar.

ISBN 978-3-7873-3097-3

3., durchgesehene und verbesserte Auflage 2017

 Druck und Bindung: Hubert & Co., Göttingen. Gedruckt auf alterungsbeständigem Werkdruckpapier, hergestellt aus 100 % chlorfrei gebleichtem Zellstoff. Printed in Germany.

INHALT

IMMANUEL KANT

Metaphysische Anfangsgründe der Tugendlehre

I. Ethische Elementarlehre

II. Ethische Methodenlehre

EINLEITUNG

I. Entstehungsgeschichte und Rezeption

A. Die Entstehungsgeschichte der »Tugendlehre« ist eng mit der der »Rechtslehre« verwoben, stellen doch beide Schriften in der Konzeption Kants nur zwei Teile eines Ganzen, der »Metaphysik der Sitten« dar. Wann der Plan, diese Schrift in zwei separaten Teilen erscheinen zu lassen, geboren wird, ist heute nicht mehr sicher auszumachen. Erst gegen Ende des Jahres 1796 erfahren wir explizit, daß die Rechtslehre vorab herauskommen wird: Kant schreibt am 19. November an Konrad Stang[1], daß er sie »vor Wochen« zum Druck gegeben habe und er mit ihrem Erscheinen um Weihnachten rechne. Zu dieser Zeit ist die Tugendlehre sicherlich noch nicht abgeschlossen, denn Jakob berichtet dem Autor am 7. Dezember, daß er von Kiesewetter wisse, Kant arbeite gerade an ebendiesem Werk. Da das Schicksal der beiden Schriften sich also – zumindest durch die Brille unserer Quellenlage – erst kurz vor ihrem Erscheinen trennt, kann hier auf die Entstehungsgeschichte der Rechtslehre (in Band 360 der Philosophischen Bibliothek) verwiesen werden. Nur die einzige direkte Nachricht über die Tugendlehre verdient eine separate

[1] Kantische Schriften werden in der gesamten Einleitung zitiert nach: »Kants gesammelte Schriften, hg. v. d. (königlich-preußischen/deutschen/göttingischen) Akademie der Wissenschaften«, Berlin 1900 f. (= »Akademie-Ausgabe«). Angegeben werden Band, Seite und ggf. Zeile, z. B. VI 34, 23. Seitenzahlen ohne Bandangabe (›XI‹, ›93, 3‹ etc.) beziehen sich hingegen auf die vorliegende Ausgabe. Die Kantische Korrespondenz wird über Datum und Adressaten bzw. Autor ausgewiesen. Der obige Brief an Stang ist nicht in der Akademie-Ausgabe enthalten, sondern erstmals im Katalog der Ausstellung »Immanuel Kant« im Gutenberg-Museum Mainz, 12.3–10.4.1974 (G. Richter, Mainz 1974) S. 59 abgedruckt. Nicht näher bezeichnete Schriften sind anhand des Literaturverzeichnisses (s. u.) zu identifizieren.

Erwähnung, zumal sie schon etwas über den Plan der Schrift von 1797 verrät: Am 21. Dezember 1792 antwortet Kant auf einige Fragen Erhards zur Moralphilosophie, die sich diesem aus einem Gespräch mit E. F. Klein ergaben: »Beyde Sätze sind wahr, obgleich in den gewöhnlichen Moralen ganz verkannt. Sie gehören zu den Pflichten gegen sich selbst, welcher in meiner unter den Händen habender Metaphysik der Sitten, besonders, auf eine andere Art als wohl sonst geschehen, bearbeitet werden wird.« Die »beyden Sätze« aus dem Brief vom 6. November 1791 betrafen das Verbot der »Wegwerfung meiner selbst« und das Gebot, »ein Mittel zu finden, durch welches meine physischen Kräfte meinen moralischen Forderungen gleich würden«. – Die separate Behandlung der Pflichten gegen sich selbst und der Pflichten gegen andere – die freilich auch schon in seinen Vorlesungen gemäß Baumgarten zugrundeliegt – steht fest und soll ein eigenes Gepräge finden.

Kant rechnete damit, daß die »Tugendlehre« bereits zur Ostermesse 1797 erscheinen würde. Zumindest muß er dies Konrad Stang[2] mitgeteilt haben, denn von jenem hat es Matern Reuß erfahren, der sich daraufhin am 21. April 1797 bei Kant im voraus für die Schrift bedankt. Keiner der an diesem Dreiecksgespräch Beteiligten mag geahnt haben, daß sich das Erscheinen noch ein halbes Jahr herauszögern würde – am wenigsten Kant. Am 29. Juli sieht er sich genötigt, einen erbosten Vorredenentwurf zu verfertigen, der aus uns nicht bekannten Gründen den Lesern der Tugendlehre dann doch vorenthalten wurde: »Wegen der möglichen Ansprüche auf das Mein und Dein an Schriften, nach der früheren oder späteren Erscheinung derselben, bemerke ich noch: daß das Mskpt dem Hrn. Verleger so früh vor der Ostermesse und vollständig eingehändigt worden, daß der Abdruck nothwendig um diese Zeit hätte vollendet seyn müssen, aber sich, aus mir unbekannten Ursachen, bis jetzt verzogen hat. Den 29. Jul. 1797. I. K.« (XII 187). Dem Publikum liegt die Kantische

[2] Der Kant-Brief an Stang, auf den sich Reuß bezieht, wird nicht, wie im Katalog (s. o. Anm. 1) vermutet, der Brief vom 19. November sein, da Kant in diesem die Tugendlehre mit keinem Wort erwähnt.

Schrift dann einen Monat später vor: Am 28. August zeigen die »Königsbergischen Anzeigen von Gelehrten Sachen« die »Tugendlehre« als erschienen an.

B. Anders als im Falle der »Rechtslehre« findet die »Tugendlehre« in der uns überlieferten Kantischen Korrespondenz keinen nachhaltigen Niederschlag: Gerade, daß Reuß – wie erwähnt – seine Erwartung des Erscheinens der Schrift zum Ausdruck bringt und Jakob am 8. September aus Halle Kant von seinen ersten Lesefrüchten berichtet. Die Rezensionen jedoch erscheinen in gleichermaßen rascher Folge wie im Falle der Rechtslehre, und auch eine größere Anzahl einschlägiger Monographien läßt nicht lange auf sich warten. Daß andererseits die Nachdrucker offenbar erst drei Jahre nach Erscheinen der ersten Auflage die Möglichkeit eines lohnenden Geschäfts sehen[3] und für die offizielle zweite Auflage noch drei weitere Jahre ins Land gehen, vermag wenig über den Absatz der Schrift zu verraten, da uns die Auflagenhöhe (die der Verleger Nicolovius anläßlich des Erfolgs der Rechtslehre sogleich heraufgesetzt haben wird) unbekannt ist. Zumindest sind im Versteigerungskatalog der Nicoloviusschen Verlagsartikel von 1832 Rechts- und Tugendlehre (im Unterschied zu anderen Kantischen Schriften der neunziger Jahre) nicht mehr verzeichnet[4]: die Auflagen sind offensichtlich abgesetzt.

[3] Sie scheinen damit jedoch keinen glücklichen Griff getan zu haben: Warda erwähnt Exemplare des Kehrschen Nachdrucks, bei denen auf dem Titel die letzte »0« der »1800« mit einer »3« überdruckt wurde (A. Warda: Die Druckschriften Immanuel Kants bis 1838, Wiesbaden 1919; hier zu Nr. 178). – Die zweite Auflage der »Rechtslehre« wurde schon ein halbes Jahr nach Erscheinen der ersten Auflage, am 5.6.1797 in der Oberdeutschen allgemeinen Literaturzeitung (Salzburg, S. 1067) kolportiert und dann etwa ein weiteres halbes Jahr später ins Werk gesetzt: Kant übersendet Nicolovius am 9.4.1798 die Anweisungen für Titelblätter und Anhang (s. PhB 360 S. XXIII).

[4] Nach dem Zeugnis von Karl Rosenkranz in seiner Geburtstagsrede zum 22. April 1836: »Die Gesamtausgabe der Kantischen Schriften« (in: ders.: Studien, 1. Teil, Reden und Abhandlungen. Zur Philosophie und Literatur, Berlin 1839 S. 232 ff., hier S. 248).

Von dem großen Interesse jener Tage ist der Tugendlehre in der Folgezeit nicht mehr viel geblieben und selbst von der jüngeren Renaissance der Rechtslehren-Beschäftigung hat sie nicht profitiert. Das mag zum einen daran liegen, daß die Kantische Moralphilosophie gemeinhin ausschließlich mit der Lehre von Freiheit und Kategorischem Imperativ identifiziert wird, und die Tugendlehre – die in Fragen der *Grundlegung* des letzteren in der Tat wenig ergiebig ist – folglich ins Abseits geraten ist. Doch auch unabhängig von einer derart verengten Betrachtungsweise könnten andererseits die »Grundlegung zur Metaphysik der Sitten« und die »Kritik der praktischen Vernunft« – anläßlich der dortigen Aussparung rechtlicher Fragen im engeren Sinne – als bereits mehr oder weniger explizit *ethische* Schriften angesehen werden, womit dann die Tugendlehre leicht nur noch als mechanische Durchführung eines Projektes gemäß andernorts gewonnener Prinzipien erscheinen dürfte. Diese Sichtweise ist gleichermaßen verkürzt, denn sie übersieht zumindest, daß die Explikation der Theorie der Gesetzgebung für die Handlungsmaximen (in der Einleitung zur »Tugendlehre«) sowie die systematische Vorstellung der Pflichtenlehre (im Hauptteil) im Rahmen der Kantischen Schriften etwas Neues darstellen.

II. Der Text der Tugendlehre

Kant hat es dem Leser seiner »Tugendlehre« nicht leicht gemacht. Daß es keinen Königsweg zur Philosophie gebe, hatte er schon vor Jahren betont,[5] doch daß er seine schriftstellerische Laufbahn mit einem derart unausgewogenen Opus krönen wollte, war nicht abzusehen. Der Zustand von Rechts- und Tugendlehre hat das Gerücht vom altersgeschwächten Autor Immanuel Kant nicht ohne Grund befördert.[6] Die Einleitung in die »Tugendlehre« ist zumindest in einer Hinsicht ein herausra-

[5] Siehe KrV B X.

[6] Siehe dazu B. Ludwig: Kants Rechtslehre (Kant-Forschungen Bd. 2), Hamburg ^{2}2005, S. 1 ff.

gendes Stück Kantischer Baukunst: In keinem anderen seiner Werke finden wir eine Einleitung vor, die fast den halben Umfang jener Abhandlung aufweist, der sie vorangeht, und selbst eine wegen ihrer Umfänglichkeit verworfene (die sogenannte »erste«) Einleitung in die Kritik der Urteilskraft kam nicht über ein Viertel der Abhandlung selbst hinaus.

Doch nicht nur ihr Umfang erregt Anstoß. Versucht man sich einen Überblick über den Text-Koloß zu verschaffen, so wird man nur mit einiger Mühe bestenfalls folgende Struktur entdekken:

I–V:	Von Zwecken, die zugleich Pflicht sind.
VI–XI:	Handlungen versus Maximen, Rechts- und Tugendpflichten.
XII–XVII:	Über die Disposition des der Tugend fähigen Subjekts[7]
XVII, XIX:	Einteilung der Tugendlehre.

Aber selbst dieser Bauplan ist nur mit Vorbehalt zu akzeptieren: Die Zäsur zwischen dem zweiten und dem dritten Block ist ausschließlich durch den Abschnitt XII über die »Ästhetischen Vorbegriffe« motiviert und verliert einen Teil ihrer Signifikanz mit dem nachfolgenden Abschnitt über die »Allgemeinen Grundsätze«, der selbst nichts über die Disposition des tugendhaften Subjekts berichtet. Beachtet man, daß Abschnitt XIV (»Von der Tugend überhaupt«) zu einer »Aesthetik der Sitten« überleitet (S. 41, Z. 17), und Abschnitt XV[8] auf den Abschnitt XII b (»Gewissen«) mit einem »oben« zurückverweist (S. 41, Z. 32), so möchte man vermuten, daß jener Abschnitt XII (die »Aesthetischen Vorbegriffe«) vielleicht eher zwischen XVI und XV stehen sollte, womit dann Abschnitt XIII und XIV eine

[7] »Aesthetik der Sitten« (vgl. u. S. 41, Z. 17).

[8] Die Zugehörigkeit von Abschnitt XV zur Sinneinheit »subjektive Disposition« wird durch den Titel (»Vom Prinzip der Absonderung der Tugendlehre von der Rechtslehre«) leicht verdeckt. Thema ist jedoch die »innere Freiheit« und (so die »Anmerkung«) deren Erfordernisse: Zähmung der Affekte und Beherrschung der Leidenschaften – womit zu Abschnitt XVI übergeleitet wird.

Überleitung von den Tugend*pflichten* zur *Tugend* und damit zur subjektiven Disposition des potentiell Tugendhaften liefern. – Sicherlich ist ein solcher Hinweis nicht als Beweis für die Korruptheit des Textes zu werten, doch deutet er auf eine gewisse Brüchigkeit seines Zustandes hin. Dieser Verdacht verstärkt sich durch die insgesamt eher zögernde Entwicklung des Gedankens, die vor Wiederholungen im Detail nicht halt macht und dem Leser die Übergänge zwischen den einzelnen Darlegungen nicht erleichtert. Inwieweit wir es hier mit einem einheitlichen Entwurf Kants zu tun haben, ist – soweit ich sehe – nicht einfach auszumachen.

In Teil I der Elementarlehre, der Lehre von den Pflichten gegen sich selbst, findet sich der Leser mit einer eigenartigen Gliederung konfrontiert: Das zweite Hauptstück (§ 9 ff.) zerfällt in 4 größere Sinnabschnitte, von denen auffallenderweise nur die letzten drei explizit als »Abschnitte« (»1.«, »2.« und »episodischer«) gekennzeichnet sind. Der fast zwei Drittel des Hauptstücks ausmachende erste Sinnabschnitt trägt selbst keinen Gliederungstitel. *Er* ist es aber andererseits, der gemäß § 4 die eigentlichen Pflichten »des Menschen gegen sich selbst, bloß als moralisches Wesen betrachtet« vorstellt. § 4 kündigte eine zweifache Einteilung der Pflichten gegen sich selbst an: die in »vollkommene« und »unvollkommene« Pflichten, sowie die in Pflichten gegen sich selbst als »animalisches« und als »moralisches« Wesen. Die sich gemäß dieser Einteilungsgesichtspunkte ergebenden vier Sinnabschnitte sind in der Tat zu finden: Die beiden »Hauptstücke« des ersten Buches und die beiden »Abschnitte« des zweiten Buches. Allerdings gilt dies bezüglich des ersten Hauptstücks des ersten Buchs nur, sofern ausschließlich auf den obengenannten ersten titellosen[9] Sinnabschnitt und nicht auf die drei nachfolgenden »Abschnitte« Bezug genommen wird. Alle jene drei Abschnitte sind zumindest gegenüber der Einteilung in »vollkommene« und »unvollkommene« Pflichten weitestgehend indifferent und ferner in § 4 nicht angekündigt.

[9] Genauer: ohne einen ihn in die architektonische Hierarchie einordnenden Titel wie z. B. »Abschnitt« o. ä.

Beim ersten der drei Abschnitte ist die Anordnung am gegebenen Ort nicht ganz unproblematisch: Sicherlich handelt es sich bei den Gewissenspflichten nicht um »vollkommene« (d. i. negative) Pflichten wie bei der der »Unterlassung« von Selbstmord oder Lüge. Der als »Zweiter Abschnitt« bezeichnete Text handelt ausweislich seiner Überschrift »Von dem ersten Gebot aller[10] (! B. L.) Pflichten gegen sich selbst« und der »episodische« Abschnitt (»Von der Amphibolie der moralischen Reflexionsbegriffe«) bezieht sich gleichermaßen nicht in specie auf die vollkommenen Pflichten. Der auffällige Befund, daß diese drei Abschnitte in der Architektonik des Werkes keine angemessene Stelle zugewiesen bekommen haben, sondern äußerlich an das erste Hauptstück angehängt wurden[11], wird somit ergänzt durch die inhaltliche Irritation, die von ihrer Plazierung ausgeht.

Wenngleich demnach klar sein dürfte, daß die drei genannten Abschnitte – der systematischen Disposition nach – nicht an den vorgefundenen Ort gehören, so ist andererseits die Stelle, an der man sie erwarten könnte, nicht auszumachen; ja, es ist nicht einmal klar, ob sie in dem vorgefundenen Bau der Pflichtenlehre überhaupt vorgesehen waren, und es ist darüberhinaus nicht unmittelbar einzusehen, ob sie aus derselben Kantischen Arbeitsphase stammen wie der sie umgebende Text. Dem Herausgeber bleibt somit nur übrig, den Blick des Lesers mit den hier gegebenen Hinweisen auf die Probleme zu lenken und ihm so zu ermöglichen, sich durch die vertrackte Struktur der Schrift mit Hilfe des teilweise verschütteten Bauplans zu bewegen, d. h. die klare Disposition der Pflichtenlehre – wie sie zum Teil der § 4 ankündigt – zum Leitfaden seiner Orientierung wählen und die drei »Abschnitte« als inhaltlich bedeutende Stücke der Lehre von

10 Auch in der Vigilantius-Nachschrift finden wir diese Emphase bezüglich Baumgartens »Nosce te ipsum« (XXVII 608).

11 Die zweite Auflage korrigiert die formalen Mängel nicht ungeschickt, indem sie den drei »Abschnitten« einfach die Überschrift »Drittes Hauptstück« voranstellt. Damit bleibt allerdings die inhaltlich prekäre Zuordnung zum ersten Buch (vollkommene Pflichten gegen sich selbst) bestehen.

den »Pflichten gegen sich selbst« gleichsam separat zur Kenntnis zu nehmen. Die Bezeichnungen »Hauptstück« und »Abschnitt« sind im ersten Buch entsprechend vor dem geistigen Auge zu harmonisieren.

Stellt man zuletzt die Einleitung und den Haupttext gegenüber, so vermag man nur mit Mühe den inneren Zusammenhang dieser beiden Stücke nachzuvollziehen. Explizite Bezüge der Teile aufeinander sind – mit (scheinbarer, s. u.) Ausnahme der »Einteilung« – nicht auszumachen, und die zweifache Abhandlung des »Gewissens« (in XII und § 13) z. B. ist zumindest unmotiviert. Ferner steht das »Schema der Tugendpflichten« in XI in keinem Zusammenhang mit der nachfolgenden Abhandlung, und der Gegenstand der »ersten Einteilung« der Tugendpflichten in XIX taucht nicht etwa als Einteilungsschema, sondern ausschließlich in der »Amphibolie« des § 16 indirekt wieder auf, wenn Pflichten gegen »übermenschliche« und »untermenschliche« Wesen auf »Pflichten gegen sich selbst« zurückgeführt werden. Ferner wird – nicht etwa nur in der »Exposition der Tugendpflichten als weiter Pflichten« (VIII) – den *vollkommenen* Pflichten gegen sich selbst in der gesamten Einleitung keine Beachtung geschenkt. Es scheint vielmehr so, als würden die – unvollkommenen – Pflichten zu eigener Vervollkommnung und fremder Glückseligkeit (VIII) die Tugendlehre allein ausschöpfen, wenn allgemein behauptet wird, die ethischen Pflichten seien im Unterschied zu den rechtlichen von weiter Verbindlichkeit (VII). Überhaupt vermittelt die Eineitung den Eindruck, der nachfolgende Text handle in Gänze von einer reinen Zwecklehre (VI, VII). Im Unterschied dazu stehen jedoch die vollkommenen Pflichten gegen sich selbst der §§ 5–18 nicht unter sich zu setzenden Zwecken (zumindest wäre das nicht offensichtlich)[12]. Nur einmal wird in der Einleitung der Unterschied von vollkommener und unvollkommener Pflicht als ein

[12] Es sind enge Verbindlichkeiten gegen sich selbst, Handlungs-Verbote (d. h. keine Zweck-Gebote, vgl. § 4). Sie betreffen jedoch nicht die Freiheit anderer und sind somit nicht rechtlich (diese Differenz kommt, neben den §§ B und C der Rechtslehre, nur nebenbei – S. 139, Z. 5 f. – zur Sprache).

der Tugendlehre inhärenter überhaupt angesprochen und dabei als bloß gradueller ausgegeben (VII). Daß er im nachfolgenden Text ein fundamentales Gliederungsprinzip abgeben wird, ist nicht zu erahnen. Man würde in der Tat eher eine »Ethische Elementarlehre« ohne das »1. Buch« von »Teil I« erwarten. Dafür spricht ferner, daß Kant in der »Anmerkung« ;zu Abschnitt XVIII der Einleitung die Notwendigkeit der Kasuistik innerhalb der Tugendlehre damit begründet, daß »*unvollkommene* Pflichten« einen Spielraum der Erfüllung offenlassen. Daß Kant dann jedoch gerade[13] im ersten Buch der Elementarlehre – der Abhandlung von den *vollkommenen* Pflichten – jeder einzelnen Pflicht-Darstellung einen Abschnitt mit der zugehörigen Kasuistik folgen läßt, will damit nicht recht zusammenstimmen.

Es soll hier nicht behauptet werden, daß die Konzeptionen von Einleitung und Haupttext miteinander inhaltlich unverträglich wären. Vielmehr scheint die Einleitung andere Akzente zu setzen: Wäre sie mit Blick auf den Haupttext niedergeschrieben, sähe sie wahrscheinlich anders aus. Grob ließen sich nämlich folgende Schemata der Einteilung der Sittenlehre gewinnen, je nachdem, ob man die Einleitung oder den Haupttext heranzieht:

Gemäß Einleitung:

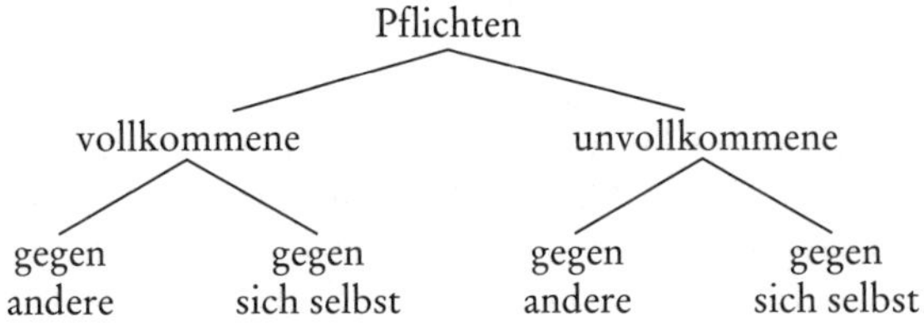

– *Recht* – – ? ? ? – – *Ethik* = *Tugendlehre* –

[13] Als Glanzlicht dieser Unstimmigkeit mag erscheinen, daß ausgerechnet im zweiten Buch (»unvollkommene Pflichten gegen sich selbst«) ;die Kasuistik nicht explizit aufgeführt, sondern nur en passant erwähnt wird (§ 20).

Gemäß Haupttext:

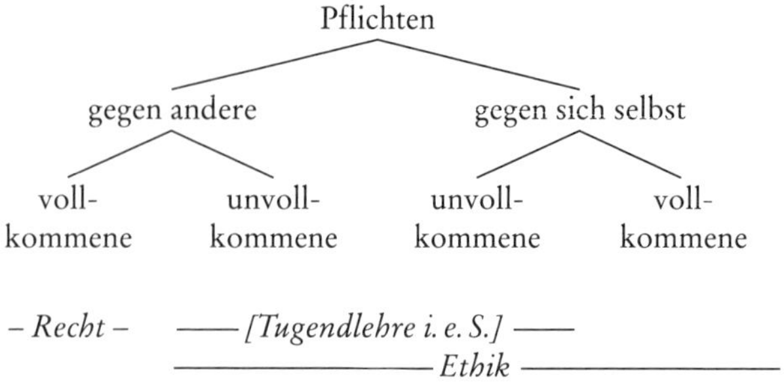

Während die Einleitung die Unterscheidung von ›vollkommenen‹/›unvollkommenen‹ Pflichten *außerhalb* der Ethik ansetzt, ist sie im Haupttext selbst (auch) *interner* Gliederungsgesichtspunkt, der überdies dem von ›Pflichten gegen sich selbst/gegen andere‹ *nachgeordnet* ist. Man beachte ferner, daß der Haupttext *sich selbst* in toto nicht als »Tugendlehre« bezeichnet: »Tafel[14] der Einteilung der Ethik (!)«, »Beschluß der ganzen Ethik (!)« (ein andeutungsweise ›reflexiver‹ Gebrauch von »Tugendlehre« findet sich nur zu Beginn der Methodenlehre). Eine terminologische Marginalie paßt in dieses Mosaik unterschiedlicher Konzeptionen: Die Einleitung teilt die Methodenlehre (XVIII Anm. und XIX) in »Katechetik«[15] und »Asketik« ein; im Haupttext lautet die Unterscheidung: »*Didaktik*«/»Asketik«.

Angesichts der Komposition der Einleitung, der obengenannten Befunde in der Pflichtenlehre und eingedenk ihres zuletzt benannten gegenseitigen Verhältnisses zueinander wird man-

[14] Die Tafel gehört der Sache nach mit zum Haupttext: Erstens stand sie in der ersten Auflage am Ende desselben, zweitens repräsentiert sie genau dessen Einteilungsschema.

[15] In der zweiten Auflage und den neueren Ausgaben ist dies an beiden Stellen sachgerecht durch »Didaktik« ersetzt. Die Frage nach Ursachen des Wechsels der Terminologie innerhalb der ersten Auflage (die nicht unbedingt auf Gründe Kants verweisen müssen) kann damit nicht mehr aufkommen.

die Vermutung wagen, daß der Text aus z. T. schon länger bei Kant bereitliegenden Teilen zusammengesetzt wurde und eine gründliche Zusammenarbeitung zu einer Gesamtkonzeption unterblieben ist. Anders als im Falle der »Rechtslehre« bieten die Inkohärenzen des Textes daher keinen Anlaß zum korrigierenden Eingriff des Herausgebers, denn wir finden keine Hinweise auf eine vom Autor offensichtlich selbst intendierte[16], im Druck aus äußeren Gründen dann jedoch nicht realisierte Textgestalt, die *wieder*herzustellen eine sinnvolle Aufgabe sein könnte.

Für die interpretatorische Bemühung um den Text hat diese Einsicht in seine Struktur jedoch eine wichtige Konsequenz: Der Frage nach der möglichen Vereinbarkeit der Konzeptionen in Einleitung und Haupttext sollte die eigenständige, auf interne Kohärenz zielende Aneignung der einzelnen Teile vorangehen. Vermittlungsversuche in Form einer Korrektur der separaten Interpretationen können dann auf andere Äußerungen Kants zurückgreifen. Nur wenn man diese Schritte trennt, wird man wissen, wonach man eigentlich sucht, wenn man den Text interpretiert: Vielleicht gibt es »die« Kantische Tugendlehre ja nur im buchtechnischen Sinne. Stellen sich Unvereinbarkeiten letztlich als unauflöslich – oder deren mögliche Auflösungen als gewaltsam – heraus, wird man sich im Falle einer systematischen Anknüpfung an den Kantischen Ansatz für einen Interpretationsschwerpunkt entscheiden müssen. Eventuelle historische Schichtungen des Textmaterials aufzuspüren und diese in Verhältnis zu den überlieferten Vorarbeiten und Vorlesungsschriften zu setzen, dürfte andererseits ein Beitrag zu der seit langem ausstehenden Diskussion um die Spätphase der Kantischen Moralphilosophie sein, die nach wie vor im Kernschatten der Kant-Forschung liegt. Dies ist ein echtes Desiderat, denn gerade in dieser Phase der Kantischen Reflexion werden Überlegungen

[16] Im Falle der Rechtslehre wurde der Text mit den in ihm selbst zu findenden Aussagen über seine Komposition in Übereinstimmung gebracht: u. a. Querverweise wiederhergestellt, lokale Anschlüsse von Textpassagen (durch »also«, »oben« etc. ausgewiesen) rekonstruiert und Argumentationsketten wieder zusammengefügt.

thematisch, die es ermöglichen sollten, dem immer wiederkehrenden Vorwurf der »Formalität« der Kantischen Moralphilosophie endlich in das Kabinett negativer Hagiographie zu verweisen. Daß die Kantische Moralphilosophie allein auf dem formalen Prinzip des kategorischen Imperativs gegründet ist, ist der ganze Stolz ihres Autors – und kann daher allein keinen per se vernichtenden Vorwurf abgeben. Zu zeigen, daß man anhand dieses formalen Prinzips bis zu materialen Bestimmungen gelangt, ist Kants Ehrgeiz in der Tugendlehre. Letztlich ist diese damit Dreh- und Angelpunkt der Auseinandersetzung mit Formalismus-Vorwürfen aller Art. Hier erst sind sie anzubringen und in ihrer Einschlägigkeit zu erweisen. Doch dazu muß man den Text der Tugendlehre studieren – und das ist keine geringe Zumutung.

III. Editionsprinzipien, Textgrundlage

Während der Text der zweiten Auflage der »Rechtslehre« sich – neben der Korrektur einiger offensichtlicher Druckversehen – nur durch die Erweiterung einer Klammerbemerkung (in § 5) unterscheidet, weist die zweite Auflage der »Tugendlehre« zahlreiche Spuren stilistischer Überarbeitung auf und wird – vermutlich aus diesem Grund – auf dem Titelblatt expressis verbis als »verbesserte« Auflage gepriesen. Will man nicht grundlos unterstellen, daß der zweiten Auflage (1803) ein von Kant bereits längere Zeit vor dem Druck überarbeiteter Text der ersten Auflage zu Grunde lag, so wird – angesichts seines geistigen Verfalls – allein aufgrund biographischer Indizien definitiv auszuschließen sein, daß Änderungen in der zweiten Auflage auf ihn zurückgehen.[17] Ferner handelt es sich durchweg nicht um sach-

[17] Bereits am 12.September 1798 erfährt Garve von Kant, daß er bemerke, »für Geistesarbeiten, bei sonst ziemlichem körperlichen Wohlsein, wie gelämt zu sein«, und am 28. April 1802 schreibt Kant an Carl Christian Schoen: »Meine Kräfte nehmen mit jedem Tage ab, meine Muskeln schwinden ... so bin ich doch bis jetzt seit zwei Jahren nicht mehr aus dem Haus gewesen.« Siehe generell das Kapitel »Die letzten Jahre

liche Korrekturen, sondern ausschließlich um »Verbesserungen« stilistischer Art, und diese weisen – wie bereits Natorp[18] (VI 528) anmerkt – zumeist eine Schreibart auf, die den Text vom Kantischen Duktus der neunziger Jahre deutlich entfernt und überdies in ihrer Penibilität mit der Kantischen Gleichgültigkeit gegenüber diesen Fragen schwerlich vereinbar sind. Anders als z. B. im Fall der »Kritik der reinen Vernunft«, wo die zweite Auflage auf dem Titelblatt gleichermaßen als »verbessert« – übrigens mit einem vorangestellten »hin und wieder« moderiert – ausgewiesen wurde, bieten die Abweichungen in der »Tugendlehre« somit nicht einmal Anlaß zur Vermutung, Kant habe sie im Einzelnen autorisiert oder gar selbst verfertigt. Die Vorländersche Ausgabe von 1922 verzeichnete alle wesentlichen[19], über Orthographie und Interpunktion hinausgehenden Abweichungen der zweiten Auflage am Fuß der Seite. Von dieser Lösung wurde hier abgegangen, da der fragwürdige Vorzug, den diese Form der Dokumentation der vorgefundenen »Verbesserungen« bietet, zu teuer erkauft wird: Der Leser wird unentwegt zwischen Haupttext und redundanten Fußnoten hin- und hergeschickt (stets fürchtend, relevante Konjekturen andernfalls zu übersehen), worunter zunächst die Lesefreundlichkeit des Textes nicht unwesentlich leidet. Ferner suggerieren die zahllosen Fußnoten einen in redaktioneller Hinsicht korrupten Text[20], obgleich wir es in Wirklichkeit nur mit Varianten einer von einem schulmeisternden Revisor zerquälten zweiten Auflage zu tun haben. Jene

(1799–1804)« in K. Vorländer: Immanuel Kant. Leben und Werk (1924), Hamburg 1977; E. Adickes: Kants Opus postumum, Kant-Studien Sonderheft 50, Berlin 1920, S. 718 ff.; für die Zeit um 1797 auch Ludwig, (s. o. Anm. 6), S. 39 ff.

[18] Bezeichnenderweise ist es erstmals Natorp, der in seiner mustergültigen Edition der »Metaphysik der Sitten« die ersten Auflagen nach kritischer Inspektion als die einzig maßgeblichen Texte ansieht.

[19] Natorp gibt (VI 537–547) etwa 400 Varianten der zweiten Auflage an, die u. a. auch Unterschiede des Sperrdrucks etc. berücksichtigen.

[20] Die erste Auflage der Tugendlehre ist – von Kants stilistischen Eigentümlichkeiten und der zweifelhaften Architektonik (s. o. Abschnitt II) abgesehen – ein Werk mit durchschnittlichen formalen und (satz bzw. druck)-technischen Mängeln.

Veränderungen werden daher – wie schon im Falle der »Rechtslehre« – als Konjekturen eines Herausgebers behandelt und somit nur dort, wo sie unseres Erachtens eine korrekte Lesart darstellen[21], in den Text aufgenommen. Um dem Leser jedoch die Möglichkeit der Kontrolle zu bieten, sind die über Orthographie und Interpunktion hinausgehenden Varianten der zweiten Auflage in einem Anhang zusammengestellt.

Nur in wenigen Fällen sind innerhalb der »Tugendlehre« *größere Eingriffe* in die Textgestalt angebracht. Wie schon im Fall der »Rechtslehre« ist zum einen die Einteilungstafel an die angemessene Stelle zu bringen. Während die erste Auflage sie am Schluß der Schrift bietet, steht sie in manchen Exemplaren der 2. Auflage am Ende der Vorrede. Da jedoch die »Einleitung zur Tugendlehre« mit einem Abschnitt über »Vorbegriffe zur Einteilung der Tugendlehre« schließt, der eine solche Tafel[22] antizipiert, drucken wir sie im Anschluß an diesen ab. Ferner wurde in der ersten Auflage beim vierzehnten Abschnitt der Einleitung (»Von der Tugend überhaupt«) offensichtlich die Zahl »XIV« vergessen. Daher sind die folgenden Abschnitte jeweils um eine Einheit zu niedrig beziffert. Wir übernehmen – mit Natorp – die diesbezügliche Korrektur der zweiten Auflage, welche die »XIV« einfügt und die nachfolgende Zählung um Eins heraufsetzt. Zuletzt sind im Titel vor § 5 die zwei Zeilen »Der Tugendlehre erster Teil« und »Ethische Elementarlehre« durch »Der Pflichten gegen sich selbst« ersetzt worden, um die Kompatibilität mit der »Tafel der Einteilung der Ethik« und der Überschrift

[21] D. h. ausschließlich an Stellen an denen der Text offensichtlich korrupt – also mehr als nur eigenwillig gestaltet – ist. Aber auch dort werden sie nur übernommen, sofern nicht eine angemessenere Konjektur verfügbar ist. – Es soll nicht geleugnet werden, daß einige Varianten der zweiten Auflage den klareren Text gegenüber der ersten bieten – das allein kann aber kein Argument für ihre Übernahme sein, sofern der Name »Immanuel Kant« im Titel steht.

[22] Da die Tafel (der ersten Auflage) die Einleitung nicht erwähnt, ist sie anscheinend ursprünglich nicht als bloßes Seitenverzeichnis konzipiert gewesen, obwohl sie die Seitenzahlen enthält. Vgl. zur Zusammenstimmung von Tafel und Einteilungsabschnitt der Einleitung oben Abschnitt II.

vor § 19 herzustellen[23]. Von weitergehenden Harmonisierungen der teilweise sehr äußerlichen architektonischen Schichtung wurde – aus den am Ende vom vorangegangenen Abschnitt dargelegten Gründen – abgesehen.

Eine größere *Konjektur* wurde 2010 von Stefano Bacin und Dieter Schönecker (s. u. im Literaturverzeichnis S. LXX) für den § 9 vorgeschlagen. Sie wurde hier für diese dritte Auflage übernommen (s. dazu die Anmerkung unten auf S. 146).

Alle übrigen Konjekturen sind am Fuß der Seite ausgewiesen, Übernahmen aus der zweiten Auflage sind durch »]2« kenntlich gemacht. *Druckfehler* werden stillschweigend verbessert, die *Orthographie* wird modernisiert; *Grammatische Besonderheiten* werden hingegen im allgemeinen unangetastet gelassen. Auch wenn dies speziell zu einer ungewohnt reichhaltigen *Interpunktion* führt, so ist es dem andernfalls in Kauf zu nehmenden Verlust an Information über den Gedankenduktus sicher vorzuziehen: Eine Referenz an Zeiten, in denen die Zeichensetzung selbstverständlicherweise nicht den Regeln einer Grammatik, sondern dem Gestaltungswillen der Autoren unterworfen war. Generell gilt das in PhB 360 S. XXXVIII f. zu den Editionsprinzipien Gesagte.

Der *Zähler* am Außenrand gibt die Seitenzahlen des Bandes VI der Akademie-Ausgabe.

Textgrundlage bilden Exemplare aus den Universitätsbibliotheken Mainz (1. Auflage, Sgn. H 4382) und Münster (2. Auflage, Sgn. S² 7951).

Göttingen im Oktober 2016 Bernd Ludwig

[23] Vgl. Ludwig (s. o. Anm. 6) S. 51 Anm. 11. Die zweite Auflage streicht die beiden Zeilen ersatzlos.

KANTS SYSTEM DER PFLICHTEN IN DER METAPHYSIK DER SITTEN

Im Vorwort der »Grundlegung zur Metaphysik der Sitten« bekundet Kant seine Absicht, »dereinst« eine Metaphysik der Sitten zu schreiben, in der er das »oberste Prinzip der Moralität«, anwenden werde, welches er hier bloß aufsuchen und festsetzen wolle. Er deutet bei der Erläuterung seiner Beweggründe für die vorzeitige Herausgabe einer Grundlegung an, daß jene zukünftige Metaphysik der Sitten eines »großen Grades der Popularität fähig« sei, d.h. eine Schrift grundsätzlich anderen, leicht faßlichen, Charakters sein könnte, der er nicht »das Subtile«, welches bei dieser Abhandlung des ersten Prinzips des Systems der Pflichten unvermeidlich sei, beifügen wolle. Er schien offensichtlich keine Schwierigkeiten bei der Anwendung des Prinzips zu sehen. Die Ausarbeitung des Systems würde demnach »im Grunde mehr eigennützig als gemeinnützig« ausfallen (IV 391 f.).[1]

Die Ausgabe einer Metaphysik der Sitten hat Kant über lange Zeit hinweg geplant: schon 1767 arbeitete er an einem Buch dieses Titels[2]. Doch indem sein Denken wenige Jahre darauf mit der »Kritik der reinen Vernunft« eine neue Richtung nahm, wurde alles bis dahin Erreichte obsolet – nicht etwa in dem Sinne, daß eine Metaphysik der Sitten nun andere Pflichten enthalten würde, sondern insofern er jetzt über die Möglichkeit einer genauen Unterscheidung von empirischen und rationalen Begriffen wie Prinzipien verfügte, und demzufolge eine klare Vorstellung davon entwickeln konnte, daß das oberste Prinzip aller Pflichten seinen Ursprung allein in der Vernunft hat. Da ein solches Prinzip ein formales sein mußte, bestand das Problem der Ableitung der Pflichten aus demselben fortan darin, ihm empirischen Gehalt zu liefern.

[1] Zur Zitierweise s. o. S. XIII, Anm.1.

[2] Vgl. den Brief an Herder vom 9. Mai 1767 (X, 71).

Die »Grundlegung« deutete grob an, daß sich dieser Inhalt ergäbe, wenn die Maximen – d. h. die subjektiven Prinzipien des Handelns – unter das formale Prinzip der Vernunft gebracht werden, und es scheint, daß Kant sich keine weitergehenden Gedanken gemacht hat, wie das System der Pflichten in concreto abzuleiten wäre. Das Prinzip, welches er aufstellen und festsetzen wollte, hätte sowohl das oberste Prinzip der Moral – von welchem alle Pflichten abgeleitet werden – als auch das oberste Prinzip der Moralität – welches einen Handelnden dann leitet, wenn seine Befolgung einer Pflicht eine moralisch gute Handlung ist – sein müssen. Aber Kant hat sich mit ihm vornehmlich als Prinzip der Moralität beschäftigt. Er bemerkte gleichwohl, daß seine Einteilung der Pflichten nicht mit der üblichen übereinstimmen würde, da sie vollkommene Pflichten sowohl gegen sich selbst als auch gegen andere enthalten sollte (IV 421 A). Als Beispiel für eine vollkommene Pflicht gegen andere führte er den Fall des falschen Versprechens an. Die Frage besteht hierbei darin, ob ich ein Versprechen mit dem Vorsatz geben darf, es nicht einzulösen (dies ist nicht identisch mit der Frage, ob ich ein gegebenes und von einem anderen akzeptiertes Versprechen – das wäre ein Vertrag – brechen darf). Es gibt keinen Hinweis darauf, daß die vollkommenen Pflichten gegen andere einen separaten Teil einer zukünftigen Metaphysik der Sitten, nämlich die Rechtslehre, ausmachen würden. Auch ist kaum zu sehen, daß der andere Teil eine Tugendlehre sein sollte, die von Pflichten handelt, welche das Annehmen von bestimmten Zwekken betreffen. Aber wie dem Titel des zweiten Teils der »Metaphysik der Sitten« zu entnehmen ist, ist Kant dort nicht mit diesen und jenen *Handlungen* befaßt, sondern mit der moralischen *Gesinnung* des Handelnden.

Daß die »Metaphysik der Sitten« in die beiden genannten Teile zerfällt, ergibt sich unmittelbar aus Kants Überzeugung, daß die ratio essendi des Prinzips der Moralität wie der Moral in der menschlichen Freiheit liegt. Er legt im Rahmen der Erörterung der »Einteilung der Metaphysik der Sitten« dar, daß sich ihre Aufteilung in zwei Systeme von Pflichten aus der Unterscheidung zwischen »innerer Freiheit« und »äußerer Freiheit« ergibt

(41). Dies schränkt nun allerdings die eingangs zitierte Andeutung in der »Grundlegung« ein, daß die Sittenlehre selbst ein »populäres« Werk sein würde: Während er Garves Forderung, philosophische Schriften sollten der Popularisierung fähig sein, generell zustimmt, nimmt er gerade alles das davon aus, was mit der Unterscheidung von Sinnlichem und Nichtsinnlichem unserer Erkenntnis zu tun hat: »Diese kann nie populär werden, sowie überhaupt keine formelle Metaphysik obgleich ihre Resultate für die gesunde Vernunft (eines Metaphysikers, ohne es zu wissen) ganz einleuchtend gemacht werden können« (VI 206). Hinsichtlich des Moralgesetzes wäre dies eine wahrlich drastische Einschränkung. Niemand wird, so denke ich, ferner behaupten wollen, das Privatrecht, der entscheidende Abschnitt der »Rechtslehre«, wäre populär. Wir haben überdies Hinweise darauf, daß Kant selbst im voraus nicht ahnte, welche Probleme ihn bei der Abfassung erwarteten.[3]

Was die »Tugendlehre« betrifft, so ist deren Einleitung in weitem Maße auf die Abgrenzung zur »Rechtslehre« fixiert und entspricht insofern keineswegs den Erwartungen, die man anläßlich der Erörterung einer zukünftigen Metaphysik der Sitten innerhalb der »Grundlegung« hegen konnte. Diese Einleitung soll offensichtlich nicht nur die beiden Hauptteile des Systems der Pflichten markieren, sondern gleichermaßen die Grundlage der Untereinteilungen der »Tugendlehre« selbst liefern (45). Die eigentliche Vorstellung der Pflichten, die auf die Einleitung dann folgt, kann als ein Überbleibsel dessen angesehen werden, was von Kant vormals als ein leicht faßliches Werk geplant wurde. Doch diese Einteilung der Pflichten scheint auf den ersten Blick eher aus jener Unterscheidung von »subjektiven Zwecken« und der »Menschheit« als »objektivem Zweck« zu folgen, welche in der »Grundlegung«[4] vorgetragen wurde, als aus der Handlungs-

[3] Vgl. Schillers Brief an Eberhard vom 26. Okt. 1794, zit. von B. Ludwig in der Einleitung seiner Ausgabe der »Rechtslehre« (Phil. Bibl. 396 S. XXI).

[4] In der »Grundlegung« (IV, 426 ff.) scheint Kant unter einem »subjektiven Zweck« einen Zweck zu verstehen, den sich a) ein vernünftiges

theorie, die die »Metaphysik der Sitten« entwickelt. Da der Leser der »Tugendlehre« vermutlich von der »Rechtslehre« herkommt, werde ich im folgenden zunächst die Haupteinteilung der »Metaphysik der Sitten« erörtern, und im Anschluß daran die einzelnen Unterschiede zwischen Ethik und Rechtslehre. Dann werde ich versuchen, Kants Einteilung der Pflichten mit dem Text der »Einleitung in die Tugendlehre« in Einklang zu bringen, indem ich exemplarisch seine Behandlung einzelner Pflichten heranziehe. Im Laufe der Erörterungen wird ein Problem auftreten, welches im Zusammenhang mit der »inneren Freiheit« steht. Vieles von dem, was in der »Tugendlehre« unklar erscheint, wird deutlich, wenn Kants Unterscheidung von Willen und Willkür vor dem Hintergrund seiner Theorie des Bösen in der menschlichen Natur und der Unterscheidung von intelligiblem und empirischem Charakter des Menschen gelesen wird, jener Theorie, die er in der »Religion innerhalb der Grenzen der bloßen Vernunft« vorträgt. Da diese Einleitung kein Kommentar ist, werde ich nur auf einzelne Textstellen aufmerksam machen, die diese Theorie voraussetzen. – Es sollte letztendlich eigentlich überflüssig sein, hier darauf hinzuweisen, daß eine Kantische Tugendlehre, die auf »innerer Freiheit« beruht, wenig mit einer Aristotelischen oder sonst irgendeiner anderen Behandlung der Tugend zu tun hat.

I.

Eine Pflicht ist das, wozu man verbunden ist, die »Materie« der Verbindlichkeit. Verbindlichkeit ist praktische Nötigung bzw. der Zwang, einem Moralgesetz Folge zu leisten (VI 222 f.). Somit

Wesen als Wirkung seiner Handlungen vorsetzt, und der b) auf eine Triebfeder, d. h. einen subjektiven Grund des Begehrens, zurückgeht (IV 427). Ein »objektiver Zweck« hingegen ist ein davon unabhängiger »selbständiger« Zweck (IV 428, 437), der einen »Bewegungsgrund«, einen »objektiven Grund« des Wollens darstellt, der »die oberste einschränkende Bedingung aller subjektiven Zwecke ausmachen soll« (IV 431). Dies ist nicht der Begriff des »objektiven Zwecks« in der »Tugendlehre«.

enthält der Begriff der Pflicht den eines solchen Zwanges. Da dieser Zwang im Rahmen einer Gesetzgebung in Form einer Triebfeder mit dem Gesetz verbunden wird, und da die Art des möglichen Zwanges zugleich festlegt, was ein Gesetz einer solchen Gesetzgebung fordern kann, trifft Kant die Haupteinteilung der Pflichten in »Rechtspflichten« und »Tugendpflichten« gemäß den zwei Arten der Gesetzgebung (VI 218–221): In der äußeren (juridischen, rechtlichen) Gesetzgebung ist derjenige, der das Gesetz erläßt, von demjenigen unterschieden, der dem Gesetz unterworfen ist, und er verbindet mit dem Gesetz einen (d. i. den ihm einzig möglichen) Zwang, der sich aus der Abneigung des Handelnden gegen die unangenehmen Konsequenzen einer Gesetzesübertretung ergibt. In der inneren (ethischen) Gesetzgebung ist der Gesetzgeber die Vernunft des Handelnden, die zugleich auch den Zwang durch die Vorstellung des Gesetzes ausübt. Es ist hilfreich zu beachten, wie diese Einteilung gemäß der Gesetzgebung mit der Einteilung der Pflichten in solche der äußeren und solche der inneren Freiheit übereinstimmt. Da der Begriff der Verpflichtung – d. h. Zwang in Übereinstimmung mit der menschlichen Freiheit – in beiden Teilen der »Metaphysik der Sitten« das eigentliche Thema ist, bietet es sich an, mit der Betrachtung dessen zu beginnen, was die menschliche Ausübung der Freiheit betrifft.

Der Begriff der Verpflichtung enthält zweierlei: ein verpflichtendes sowie ein verpflichtetes Subjekt (53). Resultat der Analyse der Verpflichtung – bzw. des unbedingten Zwanges – in der »Grundlegung« war, daß praktische Vernunft gesetzgebend sein muß, wenn der Mensch unter Verpflichtung steht. In der »Kritik der praktischen Vernunft« zeigte Kant, daß unser Bewußtsein der Verpflichtung das »Faktum der Vernunft« in einer in praktischer Absicht hinreichenden Weise aufdeckt, d. h. das Vermögen der reinen Vernunft, praktisch zu sein, und daß dem Begriff der Freiheit somit objektive Realität zukommt. Er wandte seine Aufmerksamkeit gleichermaßen auf das Subjekt als ein verpflichtetes und führte die Unterscheidung zwischen zwei verschiedenen Tätigkeiten der praktischen Vernunft ein: ihre Tätigkeit als Wille und die als freie Willkür. Der »Metaphysik der Sitten« zufolge sind dies die beiden Tätigkeiten, die hinsichtlich des Begehrungsvermögens des Menschen notwendig sind, damit er einem Moralgesetz unterworfen sein kann (VI 213). Als Wille ist seine praktische Vernunft die Quelle der Gesetze (VI 226). Doch es reicht nicht aus, daß seine praktische Vernunft gesetzgebend ist. Er muß gleichermaßen fähig sein, in Übereinstimmung mit dem Gesetz, welches sich seine praktische Vernunft gibt, zu handeln. Als verpflichtetes Subjekt muß er spontan, d. h. von etwas anderem, als bloß seinen Neigungen zur Handlung bestimmt sein. Diesen Begriff der Spontaneität nennt Kant den negativen Begriff der Freiheit (»negativ«, weil das Gesetz, welches die freie Willkür bestimmt, nicht benannt wird). Der positive Begriff der Freiheit, der im Bewußtsein der Verpflichtung vorausgesetzt wird, ist das Vermögen der reinen Vernunft, praktisch zu sein, d. h. die Willkür durch ihr eigenes formales Prinzip des Willens zu bestimmen (VI 214). Weil die menschliche Willkür einem solchen Zwang unterworfen ist, ist sie nicht von sich aus rein, sondern bleibt den Einflüssen der Neigungen ausgesetzt. Bis hierher, könnte man sagen, hatte die »Metaphysik der Sitten« nur eine Unterscheidung expliziert, die auch schon in der »Kritik der praktischen Vernunft« präsent war, und die sich vielleicht auch schon in einigen Passagen der »Grundlegung« andeutete. Doch Kant bestimmt die Tätigkeit der freien Willkür nun näher.

Die Tätigkeit der freien Willkür ist die, sich allererst einen Zweck zu setzen. »Zweck ist ein Gegenstand der freien Willkür, dessen Vorstellung diese zu einer Handlung bestimmt (wodurch jener hervorgebracht wird)« (17). Auch wenn die Willkür eines Tieres durch die Vorstellung eines Gegenstandes (zur Tätigkeit) bestimmt wird, so werden seine Zwecke dennoch durch die Natur gesetzt. Die Vorstellung eines Gegenstandes erzeugt naturgesetzlich im Tier ein Gefühl der Lust oder Unlust, welches es dann zu einer Tätigkeit bestimmt.[5] Sähen wir einmal

[5] Kant bestreitet nicht, daß das Gefühl der Lust oder Unlust wesentlich an der Bestimmung des Begehrungsvermögens teilhat. Im Gegenteil: er betont, daß jeder Akt freier Willkür anläßlich eines Gefühls der Lust

von unserem Bewußtsein der Verpflichtung ab, so müßten wir die menschliche Willkür allein schon deshalb als von der anderer Tiere unterschieden ansehen, weil sie von *Verstandes*vorstellungen, d.i. von Begriffen bestimmt werden (54). In diesem Fall hätten wir vielleicht ein theoretisches Wissen von psychologischen und physikalischen Naturgesetzen, das uns in den Stand versetzt, unseren langfristigen Vorteil zu erkennen, die zu seiner Bewirkung dienlich erscheinenden Handlungen zu berechnen und unsere Neigungen sich entsprechend untereinander bestimmen zu lassen, d. h. eine Neigung mittels einer anderen zu bändigen. Was aber die freie Willkür von der Willkür anderer Tiere – selbst von der des soeben geschilderten »*animal rationale*« – unterscheidet, ist das Vermögen, sich selbst einen Zweck zu setzen, welches »ein Akt der Freiheit des handelnden Subjekts, nicht eine Wirkung der Natur« (17) ist. Daß wir ein solches Vermögen besitzen, wissen wir in praktischer Hinsicht nur durch unser Bewußtsein der Verpflichtung, denn unsere reine Vernunft kann durch den Zwang auf unsere freie Willkür praktisch werden.

Aus dem Vorangegangenen geht hervor, daß wir unsere freie Willkür ausüben, indem wir uns einen beliebigen Zweck setzen: »Das Vermögen, sich überhaupt irgend einen Zweck zu setzen, ist das Charakteristische der Menschheit (zum Unterschiede von der Tierheit)«. (25) Es ist gleichermaßen deutlich geworden, daß unsere freie Willkür, obgleich sie von einem reinen Willen bestimmt werden kann, selbst noch nicht rein ist, sofern wir noch einer Verpflichtung unterstehen. Wenngleich wir uns einen Menschen denken können, der einen Zu-

oder Unlust, welches mit dem Interesse an der Handlung oder ihrem Ergebnis verbunden ist, von der Vorstellung einer möglichen Handlung zur Ausführung derselben übergeht. Als wollte er auf die Schillerschen Spottverse antworten, betont Kant die Rolle des »moralischen Gefühls« und widmet einen Abschnitt der Einleitung der Tugendlehre den »ästhetischen Vorbegriffen der Empfänglichkeit des Gemüts für Pflichtbegriffe überhaupt« (XII). Doch ein solches Gefühl entspringt dem Bewußtsein des Gesetzes (der Freiheit), es ist – anders als pathologische Gefühle – nicht naturgesetzlich erzeugt.

stand erreicht hat, in dem seine Willkür von jeglichem Einfluß, der nicht mit dem Zwang der Vorstellung des Gesetzes (welches sein Wille ihm entgegenhält) zusammenfällt, vollständig frei ist, so ist dies jedoch nur ein Ideal. Letztendlich bleibt die menschliche Willkür immer dem Einfluß seiner Neigungen ausgesetzt (16).

Worum es Kant in seiner Diskussion der freien Willkür ging, war zweierlei: was heißt es, eine Maxime anzunehmen? Und: wie wird das formale Prinzip des Willens in beiden Teilen der Metaphysik der Sitten angewendet? Ein subjektives Prinzip des Handelns annehmen heißt, sich freiwillig zur Verfolgung bestimmter Zwecke – und damit zu jenen Handlungen, die man als der Realisierung jener Zwecke beförderlich ansieht – zu bestimmen. Maximen – so Kant – gehen von der Willkür aus, Gesetze aber vom Willen, und der Begriff des Aktes der freien Willkür ist der höchste in einem System der Metaphysik der Sitten (VI 218 A). Deren erste Einteilung ist die in »recht« und »unrecht« überhaupt, in das, was »pflichtmäßig oder pflichtwidrig ist: die Pflicht selbst mag ihrem Inhalte oder Ursprunge nach sein, von welcher Art sie wolle« (VI 223 f.). Der Wille, als reine Vernunft angewandt auf die Willkür, unangesehen dieser ihres Objekts, kann »nichts mehr als die Form der Tauglichkeit der Maxime der Willkür zum allgemeinen Gesetz selbst zum obersten Gesetz und Bestimmungsgrunde der Willkür machen« (VI 214). Eine Maxime annehmen heißt aber, sich selbst zur Handlung bestimmen, indem man sich einen Zweck setzt. Angewandt auf das Vermögen, nach Belieben zu tun und zu lassen, und unter Berücksichtigung seiner Gegenstände, gibt der Wille der Willkür die inhaltlichen moralischen Gesetze. Ob es Gesetze für den inneren Akt der Willkür selbst oder nur Gesetze für einzelne Handlungen sind – d. h. ob es Gesetze für die »äußere« oder die »innere« Freiheit sind –, hängt davon ab, welche der beiden Gesetzgebungen vorliegt.

Da die äußere Gesetzgebung sich auf solche Triebfedern beschränken muß, die von den Neigungen (genauer: Abneigungen) des Handelnden genommen werden und diese Triebfedern die Willkür zwar beeinflussen, nicht aber bestimmen können, kann die Rechtslehre nicht auf die Bestimmung der Willkür selbst zielen. Bei der äußeren Gesetzgebung wird nicht erwartet (und schon gar nicht erfordert), daß der Handelnde sich selbst durch die Vorstellung der Gesetzmäßigkeit einer Handlung zu derselben bestimmt (VI 231 f.). Aus dieser Eigentümlichkeit der äußeren Gesetzgebung zieht Kant zwei Schlußfolgerungen, die für seine Charakterisierung der Ethik bzw. Tugendlehre essentiell sind. Erstens: Angesichts des Zwanges, den sie ausüben kann, muß die äußere Gesetzgebung der Triebfeder des Handelnden gegenüber indifferent sein. Es liegt in der Natur der menschlichen Willkür, daß sie durch einen Zwang vermittels der Neigungen, d. h. durch natürliche Mittel, nicht bestimmt werden kann. Soweit ein Handelnder innerlich frei ist, wird er sich einem solchen Zwang leichter entziehen können. Soweit er dem Einfluß seiner Neigungen unterworfen ist, wird er ihm leichter nachgeben, doch ihm im Grunde inneren Widerstand entgegensetzen können (14 A). Die Bestimmung der Willkür in Übereinstimmung mit seiner Freiheit kann nur von innen kommen, durch einen Zwang gemäß dem Prinzip der Tätigkeit der praktischen Vernunft selbst. Zweitens: Hinsichtlich der Pflichten – dessen, wozu man verbunden ist – können äußere Gesetze nur Handlungen, nie aber das Haben von Zwecken vorschreiben. »Ein Anderer kann mich zwar *zwingen*, etwas zu *tun*, was nicht mein Zweck (sondern nur Mittel zum Zweck eines Anderen) ist, aber nicht dazu, daß ich es *mir zum Zwecke mache*, und doch kann ich keinen Zweck haben, ohne ihn mir zu machen. Das letztere ist ein Widerspruch mit sich selbst: ein Akt der Freiheit, der doch zugleich nicht frei ist«. (14, vgl. 16) Äußere Gesetze können nur Gesetze bezüglich des äußeren Freiheitsgebrauchs der Menschen sein.

Dessen ungeachtet ist es eine Voraussetzung der Rechtslehre – als eines Teils der Moralphilosophie –, daß Menschen moralisch Handelnde sind. Wenn der mit äußeren Gesetzen verbundene Zwang zugleich Verpflichtung und nicht bloße Gewalt sein soll, muß das Prinzip, das jenen Gesetzen zugrunde liegt, das formale Prinzip des Willens sein – als eines »Willens überhaupt –, der auch der Wille Anderer sein könnte« (22). Nurso kann ein Handelnder den Zwang, der die äußeren Gesetze begleitet, als Verpflichtung ansehen (12; IV 232). Doch in der äußeren Gesetzgebung kommt der Wille nur insofern in Betracht, als er die Regel liefert und nicht auch zugleich die Triebfeder (26). Diese Regel – in ihrer allgemeinsten Formulierung – ist das allgemeine Prinzip des Rechts, »handle äußerlich so, daß der freie Gebrauch deiner Willkür mit der Freiheit von jedermann nach einem allgemeinen Gesetz zusammen bestehen könne« (VI 231). Dieses Gesetz legt nur die formalen Bedingungen für die Betätigung der Willkür in äußeren Handlungen fest, sofern diese die Handlungen – oder allgemein: den Zustand – anderer betreffen. Es besagt implizit, daß Zwang gemäß einem allgemeinen Gesetz ausgeübt werden darf (und muß), um wiederum jenen Zwang zu verhindern, vermittels dessen irgend jemand andere zu etwas zu nötigen versucht, was zwar seinen Zwecken dienlich ist, nicht aber solchen, die jene anderen sich selbst gesetzt haben. Da ein Recht eine Befugnis zu zwingen darstellt, hat die Rechtslehre die Aufgabe, die Rechte, welche die Menschen haben bzw. erwerben können, sowie die Modi der Erwerbung, zu bestimmen. Diese Aufgabe löst sie durch Anwendung des formalen Prinzips auf die Handlungsmaximen des Menschen.

Allein aufgrund seines Status als eines nach Maximen Handelnden hat jeder Mensch ein angeborenes Recht, seine eigenen Zwecke zu verfolgen, sofern seine Handlungen mit der äußeren Freiheit aller anderen verträglich sind. Dies ist Folge seiner »Menschheit«, der Fähigkeit, sich durch selbstgewählte Zwecke zur Handlung zu bestimmen. In Verfolgung seiner Zwecke ist er physisch in der Lage, Gebrauch von äußeren Gegenständen zu machen, ungeachtet dessen, ob letztere raumzeitlich mit ihm verbunden sind oder nicht. Ein derartiger Gebrauch kann aber nicht verboten sein, sofern er mit der Freiheit jedes anderen, der dadurch lädiert werden könnte, zusammenstimmen kann. Doch der Willkürgebrauch, der sich auf eigene Handhabung äußerer Gegenstände, d.h. den Ausschluß anderer von solcher Handhabung bezieht, ist nicht von sich aus in Übereinstimmung mit dem Prinzip des Willens. Das eigentliche Rechtsproblem besteht folglich darin, die Akte der Willkür unter eben jenes Prinzip des Willens zu bringen. Kant zeigt, daß dies nicht anders möglich ist, als innerhalb eines bürgerlichen Zustandes, in dem eine öffentliche Gesetzgebung Gesetze gibt, die der Gerichtsbarkeit eine endgültige Entscheidung über das Mein und Dein möglich macht, und die die Menschen damit in den Stand setzt, das zu tun, von dem sie *a priori* wissen, daß es ihnen rechtlich möglich sein muß: Rechte zu erwerben. Die Darstellung eben jener Bedingungen, unter denen Rechte durch Handlungen der Willkür erworben werden können, ist eine Darstellung des »natürlichen Gesetzes«, welches die Autorität eines Gesetzgebers begründet, der seinerseits »positive« Gesetze gibt (VI 224), deren Inhalt *zufällig* und *willkürlich* ist (VI 227). Der Gesetzgeber ist befugt, andere durch seine bloße Willkür zu verpflichten, weil nur so die metaphysischen Anfangsgründe der Rechtslehre einer zusätzlichen Bestimmtheit zugeführt werden können, die dann erst die Gesetze für Handlungen liefert.

II.

Die Tugendlehre auf der anderen Seite hat die »innere Freiheit« zum Gegenstand, die Freiheit der Willkür selbst. Kant zählt am Ende seiner »Einleitung in die Tugendlehre« (45 f.) – kurz vor der problematischen Einteilung der Tugendpflichten – die verschiedenen Gesichtspunkte auf, hinsichtlich derer sich die Rechtslehre von der Tugendlehre unterscheidet. Da jeder von diesen im vorangegangenen Teil jener Einleitung schon besprochen wurde, geben sie einen angemessenen Rahmen für die Strukturierung der Erörterung ab. Formaliter, d. h. hinsichtlich der Art der Verpflichtung, unterscheidet sich die Tugendlehre von der Rechtslehre in dreierlei Hinsicht: 1) werden die Pflichten in der erstgenannten von Gesetzen vorgeschrieben, die nicht einer äußeren Gesetzgebung fähig sind. Daraus ergibt sich 2), daß ihre Gesetze nur Gesetze für Maximen, nicht aber für Handlungen sein können, was wiederum 3) zur Folge hat, daß ethische Pflichten eher von weiter als von enger Verbindlichkeit sind. Materialiter ist die Tugendlehre nicht etwa bloß eine allgemeine Pflichtenlehre, die den *Rechtspflichten* nur ihre eigene Triebfeder hinzufügt. Sie ist darüber hinaus auch noch eine Zwecklehre. Zufolge der Unterscheidung von Materialem und Formalem der Tugendlehre ist nicht jede *Tugendverpflichtung* (*obligatio ethica*) eine *Tugendpflicht* (*officium ethicum sive virtutis*), d. h.: die Achtung vor dem Gesetz begründet noch nicht einen Zweck als Pflicht, d. h. eine »Tugendpflicht« (45 f.). Jeder dieser Punkte wird zu Beginn der »Tugendlehre« kurz angesprochen und anschließend ausgearbeitet. Der letztere, die Unterscheidung vom Formalen und Materialen der Tugendlehre, d. i. die Unterscheidung von Verpflichtung und Pflichten, findet sich gleich zu Anfang und ist im Rahmen der Kantischen Handlungstheorie nicht unproblematisch.

Wie schon erwähnt, kann fremder Zwang nur dann als Verpflichtung aufgefaßt werden, wenn er einem Gesetz gemäß ausgeübt wird, welches aus dem formalen Prinzip des Willens hervorgeht. Rechtspflichten entspringen einer äußeren Gesetzgebung und werden der Ethik sozusagen weitergegeben, die sie ihrerseits in die Gesetzgebung aufnimmt und zugleich – als Pflichten – zur Triebfeder macht (VI 219 f., 214). Darüber hinaus hat die Ethik aber auch ihre eigenen Pflichten, solche nämlich, die sich aus Gesetzen ergeben, welche nur durch den eigenen Willen gegeben werden können. Diese Pflichten beziehen sich auf das Setzen von Zwecken und werden eigentlich »Tugendpflichten« genannt, weil sie Tugend, d. h. moralische Stärke des Willens, verlangen. Die ethische Verpflichtung erstreckt sich hingegen auf alle Pflichten (15; 24). Gemäß ihrem formalen Prinzip »Handle pflichtmäßig aus Pflicht!« ist die Ethik »die Wissenschaft von der Art, auch ohne Rücksicht auf mögliche äußere Gesetzgebung verbindlich zu sein« (46). Nur der Zwang durch die Vorstellung des Gesetzes ist »freier Selbstzwang« – im Unterschied zu dem Zwang, mit dem eine Neigung eine andere zurückweist –, denn dieser ist in der freien Willkür selbst angelegt (16).

Aus der Unterscheidung von ethischer Verpflichtung und Tugendpflicht geht die zwischen einer »tugendhaften Gesinnung als subjektivem Bestimmungsgrund seine Pflichten zu erfüllen« (45) und einer *Vielzahl* von Tugenden (28 f., 41) hervor. Die Ethik, die von der Freiheit der Willkür handelt, setzt einen Zwang voraus, der aus der Vorstellung der Rechtmäßigkeit des Geforderten hervorgeht, und dieser Zwang sollte unüberwindbar sein, da er als Zwang nicht von Neigungen herrührt, sondern eine rein rationale Triebfeder darstellt. Aber um Wirksamkeit zu erlangen, muß dieses Vermögen, sich selbst durch den Gedanken an das Gesetz zu bestimmen, durch die Erwerbung einer tugendhaften Gesinnung gestärkt werden. Da alle moralisch-praktischen Gesetze aus dem einen Prinzip des Willens hervorgehen, welches seinerseits in der Ethik als das Gesetz des Willens des Handelnden selbst gedacht wird – und so einen Zwang darstellt, der mit der Freiheit seiner Willkür zusammen bestehen kann – ist die Tugend formaliter *eine*, d. i.: der Vorsatz, alle Pflichten aus Pflicht zu erfüllen. Aber dieses eine Prinzip der Tugend führt zu einer Vielzahl von Tugenden, da wir es mit einer Vielzahl von Gegenständen zu tun haben, die sich zum Zweck zu machen Pflicht ist. Somit handelt die Ethik formaliter von ethischer Verpflichtung – und damit von einer tugendhaften Gesinnung –, materialiter von Tugendpflichten – und so von verschiedenen Tugenden.

»Handle pflichtmäßig aus Pflicht«, ohne Ansehung der Vorteile und der Nachteile, die in Aussicht stehen, lautet das »allgemeine ethische Gebot« bei Kant (24). Eine spezielle Form desselben besteht in der Forderung, sich das formale Prinzip der Rechtslehre zur Maxime zu machen. Bei beiden handelt es sich um Gebote, etwas zu tun[6]: eine Maxime oder ein Handlungs-

[6] Worum es hier geht, ist nicht eine »Handlung« oder »Tat«, sondern ein »Akt«, der anderswo auch »Aktus« genannt wird (wie z. B. in B 158 A und 423 A die Apperzeption »Aktus« genannt wird). Bei der Erörterung einer Zwecksetzung, die zugleich Pflicht ist (17), sagt Kant »weil aber dieser Akt, der einen Zweck bestimmt, ein praktisches Prinzip ist, welches nicht die Mittel (mithin nicht bedingt), sondern den Zweck selbst

prinzip aus Pflicht anzunehmen. Kant nennt die daraus resultierenden Pflichten »ethische Pflichten«. Aber diese ethischen Pflichten sind nicht schon Tugendpflichten, weil sie nämlich »nicht sowohl einen gewissen Zweck (Materie, Objekt der Willkür), als bloß das Förmliche der sittlichen Willensbestimmung (z. B. daß die pflichtmäßige Handlung aus Pflicht geschehen müsse)« betreffen. Andererseits hält Kant – in Übereinstimmung mit seiner Definition eines Zweckes – daran fest, daß das Aufnehmen einer Maxime und das Setzen eines Zweckes dasselbe sind. Es stellt sich daher die Frage: Durch welchen Zweck bestimme ich meine Willkür, wenn ich die Maxime aufnehme, meine Pflicht aus Pflicht zu erfüllen?

Da er bisher nur die Rechtspflichten bestimmt hatte, hebt Kant das Gebot der Erfüllung der Rechtspflichten aus Pflicht eigens hervor. Die Rechtslehre verlangt nicht, daß ich mir ihr Prinzip zur Maxime mache, es ist allein die Ethik, die dies von mir fordert (VI 231), oder auch – mit anderen Worten – verlangt, »das Recht der Menschen heilig zu halten« (29), sich »das Recht der Menschheit oder auch der Menschen zum Zweck« (24) zu machen. Aber Achtung vor dem Gesetz als solchem (also Achtung fürs Recht) stellt noch keinen Zweck als Pflicht dar. Die Frage die sich im obigen Absatz stellt, ließe sich also folgendermaßen formulieren: Wenn jemand seine Pflicht als Rechtspflicht befolgt, durch welchen Zweck bestimmt er seine Willkür?

Im Rahmen der Grundlegung zur Metaphysik der Sitten wäre es unproblematisch, sich das Prinzip des Rechts zur Maxime zu machen. Die »Menschheit« (hier in der Person des Anderen) ist ein »objektiver«, ein nicht von mir hervorgebrachter, unabhängiger Zweck, etwas, was eine innere Würde besitzt, und damit eine einschränkende Bedingung meines Handelns begründet. Im

(folglich unbedingt) gebietet, so ist es ein kategorischer Imperativ der reinen praktischen Vernunft.« Es wirkt befremdlich, daß ein Actus ein Imperativ sein soll; doch in der Religionsschrift (VI, 21–23) benutzt Kant »Aktus« auch dort, wo er sich auf die Grundlage für die Annahme von Maximen bezieht, die selber eine Maxime ist.

Rahmen jener Handlungstheorie, die der »Metaphysik der Sitten« zugrundeliegt, ist ein Zweck etwas, was durch unsere Handlung hervorgebracht wird, und es gibt keine Handlungen ohne Zweck. Wir müssen demnach versuchen, das Problem im Rahmen der letztgenannten Begrifflichkeit zu lösen. Kants Unterscheidung zwischen Form und Materie ist komplex und zugleich flexibel. Was in einem Kontext »formal« ist, kann in einem anderen »material« sein – und etwas derartiges scheint hier vorzuliegen.

Kants Definition eines Zweckes als etwas, was hervorgebracht werden soll, unterstellt selbstverständlich nicht, daß der Zweck etwas von der Handlung selbst oder von dem »Akt« der Bestimmung der Willkür Unterschiedenes sein muß. Bisweilen verhält es sich zwar so: mittels einer wohltätigen Handlung beabsichtige ich, die Glückseligkeit eines anderen zu befördern. Bisweilen jedoch auch nicht: wenn ich einen Vertrag aus Pflicht erfülle, so beabsichtige ich nichts weiter, als die Handlung genauso auszuführen, wie es der Pflicht entspricht; aber genau das heißt, die Übereinstimmung meiner Willkür mit dem Prinzip des Rechts herzustellen. Wenn ich mich von einem Diebstahl zurückhalte, dann ist das nichts anderes, als eben nur einen gesetzmäßigen Akt der Willkür hervorzubringen. Wenn ich mir das Recht der »Menschheit« oder auch das der Menschen zum Zweck mache, versuche ich nichts anderes, als meine Rechtspflicht aus Pflicht zu tun. Aber dies ist – soweit ich sehe – mit der Behandlung der Zweckproblematik in der Tugendlehre verträglich.

Zu den Zwecken, die zugleich Pflicht sind, zählt Kant als den »höchsten, unbedingten Zweck (der aber doch immer noch Pflicht ist)« (31) die »eigene Vollkommenheit« (25 f.), die – in Bezug auf die Triebfeder – in der Reinheit der moralischen Gesinnung besteht und – bezogen auf die Forderung des Gesetzes – die Erfüllung aller Pflichten bedeutet (88). Ist es ausgemacht, daß die moralische Vollkommenheit des Menschen in der Tugend besteht, dann wird die Unterscheidung innerhalb des allgemeinen Zwecks der Vollkommenheit zu einer Vielzahl von Zwecken führen, die zugleich Pflicht sind, d. h. zu einer Zahl von Tugenden, die der Mensch zu erwerben hat[7]. Auf das gerade vorliegende Problem bezogen ist nun wichtig festzuhalten, daß die Pflicht, nach Reinheit der Triebfedern zu streben, nicht auf derselben Ebene mit anderen Zwecken liegt, die zugleich Pflicht sind, wie etwa der der »fremden Glückseligkeit« oder der der »eigenen physischen Vollkommenheit«. Es ist eher ein umfassender Zweck, der notwendigerweise angenommen wird, sofern man jedem Gesetz, welches der eigene Wille gibt, folgen will. Das »Materiale« der Bestimmung der Willkür scheint sich unter der Hand in das »Formale« verwandelt zu haben. Auf diese Weise kann Kant 1) an einer strikten Trennung von juridischen Gesetzen mit ethischer Verpflichtung und ethischen Gesetzen (die vorschreiben, sich solche Zwecke wie die Beförderung fremder Glückseligkeit und eigener Vollkommenheit zu setzen) festhalten und 2) weiter behaupten, daß das Aufnehmen einer Maxime aus Pflicht zu handeln selbst eine Pflicht ist, auch wenn dies »nicht sowohl« mit dem Materialen der Pflicht als mit dem Formalen zu tun hat (15) und »noch nicht einen Zweck als Pflicht begründe«, wovon »der letztere allein Tugendpflicht ist« (46).

Kant liefert somit kein Argument dafür, daß unter den Zwekken, die zugleich Pflichten sind, auch die eigene moralische Vollkommenheit zu finden wäre und daß diese in der Erwerbung einer tugendhaften Gesinnung bestünde. Stattdessen richtet er bei der Behandlung der Tugend sein Augenmerk auf das Verhältnis von *Wille* und *freier Willkür*, wie es sich im handelnden Menschen darstellt. Für die Anwendung des obersten Moralprinzips ist Anthropologie, empirische Menschenkunde, erforderlich (VI 217), und das Wichtigste, was sich aus der Beobachtung menschlichen Verhaltens ergibt, ist, daß der Mensch stets »mehr Hang zeigt, der Neigung als dem Gesetz Gehör zu geben« (12 A). Daß Ethik eine *Tugendlehre* ist, folgt allein aus der

[7] Solange der Wille dem Begehrungsvermögen noch verschiedene objektive Zwecke vorschreibt, indem er einzelne Maximen, die aufgrund der Neigung angenommen werden, prüft, solange hat die »Moralische Vollkommenheit« noch nicht einen Inhalt, der sie dazu qualifizieren könnte, der Willkür als Zweck vorgeschrieben zu werden.

unerklärbaren Tatsache, daß der Mensch sich selbst die Steine (die Laster) in den Weg seiner moralischen Maximen legt (28), daß der Mensch die Hindernisse selbst schafft (40), indem er die Bestimmung seiner Zwecke seinen Neigungen allein überläßt. Daß ihm dies möglich ist, ist nicht schon im Begriff der freien Willkür selbst angelegt (VI 226). Wille und freie Willkür sind zwei Tätigkeiten desselben Vermögens: das Geben von Gesetzen und die Bestimmung der Handlungen durch diese Gesetze. Aber so, wie der Mensch ausgestattet ist, muß sein Vermögen zur Selbstbestimmung durch die Tugend unterstützt werden, die daher nicht bloße Stärke eines Willens, sondern Stärke eines menschlichen Willens in der Bekämpfung seiner Neigungen ist (40; 16). Da es der Mensch selbst ist, der sich in seinen moralischen Maximen behindert, indem er sich Zwecke allein gemäß seiner Neigungen setzt, so kann sich sein gesetzgebender Wille diesem Einfluß der Neigungen auf die Willkür nur widersetzen, indem er seinerseits einen eigenen Zweck vorschreibt.

Sich einen solchen Zweck in Übereinstimmung mit der Forderung »Sei heilig« zu setzen, ist offensichtlich gerade jene »moralische Revolution«, die Kant ausführlich in der »Religion innerhalb der Grenzen der bloßen Vernunft« (VI 47) erörtert. Es bedarf des Annehmens einer »obersten Maxime«, welche die Unterordnung seines natürlichen Zwecks (der eigenen Glückseligkeit) unter den moralischen beinhaltet (22). Dieser Zweck muß »auf einmal und vollständig« angenommen werden, da die Tugend auf einem einzigen Prinzip beruht (89). Auch wenn dem Menschen aufgrund seiner Freiheit das Vermögen zugesprochen werden muß, alle Hindernisse zu überwinden (31), so kann er doch nicht von vornherein all' das tun, was er möchte, wenn er nicht zuvor seine Kräfte in der »Bekämpfung des inneren Feindes« geübt hat (127). Kant teilt in diesem Sinne das Diktum der klassischen Ethik, daß es nur eine Tugend und ein Laster gebe (39): Es gibt »in der Idee (objektiv) nur eine Tugend (als sittliche Stärke der Maximen), in der Tat (subjektiv) aber eine Menge derselben von heterogener Beschaffenheit« (89), denn es lassen »sich verschiedene moralische Gegenstände denken, auf die der Wille aus dem einigen Prinzip der Tugend geleitet wird« (41),

d. h. verschiedene Gegenstände, die die gesetzgebende Vernunft als Pflicht vorschreibt. Angesichts des Zusammenhangs von Zwecken und Triebfedern wird der Begriff der ethischen Verpflichtung zu einer Art »formalem Zweck« der moralischen Vervollkommnung: das Subjekt ist verpflichtet, Tugend als moralische Stärke zu erwerben (31 f.) und zu versuchen, sich die Vorstellung der Pflicht zur Triebfeder zu machen, um auf diese Weise jede Pflicht – welche es auch sei – aus Pflicht zu befolgen. Hierdurch allein sind jedoch die Gegenstände, welche sich der Mensch zum Zweck machen soll – die »Materie der Willkür« –, noch nicht gegeben. In Kants Behandlung der Tugend wird aber deutlich, wie solche Gegenstände materialer Bestimmtheit gleichwohl gewonnen werden können.

In der »Tugendlehre« stellt er sich die Aufgabe, Moralgesetze, die Zwecke vorschreiben, aus dem formalen Prinzip des Willens (»Handle so, daß deine Maxime ein allgemeines Gesetz werden könne!«) abzuleiten, sofern letzteres als das Gesetz des eigenen Willens betrachtet und daher als von einem Zwang vermittels einer rein rationalen Triebfeder begleitet, gedacht wird. Für die Ableitung objektiver Zwecke empirischen Gehalts aus jenem »formalen Zweck« der moralischen Vollkommenheit, der selbst eine Tugend darstellt, ist Kants Behauptung, daß Tugend eine Beschaffenheit des Willens – und nicht etwa der Willkür – sei, von großer Wichtigkeit. Bei einem heiligen Wesen würde der Wille sein Gesetz einer Willkür vorschreiben, die die Handlungen schon naturgemäß aufgrund der Vorstellung des Gesetzes bestimmt. Seine gesetzgebende Vernunft wäre insofern »stark«, als die Vorstellung des Gesetzes die Willkür unvermeidlich bestimmen würde; – doch dies ist nicht das, was wir uns unter Stärke der Tugend gemeinhin vorstellen: eine Stärke nämlich, die sich in der Fähigkeit zeigt, einem Gegner zu widerstehen oder in Verfolgung eigener Absichten Hindernisse aus dem Weg zu räumen. In diesem üblichen Sinne muß der menschliche Wille »Stärke« oder Tugend erwerben. Die Vorstellung des Gesetzes kann im Menschen zunächst nur das Bewußtsein einer Nötigung seiner Willkür erzeugen, doch damit diese Nötigung wirksam werden kann, müssen allererst Hindernisse überwunden werden. Der Mensch – so, wie er mit dem Hang, die Nötigung von Seiten der Vorstellung des Gesetzes jener von Seiten der Neigungen unterzuordnen, ausgestattet ist (14 A) – muß gleichsam seine Willkür in ihren ursprünglichen Zustand zurückversetzen, d. h. seine Freiheit wiedergewinnen. Der menschliche Wille, insofern dieser sich zu einer das Gesetz ausführenden Gewalt selbst konstituiert (40), bedarf der Tugend bzw. Stärke, um die in seinen verschiedenen Maximen immer schon liegenden Hindernisse seiner Moralität (Laster) zu überwinden.

Dazu genügt es jedoch nicht, bloß eine Fertigkeit der Bestimmung seiner Handlungen in Übereinstimmung mit dem Gesetz zu erwerben – dies wäre auch ohne Ansehung der Triebfeder möglich. Vielmehr muß der Mensch lernen, sich allein durch die Vorstellung des Gesetzes zur Handlung zu bestimmen. Doch dies heißt nichts anderes, als seine Maximen zufolge ihrer Qualifikation zu einem allgemeinen Gesetz anzunehmen, was wiederum bedeutet, daß er sich mit der Annahme von Maximen zugleich Gesetze gibt, die – als Gesetze für Maximen – das Setzen von bestimmten Zwecken vorschreiben. Kant drückt dies eher verschlüsselt aus, wenn er sagt, daß Tugend – als eine »Fertigkeit« oder »Leichtigkeit« der Annehmung von Maximen allein aufgrund der moralischen Verpflichtung, die der Mensch erlangt – eine Beschaffenheit des Willens ausmache, welcher seinerseits »ein mit der Regel, die er annimmt zugleich allgemein gesetzgebendes Begehrungsvermögen ist« (42). Es verbleibt nunmehr allerdings zu zeigen, auf welche Weise die Prüfung, ob sich eine Maxime zur Gesetzgebung eignet, zu objektiven Zwekken empirischen Gehalts führen kann.

Solche Zwecke – die eigentliche »Materie der Willkür« – werden bestimmt, indem ebenjene Zwecke, welche sich der Einzelne schon allein aufgrund seiner Neigungen setzen würde, der Prüfung ihrer Qualifizierung zu einem allgemeinen Gesetz unterworfen werden. Wenn sie diese Prüfung *nicht* bestehen, dann gibt die Vernunft ein Gesetz, welches das Setzen eines Zweckes vorschreibt. Auf diese Weise gewinnt Kant die fremde Glückseligkeit als einen Zweck, der zugleich Pflicht ist (27). Jeder Mensch macht sich – weil er mit Bedürfnissen und somit auch

Neigungen ausgestattet ist – seine eigene Glückseligkeit zum Zweck. Sofern ihn die Natur nicht darüber hinaus mit der Neigung ausgestattet hat, andere zu beglücken, bleibt seine Beförderung von Glückseligkeit auf die eigene beschränkt. Er wird sich dann fragen, ob seine Maxime, nur die eigene Glückseligkeit zum Zweck zu machen, zu einem allgemeinen Gesetz tauglich sei – und stellt fest, daß dies nicht der Fall ist. Denn, angenommen er befände sich in einer Situation, in der er auf die Hilfe anderer (die er jetzt noch nicht kennt) angewiesen wäre: Würde er wollen, daß er die Hilfe nur dann bekäme, wenn die anderen gerade Lust darauf hätten? – Oder würde er wollen, daß sie ihm unabhängig von ihrer Lust und Unlust Hilfe leisteten? Im ersten Falle wäre es eine Frage des Glücks, ob er die Hilfe bekäme, was gleichbedeutend damit wäre, daß er eigentlich gar nicht will, was er braucht, sondern es sich nur wünscht.[8] Die eigene Glückseligkeit wäre damit gar nicht sein Zweck. Andernfalls müßte er wollen, daß jeder andere verpflichtet wäre, ihm zu helfen. Aber da Verpflichtung eine Nötigung gemäß einem allgemeinen Gesetz ist, kann er die Maxime, seine eigene Glückseligkeit zu befördern – d.i. die des Wohlwollens gegen sich selbst – nur ohne Widerspruch wollen, indem er seine Glückseligkeit in die der Menschen überhaupt einschließt. Denn nur, wenn jene ihrerseits seine Glückseligkeit in ihre Maxime aufnehmen, wird er sich auf die Hilfe anderer verlassen können. Daher – so schlußfolgert Kant – ist es mir nur dann erlaubt, das zu tun, was ich unvermeidlich tue – mir meine Glückseligkeit zum Zweck machen –, wenn ich auch das tue, wozu ich vielleicht wenig geneigt bin – mir die Glückseligkeit der Menschen überhaupt zum Zweck zu machen.

Die Argumentation für meine eigene natürliche Vollkommenheit als Zweck, der zugleich Pflicht ist (29 f.), beginnt gleichermaßen mit einer Maxime, die ich aufgrund meiner Neigungen annehmen würde. Es ist bequemer, sich nicht um die Entwicklung seiner natürlichen Kräfte zu bemühen, und es ist zumindest

[8] Zur Unterscheidung von »Willkür« und »Wunsch« vergleiche VI 212 f.

vorstellbar, daß es uns allen – hinsichtlich unserer Glückseligkeit – besser ginge, würden wir mit dem, was uns die Natur mitgegeben hatte, zufrieden sein (86 f.). Kann ich es somit als ein allgemeines Gesetz wollen, daß die Menschen überhaupt (und somit auch ich) es unterlassen, sich die Entwicklung ihrer natürlichen Kräfte und Talente zum Zweck zu machen? Jedenfalls nicht auf konsistente Weise: der Mensch unterscheidet sich von anderen Tieren durch seine »freie Willkür«, d. i. das Vermögen, sich durch selbstgesetzte Zwecke zur Handlung zu bestimmen. Ob ich will oder nicht, ich bin ein Wesen, welches sich nur durch jenes Setzen von Zwecken zum Handeln bestimmt. Ein Akt der Willkür (das Aufnehmen einer Maxime), der darin besteht, gerade den Zweck, mir zukünftig bestimmte Zwecke setzen und verwirklichen zu können, aus der Menge meiner möglichen Zwecke auszuschließen, ist daher inkonsistent. Er würde die Betätigung meines Begehrungsvermögens von Akten der Willkür auf bloße Wünsche reduzieren. (N. B.: Weil die »Menschheit« des Menschen, seine »freie Willkür«, ihn zum Subjekt der Verpflichtung macht, merkt Kant während der Behandlung dieser Pflicht auch an, daß sein Vermögen der Begriffe auch die Pflichtbegriffe einschließt; das Hauptargument bezieht sich jedoch auf das, was im Begriff eines *rational* Handelnden angelegt ist.)

Was die eigene moralische Vollkommenheit (Tugend) angeht, begründet Kant nicht, daß sie ein Zweck sei, den zu haben Pflicht ist. In der Folge wird er jedoch die dieser Pflicht entgegengesetzten Laster besprechen – d. h. solche Maximen, die die eigene innere Feiheit zerstören – und diesem Zweck Inhalt geben. Tugend als moralische Stärke des Willens wird vornehmlich durch die Ausübung der diesen Lastern entgegenstehenden Tugenden erworben.

Wenn es also Zwecke gibt, die zugleich Pflicht sind, so gehören folglich eigene Vollkommenheit und fremde Glückseligkeit dazu. Da der Begriff der Pflicht den der Nötigung enthält, kann es andererseits keine direkte Pflicht sein, sich die eigene Glückseligkeit zum Zweck zu machen; und da »ich soll« »ich kann« impliziert, kann es auch keine Pflicht sein, die Vervollkommnung *anderer* zu befördern, da diese gerade darin besteht, daß jene ihre Zwecke selbst setzen (19). Zu beiden Punkten ist eine Erläuterung angebracht. Im Hinblick auf die eigene Glückseligkeit gesteht Kant zu, daß jemand die Pflicht haben kann, seinen eigenen wirklichen Bedürfnissen Rechnung zu tragen. Ein ambitionierter Künstler mag um seiner Kunst willen in seiner Dachstube verhungern wollen. Doch wenn der Hunger ihn überwältigt, wird er in Versuchung kommen zu stehlen, zu betteln oder sich auf andere Art zu erniedrigen, indem er sich in die Abhängigkeit von der Wohltätigkeit anderer begibt. Er wird sich deshalb selbst zu Wohlstand, Gesundheit und allgemeinem Wohlbefinden zwingen müssen. Aber der Zweck, den er damit verfolgt, ist nicht die eigene Glückseligkeit, sondern die Erhaltung der Integrität seiner Sittlichkeit (22). Glückseligkeit ist nicht etwa die Befriedigung aller Neigungen, die sich aus den Bedürfnissen ergeben, sondern deren Integration, die »Zusammenstimmung in einem Ganzen, Glückseligkeit genannt«[9], und der eifrige Künstler hat vorschnell das Wohlleben aus seinem Begriff der Glückseligkeit ausgeschlossen. Die Pflicht war in diesem Falle also nicht, seine eigene Glückseligkeit zu befördern, sondern nur, die Versuchungen der Immoralität zu verhüten.

Auch die Verpflichtung zur Beförderung der fremden Vollkommenheit bestreitet Kant nicht generell. Er betont vielmehr, daß u. a. die Eltern die Pflicht haben, die moralische Erziehung der Kinder sicherzustellen (VI 281) und daß ein Herrscher dafür zu sorgen hat, daß die offiziell verkündeten religiösen Lehren mit der Moralität zusammenstimmen.[10] Doch die Tugendlehre beschäftigt sich nur mit den »Prinzipien der Verpflichtung der Menschen als solcher«, unabhängig von zufälligen Besonderheiten (117). Hier betont Kant nur, daß die Sorge um das Wohlerge-

[9] Religion (VI, 58). Ein solcher Begriff von Glückseligkeit als einer Integrierung verschiedener Befriedigungen läßt zu, daß jemand willkürlich Bedürfnisse aus seiner Konzeption von Glückseligkeit ausschließt. Diese Interpretation von Kants Position präzisiert »Streben nach Glückseligkeit« als »Streben nach der Realisierung seines eigenen Ideals von Glückseligkeit«.

[10] Streit der Fakultäten (VII, 32 f.).

hen anderer sich auf die Pflicht beschränkt, ihnen keinen Skandal zu geben (29), die er später (112) als eine unvollkommene Pflicht in einer Weise darstellt, daß sie sich womöglich als Grundlage jener problematischen Menge von Pflichten gegen andere erweisen könnte.

Aber warum sollen wir überhaupt denken, daß es Zwecke gibt, die für jeden zu haben Pflicht sind? Widerspricht es ferner nicht geradezu Kants Moraltheorie, wenn in der Ethik davon die Rede ist, daß »ich verbunden bin, ... außer dem formalen Bestimmungsgrunde der Willkür (wie das Recht dergleichen enthält) noch einen materialen zu haben«? (13) Die zweite Frage ist leicht zu beantworten: Wenn Zwecke, die »Materie der Willkür«, nur zufolge von Neigungen gesetzt werden könnten, dann wäre es ein Widerspruch zu sagen, daß die Ethik einen materialen Bestimmungsgrund der Willkür liefern soll. Die Willkür wird entweder durch eine rationale (d. i. Vernunft-) Triebfeder bestimmt, oder durch eine empirische – auch wenn beide vorhanden sind: nur eine ist der Bestimmungsgrund. Wenn es nun Zwecke gibt, die von der Vernunft als Pflicht gegeben werden, dann kann die Vorstellung dieser Zwecke als Pflicht die Grundlage für deren Annahme sein, als Zwecke, die objektiv notwendig sind und von denen wir wollen können, daß jedermann sie habe.

Was die erste Frage angeht, so liefert Kant eine einfache »Deduktion« des ersten Prinzips der Tugendlehre: »Handle nach einer Maxime der Zwecke, die zu haben für jedermann ein allgemeines Gesetz sein kann« (29). Vorausgesetzt, 1) es gibt einen kategorischen Imperativ und 2) es kann keine Handlung zwecklos sein, so kann die reine Vernunft die Handlungen nicht bestimmen, ohne auch Zwecke zu setzen. Es ist die Natur der Handlung selbst, die dazu nötigt, in der Ethik über das bloß formale Prinzip der Handlungen verbunden mit dem Selbstzwang der reinen Vernunft hinauszugehen (17; 28). Gäbe es keine unbedingt notwendigen Zwecke, so gäbe es keine unbedingt notwendigen Handlungen, sondern nur solche, die zur Realisierung von zuvor aufgrund von Neigungen gesetzten Zwecken notwendig wären. In diesem Falle gäbe es keine juridischen Gesetze (als moralische), weil es kein Bewußtsein der

Verbindlichkeit geben könnte. Es gäbe keinen kategorischen Imperativ, sondern nur hypothetische und keine Sittenlehre, sondern nur Glückseligkeitslehre. Andersherum: da ein Recht die Möglichkeit darstellt, andere zu verpflichten, hätten die Menschen keine Rechte, wenn es nicht wenigstens einen objektiv notwendigen Zweck gäbe. Rechtsgesetze wären nichts als die Willkürerklärung jener, welche die Macht besitzen, andere so weit einzuschüchtern, daß sie alles ihnen Befohlene tun. Die Maxime eines Unterworfenen, der sich diesen Befehlen beugt, könnte bestenfalls lauten: »Ich werde tun, was mir befohlen wird, wenn es meinem Vorteil dient«, (d. h. wenn abzusehen ist, daß die in der Gebotsverletzung intendierten Vorteile nicht durch die unangenehmen Konsequenzen des Ungehorsams (z. B. Strafe) restlos zunichte gemacht werden). Wenn die Maxime des Handelnden sein soll: »Ich werde die Rechte anderer respektieren«, dann muß es wenigstens einen objektiv notwendigen Zweck geben. Wenn es Gesetze für Handlungen gibt, dann muß es mindestens ein Gesetz für Maximen geben, und demzufolge mindestens einen Zweck, den zu haben Pflicht ist.

Wenn aber die ethische Verpflichtung, und damit der Zweck, nach der Reinheit der Triebfeder zu streben zur Sprache kommt, dann kann die Rede nur noch von Gesetzen sein, die sich aus der Konstitution der menschlichen Willkür selbst ergeben: Gesetze der Freiheit, nicht (psychologische) Gesetze der Natur. Abgesehen von den Rechtsgesetzen rühren diese Gesetze von dem Erfordernis einer tugendhaften Gesinnung her, d. h. der Bereitschaft, sich seine Maximen – und damit seine Zwecke – in Übereinstimmung mit dem Prinzip des Willens zu setzen. Man unterzieht dazu seine Maximen, die zunächst nur auf die natürlichen Zwecke zielen, einer Prüfung ihrer Tauglichkeit zu einem allgemeinen Gesetz und erkennt, daß sie diese Prüfung nicht bestehen. Wenn ich meine eigene Vollkommenheit und auch fremde Glückseligkeit nicht widerspruchsfrei von meinen Zwecken ausschließen kann, dann schreibt mir mein Wille vor, beide eben anzunehmen. Auf diese Weise kommt das formale Prinzip des Willens zu bestimmten Inhalten. Angesichts des Zusammenhangs von Zwecken und Triebfedern enthält der Vorsatz, ein Mensch zu werden, der fortan aus Pflicht handelt, den Entschluß, die Tugend- wie die Rechtspflichten zu befolgen und somit die verschiedenen Tugenden zu erwerben, welche sich ergeben, wenn die Vermögen und Neigungen berücksichtigt werden, die in der menschlichen Natur angelegt sind.

III.

Bislang haben wir nur zwei Maximen kennengelernt, die ein tugendhafter Mensch annehmen muß: »Ich werde anderen gegenüber hilfsbereit sein« und »Ich werde der Menschheit in meiner Person würdig sein«. Die erste ist die des »Wohlwollens«, die zweite könnte die der »Ehrliebe« sein. Ob – und wenn ja, wie – Kants Behandlung der Pflichten unter diese Titel fällt, muß sich nun zeigen. Eng hängen damit die beiden folgenden Behauptungen zusammen: »Die Ethik gibt nicht Gesetze für die Handlungen (denn das tut das *Ius*), sondern nur für die Maximen der Handlungen« (22) und – als Konsequenz – »die ethischen Pflichten sind von weiter, dagegen die Rechtspflichten von enger Verbindlichkeit« (23).

Die erste der beiden besagt unmißverständlich, daß es neben den Rechtsgesetzen keine weiteren Gesetze gibt, die bestimmte Handlungen als Pflichten vorschreiben. Daß die Gesetze, die das Ius gibt, Gesetze für Handlungen sind, ergibt sich daraus, daß seine Gesetze Pflichten betreffen, die Rechten korrespondieren, welche ihrerseits vollständig bestimmt sein müssen. Daher betont Kant, daß das Recht jedem das Seine mit mathematischer Präzision bestimmt. Für die ethischen Gesetze gilt das nicht. Im Rahmen der Erörterung der entgegengesetzten Wege, die Rechts- und Tugendlehre einschlagen, weist Kant darauf hin, daß die Rechtslehre zunächst von den Zwecken ausgeht, die die Menschen haben – d.h. sie setzt voraus, daß sie sich selbst irgendeinen Zweck gesetzt haben – und dann das Prinzip aufstellt, dem die Maximen genügen müssen (15). Dieses Vorgehen trägt dem Rechnung, daß es nur um den äußeren Gebrauch der Freiheit geht. Doch wenn es ethische Pflicht ist, sich die Pflichtbefolgung eigens zum Zweck zu machen, dann reicht es nicht aus, daß alle Maximen zu einem allgemeinen Gesetz bloß tauglich sind. Man muß vielmehr die Maximen *aufgrund* eben dieser Tauglichkeit annehmen, und dies führt – wie wir sahen – zu Gesetzen, die Zwecke zur Pflicht machen.

Daß die ethischen Gesetze, die eigene Vollkommenheit und fremde Glückseligkeit als Zweck fordern, keine Gesetze für *Handlungen* sind, erscheint unproblematisch. Definitionsgemäß ist es nicht möglich, sich einen Zweck zu setzen, ohne zugleich etwas zu seiner Verwirklichung beitragen zu wollen (sonst wäre es bloß ein Wunsch, kein Akt der Willkür). Aber diese Gesetze können nicht vorschreiben, was und auf welche Weise man etwas zu tun hat, da dies von den jeweiligen Umständen abhängt. Im Hinblick auf die *Glückseligkeit* anderer heißt das: Da sich die Maxime, meine eigenen Bedürfnisse auf Kosten der Glückseligkeit von anderen zu vernachlässigen, als allgemeines Gesetz letztendlich selbst unmöglich macht, muß ich zunächst die eigenen Bedürfnisse in Rechnung stellen – und die sind von Person zu Person verschieden. Ich muß mich ferner entscheiden, wem ich zu helfen habe und wer mir unter dem Gesetz der Pflicht näher ist; und nicht zuletzt hängt die Hilfe, zu der ich verpflichtet bin, von dem ab, was der andere will: Kant betont wiederholt, daß ich einen anderen nicht nach meinen, sondern nur nach seinen Begriffen glücklich machen kann (21; 100). Was andererseits meine *natürliche Vollkommenheit* betrifft, so gilt auch hier, daß die Frage, welche Vermögen und Talente ich ausbilden soll – und in welchem Maße – u. a. davon abhängt, was ich von der Natur mitbekommen habe, welche Lebensart ich bevorzuge und welche Aufgaben mich erwarten (26; 86 f.). Alles, was die Gesetze von mir fordern können, ist, daß ich mir die Maxime der Wohltätigkeit gegen andere und die der eigenen Vervollkommnung zu eigen mache.

Um die Pflicht, die eigene *moralische Vollkommenheit* zu erstreben, scheint es nach Kant anders bestellt zu sein. Schreibt mir nicht etwa das Gebot, aus Pflicht zu handeln, vor, meine Willkür durch die Triebfeder der Pflicht zu bestimmen? Kant verneint dies. Ob ich dieses Gebot meiner moralischen Vollkommenheit befolgt habe, ob ich nicht nur legal, sondern auch moralisch gehandelt habe, kann ich nur vor dem Gericht meines eigenen Gewissens entscheiden, wo ich selbst Richter und Angeklagter bin. In vielen Fällen kann ich mich sicherlich schuldig sprechen. Um mich freizusprechen, müßte ich hingegen beweisen, daß meine Willkür letztendlich nicht durch eine verborgene Triebfeder des Eigennutzes bestimmt wurde – dies ist mir jedoch nicht möglich. Aber ein Gericht, vor dem das Urteil – unerachtet dessen, wie der Angeklagte sich auch um die Befolgung des Gesetzes bemüht haben möchte – stets »schuldig« hieße und von einem Gewissensbiß begleitet würde, wäre nicht nur befremdlich, sondern der moralischen Gesinnung entgegengesetzt (81). Das Gesetz schreibt folglich nicht den inneren Akt der Bestimmung der Willkür durch die Vorstellung der Pflicht vor, sondern nur die Maxime, die Reinheit der Triebfeder anzustreben. Ähnliche Überlegungen gelten hinsichtlich der *Vollständigkeit* der moralischen Vollkommenheit, die darin besteht, alle erforderten Tugenden schon erworben zu haben. Jemand, der versucht, seiner Pflicht Genüge zu tun, verfügt über verschiedene Eigenschaften – einige mögen Tugenden sein, andere vielleicht moralische Schwächen –, die sich infolge seiner Neigungen herausgestellt haben (und – wie Kant betont – angesichts der Tugenden, die er hat, üblicherweise nicht Laster genannt werden). Auch wenn unsere Selbsterkenntnis uns nicht Aufschluß darüber geben kann, ob wir schon alle Tugenden besitzen, die von uns verlangt werden, so reicht es schon hin, wenn wir auf dieses Ideal zielen: das Gesetz fordert nur die Maxime, jenen Zweck zu verfolgen (26; 88 f.)[11]

[11] Es scheinen zwei Überlegungen dafür eine Rolle zu spielen, daß das Gesetz nur für Maximen gilt: die erste wird unter den Titeln »Von der Pflicht des Menschen gegen sich selbst als angeborenen Richter über sich selbst« und »Von dem ersten Gebot aller Pflichten gegen sich selbst« (78–82) besprochen und handelt von der Selbsttäuschung. Kants Annahme, daß das Laster der Lüge anderen gegenüber von dem der Lüge gegenüber sich selbst herkommt (68 f.), mag erklären, daß er kein weiteres Argument dafür gibt, daß die Lüge »die größte Verletzung der Pflicht des Menschen gegen sich selbst« ist. Die zweite Überlegung ist die, daß

Kant beschließt seine Behandlung der Pflicht zur natürlichen und moralischen Vervollkommnung mit der Bemerkung: »Also sind alle Pflichten gegen sich selbst in Ansehung des Zwecks der Menschheit in unserer eigenen Person nur unvollkommene Pflichten« (90). Er beschloß die vorangegangene »Expositionen der Tugendpflichten als weite[r] Pflichten« mit der Behauptung, daß die eigene Vollkommenheit wegen solcher Überlegungen »nur von weiter Verbindlichkeit« sind (26). Von der anderen Tugendpflicht (sc. sich fremde Glückseligkeit zum Zweck zu machen) wurde gleichermaßen gesagt, sie sei von weiter Verbindlichkeit, da sie nur auf Maximen und nicht auf bestimmte Handlungen gehe (26) und keine bestimmten Grenzen kenne (28). Während die unvollkommenen Pflichten also weite Pflichten sind, gibt es auch noch *vollkommene Pflichten*, denen ein erheblicher Teil von Kants Erörterungen gewidmet ist. Da die Gesetze, welche solche Art von Pflichten vorschreiben, auf den ersten Blick Handlungsgesetze zu sein scheinen, sollten wir kurz noch andere Textpassagen, die die weiten Pflichten erörtern, berücksichtigen.

Ohne von »weiten« oder »engen« Pflichten zu sprechen, betont Kant in der Einleitung in die »Rechtslehre«, daß die Präzision, die in diesem ersten Teil der »Metaphysik der Sitten« herrscht, in der Tugendlehre nicht erwartet werden könne, »als welche einen gewissen Raum zu Ausnahmen (*latitudinem*) nicht verweigern kann« (VI 233). In den Erörterungen der Tugendlehre, wo er zwischen Rechtspflichten von enger und Tugendpflichten von weiter Verbindlichkeit unterscheidet (23 f.) nennt Kant diese »Weite« einen Spielraum für die freie Willkür bei der Befolgung des Gesetzes, der darin begründet liegt, daß Gesetze für Maximen »*wie* und *wieviel* durch die Handlung zu dem Zweck, der zugleich Pflicht ist, gewirkt werden solle«

aus der Sicht des Handelnden wegen seiner Gebrechlichkeit das Gebotene ohnehin nur ein Ideal und unerreichbar sein kann (vgl. 44). Wie oben schon gesagt, sollte die Tugendlehre im Licht von Kants Auffassung über das Böse in der menschlichen Natur und sein Fortschreiten zum Guten gelesen werden.

(ebd.), nicht festlegen können. Betreffs der obengenannten »Ausnahmen« fügt er hinzu, daß es sich dabei nicht um die Erlaubnis handelt, von den Maximen abzuweichen, sondern um die Einschränkung einer Maxime durch eine andere, »wodurch in der Tat das Feld für die Tugendpraxis erweitert wird«. Man könnte annehmen, der Spielraum einer weiten Pflicht würde die Tugendpraxis beschränken, weil er ein bestimmtes Handlungsgebot verhindert. Aber das Gegenteil ist für Kant der Fall. Bei einer Rechtspflicht können wir der Pflicht im Prinzip vollständig nachkommen: Indem wir eine bestimmte Handlung vollziehen, tun wir alles, was von uns verlangt wird. Aber durch keine Handlungen können wir uns je einer ethischen Pflicht entledigen. Auch wenn wir z. B. unseren Eltern gegenüber wohltätig gewesen sind, heißt das noch nicht, daß wir unsere Pflicht der Wohltätigkeit gegenüber anderen schon erfüllt hätten. Es ist unmöglich – im wohlverstandenen Sinne von Tugend – »zu tugendhaft« zu sein (73 A). Kant deutet zudem an, daß es mehrere Grade von »weit« geben könne: »Je weiter die Pflicht, je unvollkommener also dic Verbindlichkeit des Menschen zur Handlung ist ...« (23). Später betont er, daß der »Spielraum« sich aus der Notwendigkeit ergibt, die Urteilskraft für die Anwendung von Gesetzen bezüglich unvollkommener Pflichten zu üben. In der Erläuterung der Kasuistik weist er darauf hin, daß diese in Bezug auf die engen Pflichten der Rechtslehre keine Funktion hat. Die Ethik jedoch erfordert, wegen des Spielraums, den die unvollkommenen Pflichten erlauben, eine Übung der Urteilskraft hinsichtlich der Frage, wie eine Maxime in einem gegebenen Fall angewandt werden soll (46 f., 72 A) – daher folgen »kasuistische Fragen« im Anschluß sowohl an die vollkommenen Pflichten gegen sich selbst, als auch an die Liebespflichten gegen andere. Schließlich gesteht er in einer der kasuistischen Fragen explizit ein, daß die Einschränkung einer weiten Pflicht zum »Purismus« werden könne, und daß den tierischen Neigungen ein Spielraum gelassen werden sollte (64). Wenn auch in anderem Kontext, so wiederholt Kant hier die Charakterisierung der vollkommenen Pflichten aus der »Grundlegung«: jene, »die keine Ausnahmen zu Vorteil der Neigung verstattet« (IV 421 A) – womit er offensichtlich bei den unvollkommenen solche Ausnahmen zugesteht.

IV.

Der Platz reicht nicht aus, um alle einschlägigen Textstellen ausführlich heranzuziehen. Man könnte denken, daß die unvollkommenen Pflichten gegen sich selbst und gegen andere alle Eigenschaften »weiter Pflichten« haben.[12] Aber Kant behandelt zwei Klassen von Pflichten, denen beileibe nicht alle – ja vielleicht nicht einmal einzelne – Eigenschaften der weiten Pflichten zuzukommen scheinen. Da die vollkommenen Pflichten gegen sich selbst größere Probleme mit sich bringen, werde ich mich zunächst kurz den Pflichten der Achtung gegen andere zuwenden.

Die Pflicht der »freien Achtung« für andere wird, in Form des Verbotes der die Achtung verletzenden Laster, »nur negativ ausgedrückt« (112). Dieses zeigt sich bei der Achtung, welche man anderen als Menschen schuldig ist, denn sie besteht nicht darin, daß wir anderen Beweise unserer Hochschätzung geben, sondern ausschließlich darin, daß wir »unsere Selbstschätzung durch die Würde der Menschheit in eines anderen Person begrenzen« (94). Auch wenn Kant sagt, daß die Pflicht der freien Achtung gegen andere der Rechtspflicht, niemandem das Seine zu schmälern, analog ist, so ist dieses insofern aber auch nicht mehr als eine Analogie, als man von anderen gezwungen werden kann, die Rechte anderer nicht zu verletzen. Man kann jedoch nicht in derselben Weise gezwungen werden, sich eine Maxime der Achtung gegen andere zu eigen zu machen. Gleichwohl ist die Pflichterfüllung hierbei »verdienstlich«, auch wenn sie andere nicht ihrerseits zu Dankbarkeit verpflichtet, wie es bei der Maxime des Wohlwollens der Fall ist. »Verhältnisweise« ge-

[12] Auch im Fall moralischer Vollkommenheit darf – so Kant – die Bekämpfung der Naturtriebe nur soweit gehen, wie es erforderlich ist, um ihrer in den der Moralität drohenden Fällen Meister zu werden (98, 136 f.).

gen die Liebespflichten ist die Pflicht der Achtung »eng«, für sich genommen jedoch ist sie eine »weite«, die ein Gesetz für die Maximen vorschreibt (95; vgl. 112; 116). Wie bei ihr ein Spielraum entstehen kann, ist jedoch nicht unmittelbar einzusehen.

Als eine Tugendpflicht muß die Pflicht der Achtung gleichwohl auf einen Zweck, den zu haben Pflicht ist, gehen. Aber welcher Zweck kommt hier in Frage? Es ist eine unvollkommene Pflicht gegen andere, und Kant hatte betont, daß man sich fremde Vollkommenheit nicht zum Zweck machen kann. Als Alternative bleibt hier die fremde Glückseligkeit, die jedoch auch wenig geeignet scheint. Kant meint dennoch, dies annehmen zu können, und schließt dabei in die Glückseligkeit des anderen – neben der natürlichen Glückseligkeit – auch das »moralische Wohlsein« ein, da der Schmerz der Gewissensbisse, »obzwar sein Ursprung moralisch ist, doch der Wirkung nach physisch [ist], wie der Gram, die Furcht und jeder andere krankhafte Zustand« (28). Es geht hier folglich nur darum, von allem Abstand zu nehmen, was – angesichts der Verfassung der Menschen – diese dazu verleiten könnte, etwas zu tun, was ihr Gewissen im nachhinein belasten würde. Man muß vermeiden, ihnen »Skandal«, d. h. ein Beispiel der Mißachtung von Gesetzen zu geben, dem sie folgen könnten. (N. B.: Jede solche Handlung, die eine Mißachtung der Gesetze darstellt, ist allerdings auch schon aus anderen Gründen verboten.) In Hinblick auf den »Skandal« bekommt der Spielraum dann Bedeutung, wenn es darum geht, die Pflicht gegen sich selbst, dem bloß Üblichen nicht den Status des Verbindlichen zuzuschreiben, abzuwägen gegen die, andere nicht vor den Kopf zu stoßen, wenn jene, von dem Wahn, das Unübliche für unerlaubt zu halten, befallen, damit zu Handlungen verleitet werden, von denen sie glauben, daß sie verboten seien (112). Kants Erörterung der Pflicht der Achtung kann so als eine Erweiterung des Gebotes, Skandal zu vermeiden, gelesen werden, als die Pflicht, das Bewußtsein anderer für die Würde der Menschheit – und damit ihr Gefühl der Achtung vor dem Gesetz – nicht zu schwächen. Sollte dies keine befriedigende Lesart abgeben, so wäre vielleicht eine Korrektur der Einteilung der Zwecke, die zugleich Pflicht sind, vonnöten.

Ein ernsteres Problem hingegen stellt Kants Auffassung dar, daß es vollkommene Pflichten gegen sich selbst gebe, die Tugendpflichten sind (45). Es sind Unterlassungspflichten – einschränkende oder negative Pflichten –, die die Selbsterhaltung bzw. das Verbot der Selbstzerstörung betreffen, wobei der Mensch als zugleich tierisches und moralisches Wesen, oder aber ausschließlich als moralisches Wesen betrachtet wird. Immerhin gehören sie – wie die unvollkommenen Pflichten gegen sich selbst, welche Begehungspflichten, erweiternde bzw. positive Pflichten sind – »zur Tugend ... als Tugendpflicht« (56). Sie müßten daher Zwecksetzungen fordern und von Gesetzen für Maximen – nicht Handlungen – ausgehen.

Ich werde nur zwei Überlegungen andeuten, die – im Widerspruch zum letzten Zitat – nahelegen, daß diese Unterlassungspflichten doch auf Verboten bestimmter Handlungen beruhen. Die erste geht aus von der Einteilung aller Pflichten »nach dem objektiven Verhältnis des Gesetzes zur Pflicht«, die im Abschnitt »Einteilung der Metaphysik der Sitten überhaupt« zu Beginn der »Rechtslehre« steht (VI 240). Hier werden die vollkommenen Pflichten in Pflichten gegen sich selbst und Pflichten gegen andere gemäß dem »Recht der Menschheit in unserer eigenen Person« und dem »Recht der Menschen« unterschieden, die unvollkommenen gemäß dem »Zweck der Menschheit in unserer Person« und dem »Zweck der Menschen«. Vorbereitet wird diese Einteilung durch Kants Interpretation des Ulpianischen *»honeste vive«* als Formel »Mache dich anderen nicht zum bloßen Mittel, sondern sei für sie zugleich Zweck«. Auch wenn Kant ankündigte, er würde dies »im Folgenden« als »Verbindlichkeit aus dem Recht der Menschheit in unserer eigenen Person« (VI 236) erklären, so findet sich selbst in der »Tugendlehre« nichts Entsprechendes. Anstelle dessen finden wir die Behauptung, daß die (vollkommenen) Pflichten des Menschen gegen sich selbst als ein moralisches Wesen »im Formalen der Übereinstimmung der Maximen seines Willens mit der Würde der Menschheit in seiner Person« bestehen, d. h. in der Tugend der Ehrliebe, die den Lastern von Lüge, Geiz und falscher Demut entgegengesetzt ist (57). Das »Recht der Menschheit in unserer eigenen Person« taucht in der »Einteilung der Pflichten« der »Tugendlehre« (48) nicht auf, und es könnte dort auch nicht in Übereinstimmung mit der Einteilung der Ethik, wie sie die »Rechtslehre« liefert, auftreten, denn »Alle Pflichten sind entweder Rechtspflichten (*officia juris*) d. i. solche, für welche eine äußere Gesetzgebung möglich ist, oder Tugendpflichten (*officia virtutis s. ethica*) für welche eine solche nicht möglich ist« (VI 239). Das Formale der Ethik (die Verbindlichkeit) verbietet, daß in ihr von »inneren Rechtspflichten« (VI 237) oder *officia juris interna* die Rede ist. Die »Rechtslehre« wurde vor der »Tugendlehre« geschrieben, und meine Vermutung ist daher, daß Kant in dieser Einteilung eine höhere Symmetrie anstrebte, als sich schließlich in der Durchführung erreichen ließ. Aus den Vorarbeiten geht hervor, daß Kant zwischenzeitlich den Begriff des »Rechts der Menschheit in unserer Person« der Einteilung von Rechtslehre und Ethik zugrunde legen wollte (XXIII 276 f., 319), und es macht auf den ersten Blick Sinn, an Gesetze zu denken, die jene unserer Handlungen, die uns selbst betreffen, in ähnlicher Weise begrenzen wie das Recht. Doch für die veröffentlichte Fassung scheint er diese Konzeption verworfen zu haben.

Die zweite Überlegung bezieht sich darauf, daß Kants Erörterung von zwei der vollkommenen Pflichten gegen sich selbst (die Verbote von wollüstiger Selbstschändung und Lüge) nahelegt, es handle sich dabei um das Verbot von Handlungen. Da er sich zur Ableitung dieser Unterlassungspflichten nicht näher äußert, ist es schwer zu sehen, warum diese Handlungen verboten sein sollten. Aber im Falle der Pflichten, für die er explizit ein Argument liefert, sieht es so aus, als gehe es eher um Verbote von Maximen als von Handlungen: Was im Falle des Selbstmordes verboten ist, ist nicht einfach die Selbstentleibung, sondern »die willkürliche Entleibung seiner selbst«, »beliebig aus dem Leben … hinauszugehen«, »als ob es zu dieser Handlung gar keiner Befugnis bedürfte« (59 f.). Kant beantwortet zwar seine kasuistischen Fragen im Anschluß nicht, aber die Frage nach der moralischen Möglichkeit des Selbstmordes eines Mannes, der schon die ersten Zeichen der Tollwut an sich verspürt und durch Selbsttötung der Gefahr einer Ansteckung anderer vorbeugen möchte, legt nahe, daß wir uns in bestimmten Situationen selbst töten dürfen, wenn wir damit verhindern können, daß andere gefährdet werden. Und in den kasuistischen Fragen zur Trunkenheit und Völlerei macht Kant dann explizit klar, daß nicht etwa die Handlung des Betäubungsmittelgebrauchs selbst, sondern die Maxime, dies um des Genusses willen zu tun, verboten ist: Opium und Branntwein sind nur als Arzneimittel erlaubt (66). Verboten ist nicht der Gebrauch (die Handlung als solche), sondern die Betäubung allein um des Vergnügens willen. Beim Geiz ist es offensichtlich, daß nicht die Handlung des Sparens verboten sein kann; was den Geiz zum Laster werden läßt, ist »sklavische Unterwerfung seiner selbst unter die Glücksgüter, ihrer nicht Herr zu sein,« ein Prinzip, was dem »Prinzip der Unabhängigkeit von allem anderen außer von dem Gesetz« (73) entgegengesetzt ist. Eine der zugehörigen kasuistischen Fragen lautet: »Aber was ist das für ein Gesetz, dessen innerer Gesetzgeber selbst nicht weiß, wo es anzuwenden ist?«. Hier scheint es klar, daß vollkommene Pflichten gegen sich selbst nicht von Gesetzen für Handlungen, sondern für Maximen abgeleitet werden. Sie erlauben eben darum einen Spielraum für die Urteilskraft bei der Anwendung des Gesetzes, und Kant zeigt in den kasuistischen Fragen en détail, daß solches auch wirklich eintritt. Was die vollkommenen Pflichten gegen sich selbst demnach von den unvollkommenen unterscheidet, ist, daß in Ansehung der ersteren die Reichweite der Urteilskraft eher eingeschränkt ist. Sie wird nur gefordert, wenn sich eine Kollision von zwei »Gründen der Verbindlichkeit (rationes obligandа)« ergibt: wenn dies einträte, dann wäre es z. B. erlaubt, ein Narkotikum zu medizinischen Zwecken einzunehmen – weil es eben Pflicht wäre (VI 224)[13].

Wenn also vollkommene Pflichten gegen sich selbst tatsächlich

[13] Es sei bemerkt, daß jemand »einen Fehler (peccatum)« begehen kann, wenn er das Tugendprinzip, welches einem Laster entgegengesetzt ist, anwendet; daß er »aber nicht darin, daß er dessen Grundsätzen mit Strenge anhänglich ist, ein Laster (vitium) ausüben« kann (72 A; vgl. auch 35).

Tugendpflichten sind, so muß das zugehörige Gesetz einen Zweck vorschreiben. Der einzige Zweck, der in Frage kommt, scheint die eigene Vollkommenheit zu sein. Daß ein solcher Zweck sowohl beinhaltet, sich nicht selbst zu zerstören, als auch, sich zu vervollkommnen, erscheint vernünftig: Liebespflichten setzen das Verbot der Laster des Hasses voraus (105–112). Unterlassungspflichten »gegen sich selbst als moralisches Wesen betrachtet« sind ausschließlich gegen die Laster gerichtet, durch die man sich des Vorzugs, ein moralisches Wesen zu sein, berauben würde: innere Freiheit (schon der Form nach) (57). Bei diesen Lastern macht man es sich zum Prinzip, kein Prinzip zu haben. Dies legt nahe, daß auch die Unterlassungsgesetze, die sich auf unsere animalische Natur beziehen, die Laster wider unsere innere Freiheit verbieten (auch wenn nicht schon »der Form nach«). Es wäre in der Tat befremdlich, von dem »Laster des Selbstmords« zu sprechen, wenn »Selbstmord« ausschließlich eine Handlung – nämlich die Herbeiführung des eigenen Todes – bezeichnen sollte; aber man darf nicht übersehen, daß Kant alle jene Pflichtverletzungen, die auf die willkürliche oder vorsätzliche Zerstörung der animalischen Natur zielen (58), als vollständigen oder partiellen Selbstmord bezeichnet: d. h. das Annehmen einer Maxime der Zerstörung seiner selbst als Subjekt der Verpflichtung. Was auch hier verboten ist, sind wieder Laster, Handlungsmaximen.

Während Kant erörtert, warum die Ethik eine Tugendlehre sein muß, betont er, daß die Tugend nicht bloß eine Stärke des Willens bedeutet, sondern Stärke des *menschlichen* Willens in Befolgung seiner *Pflicht* und fügt hinzu, daß die Laster – jene »Ungeheuer«, die der Mensch zu bekämpfen hat – die Brut gesetzeswidriger Gesinnungen sind. Diese »Hindernisse« legt sich der Mensch selbst in den Weg (40). Ein wahres Laster – so Kant später – besteht in der vorsätzlichen Aufnahme des Bösen in die eigene Maxime (43). Im Zusammenhang mit dem »Ersten Gebot aller Pflichten gegen sich selbst«, d. h. »Erkenne dich selbst ... in Beziehung auf deine Pflicht« (81), sagt er, daß jenes Wissen aller menschlichen Weisheit Anfang sei, welches allererst die »Wegräumung der inneren Hindernisse (eines bösen in ihm genistelten Willens)"[14] erfordert und dann »die Entwicklung der nie verlierbaren ursprünglichen Anlage eines guten Willens« (ebd.). Dieser »böse Wille« in ihm ist der »innere Feind«, der oben (s. S. XLV) schon erwähnt wurde und der ihn – aller moralischen Entschlossenheit zum Trotz – daran hindert, geradeheraus das zu tun, was er will. Was aus all diesem wiederum deutlich wird, ist, daß einige der sonst recht undurchsichtigen Darlegungen der Tugendlehre im Licht der Kantischen Theorie des Bösen in der menschlichen Natur gesehen werden müssen, u. a. seine Behandlung der einen tugendhaften Gesinnung und der verschiedenen Tugenden, seine Unterscheidung zwischen Tugend und moralischer Schwäche als kontradiktorischer Gegensätze sowie Tugend und Laster als realer Gegensätze (16 f., 42), seine Erörterungen von Gewissen und Selbsterkenntnis und seine Ableitung der Tugendpflichten vermittels der verschiedenen moralischen Gegenstände, auf die der Wille aus dem einzigen Prinzip der Tugend geleitet wird. Dadurch wird die Tugendlehre zu einem wesentlich schwierigeren Werk als dies bei einer flüchtigen Lektüre scheinen könnte. Aber – wie schon Kants Antwort an Garve (s. o. S. XXX) vermuten ließ –, eine solche Lektüre verbietet sich angesichts Kants Versicherung, daß die Einteilung der Moral in Rechtslehre und Tugendlehre aufgrund der Unterscheidung von Pflichten der äußeren und Pflichten der inneren Freiheit zustandekommt, von denen nur die letzteren ethische sind und daß die letzteren nicht darin bestehen, Handlungen auszuführen, sondern eine moralische Gesinnung zu erwerben – und mit ihr die verschiedenen Tugenden.

Kant beteuert, daß er einen umfassenden Abriß all derjenigen Tugendpflichten geliefert hat, die den Menschen als Menschen auferlegt sind. Kaum jemand wird behaupten wollen, daß er eine endgültige Metaphysik der Sitten vorgelegt habe. Es spricht vieles dafür, daß manche der von ihm angeführten Pflichten herausgenommen oder zumindest modifiziert und andere ergänzt

[14] Der »reine Wille«, durch den der Mensch verpflichtet wird, kann nicht böse sein, sondern höchstens schwach. Es scheint, daß es bei Kant die menschliche Willkür ist, die böse sein kann (vgl. 42).

werden müssen. Vielleicht auch reflektiert ohnehin jedes Unternehmen dieser Art die Zeit – und den Charakter – seines Autors. Aber dies scheinen mir angesichts dessen, was uns die »Metaphysik der Sitten« lehren kann, nebensächliche Fragen zu sein.

Wenn auch Kants »Rechtslehre« erst in letzter Zeit die Aufmerksamkeit zu erwecken beginnt, so galt er doch schon von jeher als einer der wichtigsten Philosophen auf dem Gebiet der Ethik. Unnötigerweise wird die Auseinandersetzung mit seiner Ethik in der Regel allein mit Rekurs auf die »Grundlegung« geführt, und die Litanei der Vorwürfe ist allzu bekannt. Der allgemein übliche Einwand ist von jeher, daß es sich um eine formale Theorie handle, die keine inhaltlichen Pflichten liefern könne. Dies wird in der Regel an den Beispielen der Grundlegung demonstriert. Bisweilen wird es auch einfach a priori angenommen, weil allein der Kantische Begriff des »Wollens« ebendieses für die wirklichen Handlungen irrelevant mache, da das »Wollen« eine Art von zeitloser noumenaler Tätigkeit sei. In der gerade stattfindenden Wiederbelebung der »Tugendethik« wird Kant – zu seinem vermeintlichen Nachteil – mit Aristoteles verglichen, da er die Ethik auf Grundlage von »Regeln« statt von »Tugenden« konzipiert habe. Selbst eine oberflächliche Lektüre der »Metaphysik der Sitten« sollte ausreichen, diese vordergründige Kritik zurückzunehmen.

Ein schon lange bekannter Einwand gegen die Ethik Kants – der nun im Rahmen der Tugendethik wiederbelebt wird – wäre allerdings vernichtend: kann die Ethik nicht ganz auf kategorische Imperative – und damit auf die Kantischen Begriffe von Verpflichtung und Freiheit – verzichten? Eine solche Kritik zielt auf das Herz der Kantischen Moralphilosophie. Aber für jeden, der bezweifelt, daß wir unser Bewußtsein von Verpflichtung einfach »wegerklären« können und der zugleich angesichts der scheinbaren »Leere« von Kants oberstem Prinzip von Sittlichkeit und Moral irritiert ist, könnte die »Metaphysik der Sitten« erhellend sein. Ich brauche wohl kaum zu betonen, daß die »Metaphysik der Sitten« – ganz unabhängig von dem Beitrag, den sie zu einer systematischen Ethik leisten kann – ein wichtiges Dokument der Philosophiegeschichte ist.

LITERATUR ZUR TUGENDLEHRE

I. Ausgaben der Tugendlehre

»Metaphysische Anfangsgründe der Tugendlehre von Immanuel Kant. Königsberg bey Friedrich Nicolovius, 1797.« X und 191 Seiten (Warda 176[1]).

»Metaphysische Anfangsgründe der Tugendlehre von Immanuel Kant. Zweyte verbesserte Auflage. Königsberg bey Friedrich Nicolovius, 1804.« X und 191 Seiten (Warda 177).

Nachdruck der Tugendlehre mit dem Zusatz: »Zweyte Auflage« Kreuznach bei Ludwig Christian Kehr 1800 (Warda 178).

Für weitere Ausgaben im Namen von Herausgebern als »Teil 2« der »Metaphysik der Sitten« siehe PhB 360 S. XLVIII.

II. Quellen und Vorarbeiten in der Akademie-Ausgabe

1. X–XIII: Die wichtigsten Briefe zur Tugendlehre sind: 748, 765, 774, 777, 769, 789, 808, 842.
2. XIX S. 7–316: Reflexionen zur Moralphilosophie
3. XXI S. 470 ff.; XXII S. 106 f., 295 ff., 302 ff.: opus postumum[2]

[1] Warda Nummer (s. Einleitung, Anm. 3). – Neben den in dieser Ausgabe beigegebenen drei Titelblättern enthält der Band der Tugendlehre noch das in PhB 360 auf S. 3 wiedergegebene Titelblatt der Rechtslehre. Dem Usus der Zeit entsprechend war es dem Buchhändler bzw. dem Kunden anheimgestellt, das Buch »Metaphysik der Sitten« – das zu Lebzeiten Kants nicht als ein geschlossener Band erschien – nach separatem Erwerb von Rechts- und Tugendlehre selbst zusammenzubinden. – Die Vorrede (S. I–X) der Tugendlehre ist auf einem separaten Bogen gesetzt, das 18 Korrekturen umfassende Druckfehlerverzeichnis (S. 191, in der vorliegenden Ausgabe stillschweigend eingearbeitet) befindet sich mit auf dem letzten Bogen (»M«: S. 177–192), die letzte Korrektur betrifft S. 173.

[2] Die unter dem Namen ›opus postumum‹ abgedruckten Papiere Kants enthalten zahlreiche Bemerkungen zur Moralphilosophie; sie sind infolge des sogenannten diplomatisch-getreuen Abdrucks allerdings nur mühsam mit Hilfe des Schlagwort-Registers (in Band XXII) aufzufinden.

4. XXIII S. 243–252, 371–419: Vorarbeiten zur Metaphysik der Sitten.
5. XXVII Vorlesungsschriften zur Moral, besonders Teil-Band 2.1, S. 600–712: Vorlesungsnachschrift Vigilantius (1793/94) §§ 71–137.

III. Sekundärliteratur

A. Zeitgenössische Literatur

1. Rezensionen

Neue theologische Annalen, 2. Stück, 17. 3. 1798, S. 273–281.

Annalen der Philosophie und des philosophischen Geistes, Hrsg. von L. H. Jakob, 3. Jg. Leipzig 1797, S. 504–518.

Gelehrte Anzeigen, 91. Stück, Tübingen 13. 11. 1797, S. 722–728 und 92. Stück 16. 11. 1797, S. 733–735.

Göttingische Anzeigen von gelehrten Sachen, 201. Stück, Göttingen 17. 12. 1804, S. 2008, Rez: Bouterwek.

Beylage zu den gemeinnützigen Betrachtungen der neuesten Schriften, welche Religion, Sitten und Besserung des menschlichen Geschlechts betreffen, 1798, 1. Stück, 2. Beylage III, S. 17–35.

Göttingische Bibliothek der neuesten Literatur, IV 1798, III. Stück, S. 317–367.

Neue Allgemeine deutsche Bibliothek, 42. Band, 1. Stück, Kiel 1799, S. 41–53, Rez. »Bs:« (Tiedemann).

Allgemeine Literaturzeitung, Nr. 286, Halle 1804, S. 42–43.

Allgemeine Literaturzeitung. Ergänzungsblätter, Bd. II, Halle 1804, S. 217–240.

Neues Journal der Katechetik und Pädagogik. Hrsg. von J. F.Chr. Gräffe, 3. Jg.(=Katechetisches Journal, 5. Jg.), Heft 1, Celle 1798, S. 1–36.

Jenaische Allgemeine Literaturzeitung, Nr. 272/273, Jena 1804, S. 297–308.

Neue Leipziger Litteraturzeitung, Bd. I, Leipzig 1804, S. 543.

Neueste Critische Nachrichten. Hrsg. von J. G. P. Möller, 15. Stück, Greifswald, April 1798, S. 113–116, 16. Stück, S. 123–126.

Gothaische gelehrte Zeitungen, 3. Stück, 9. 1. 1799, S. 17–24.

2. Sonstige Abhandlungen

Anfrage an Kenner der kritischen Philosophie, in: Augustis theologische Blätter Nr. 35 (1798), S. 558–559.

Bergk, Johann Adam: Reflexionen über Kant's Metaphysische Anfangsgründe der Tugendlehre, Leipzig und Gehra 1798.
Block, Gerhard Wilhelm: Neue Grundlegung zur Philosophie der Sitten, mit beständiger Rücksicht auf die Kantische, Braunschweig 1802.
Heydenreichs, K. H.: Philosophische Gedanken über den Selbstmord, freymüthig geprüft von einem seiner Freunde, Weissenfels und Leipzig 1804.
Kunhard, Heinrich: Disciplina morum iuvenibus litterarum studiosis tradenda aptisque philosophorum sententiis et sacrarum litterarum dictis illustrata, Helmstädt 1799.
Mauchart, J. D.: Antwort auf einige von Kants kasuistischen Fragen, in: Neues allgemeines Repititorium für empirische Psychologie und verwandte Wissenschaften (Hrsg. von Mauchard und Tzschirner) Bd. 1, Leipzig 1802, S. 111–154.
Mellin, Georg Samuel Albert: Marginalien und Register zu Kants metaphysischen Anfangsgründen der Tugendlehre. Zu Vorlesungen, Jena und Leipzig 1801.
Schwab, Johann Christoph: Vergleichung des Kantischen Moralprinzips mit dem Leibniz-Wolffischen, Berlin und Stettin 1800.
Schwab, Johann Christoph: Neun Gespräche zwischen Christian Wolff und einem Kantianer über Kants Metaphysische Anfangsgründe der Rechtslehre und der Tugendlehre. Mit einer Vorrede von Friedrich Nicolai, Berlin und Stettin 1798 (Nachdruck Brüssel 1968).
Stäudlin, Karl Friedrich: Grundrisse der Tugend- und Religionslehre, zu akademischen Vorlesungen für künftige Lehrer in der christlichen Kirche, 2 Bde., Göttingen 1798 (Bd. 1: Tugendlehre).
Über die Moralität der Blatterninokulazion, in: Neues Deutsches Magazin, II Nov./Dez. 1801 (zu § 6 der T. L.).
Wie verhält sich die Ethik zur Naturrechtswissenschaft?, in: Staatswissenschaftliche und juristische Nachrichten, herausgegeben von J. F. E. Lotz, Bd. II (1799), Nr. 148, S. 565–567.

B. Spätere Veröffentlichungen

1. Monographien und Sammelbände

Allison, Henry E.: Kant's Theory of Freedom, Cambridge 1990.
Atwell, J. E.: Ends and Principles in Kant's Moral Thought, Dordrecht 1986).
Baron, Marcia W.: Kantian Ethics almost without Apology, Ithaca 1995.

Baumanns, Peter: Kants Ethik. Die Grundlehre, Würzburg 2000.

Baxley, Anne Margaret: Kant's Theory of Virtue, The Value of Autocracy, Cambridge 2015.

Denis, Lara (ed.): Kant's Metaphysics of morals: a critical guide, Cambridge, 2010.

Esser, Andrea Marlen: Eine Ethik für Endliche. Kants Tugendlehre in der Gegenwart. Stuttgart-Bad Cannstatt 2004.

Forkl, Markus: Kants System der Tugendpflichten. Eine Begleitschrift zu den »Metaphysischen Anfangsgründen der Tugendlehre«. Frankfurt a. M., Berlin, Bern u. a. 2001.

Gregor, M.: Laws of Freedom. A Study of Kant's Method of Applying the Categorical Imperative in the Metaphysik der Sitten, Oxford 1963.

Guyer, Paul (Hg.): Kant on Freedom, Law and Happiness, Cambridge 2000.

Haro Romo, Vicente de: Duty, virtue and practical reason in Kant's Metaphysics of morals, Transl. into Engl. by Erik Norvelle, Hildesheim [u.a.], 2015.

Herman, Barbara: The Practice of Moral Judgement, Cambridge 1993.

Hill, Thomas E.: Dignity and Practical Reason in Kant's Moral Theory, Ithaca 1992.

Hill, Thomas E., Jr.: Virtue, Rules and Justice. Kantian Aspirations. Oxford 2012.

Klemme, H. F./Kühn, M. (Hg.): Immanuel Kant. Vol. II: Practical Philosophy, Aldershot 1999.

Klemme, H. F./Kühn, M./Schönecker, D. (Hg.): Moralische Motivation. Kant und die Alternativen, Hamburg 2006.

Kobusch, Theo: Die Entdeckung der Person. Metaphysik der Freiheit und modernes Menschenbild, Freiburg/Basel/Wien 1993.

Korsgaard, Christine M.: Creating the Kingdom of Ends, Cambridge

Köhl, Harald: Kants Gesinnungsethik. Berlin, New York 1990. [1996.

Landmann, Tino: Der Begriff des Pflichtzwecks in der Tugendlehre Immanuel Kants: das Verhältnis von Form und Materie im Projekt einer Ethik als Metaphysik der Sitten, Hamburg 2015.

Miller, R. D.: An Interpretation of Kant's Moral Philosophy, Harrogate 1993.

Sherman, Nancy: Making a Necessity of Virtue. Aristotle and Kant on Virtue, Cambridge 1997.

Trampota, Andreas; Timmermann, Jens; Sensen, Oliver (ed.): Kant's »Tugendlehre«: a comprehensive commentary, Berlin u. a. 2013.

Willaschek, Marcus: Praktische Vernunft: Handlungstheorie und Moralbegründung bei Kant, Stuttgart/Weimar 1992.
Witschen, D.: Kant und die Idee einer christlichen Ethik, Düsseldorf 1984.
Wood, Allen. W.: Kant's Ethical Thought, Cambridge 1999.
Zartmann, H.: Kants ethische Methodenlehre, Diss. Berlin 1909.

2. Aufsätze

Albrecht, Michael: Kants Maximenethik und ihre Begründung, in: Kant-Studien (= KS) 85 (1994), S. 129–146.
Alves, Julius: Vollkommene Tugendpflichten: Zur Systematik der Pflichten in Kants Metaphysik der Sitten. In: ZphF 64, 2010, 4, 520–545.
Anderson, G.: Die ›Materie‹ in Kants Tugendlehre und der Formalismus in der kritischen Ethik, Kant Studien (=KS) 26 (1921), S. 289–311.
Anderson, G.: Kants Metaphysik der Sitten, ihre Idee und ihr Verhältnis zur Wolff'schen Schule, KS 28 (1923), S. 41–61.
Atwell, J. E.: Objective Ends in Kant's Ethics, Arch. f. Gesch. d. Phil. 56 (1974), S. 156–171.
Bacin, Stefano; Schönecker, Dieter: Zwei Konjekturvorschläge zur Tugendlehre, § 9. In: KS 101, 2010, 247–252.
Baranzke, Heike: Tierethik, Tiernatur und Moralanthropologie im Kontext von § 17, Tugendlehre. In: KS 96, 2005, 336–363.
Diemer, A.: Zum Problem des Materialen in der Ethik Kants, KS 45 (1953/54), S. 21–32.
Donagan, A.: The Structure of Kant's Metaphysics of Morals, Topoi 4 (Dordrecht 1985), S. 61–72.
Engstrom, Stephen: Kant's Conception of Practical Wisdom, in: KS 88 (1997), S. 16–34.
Euler, Werner: Die Tugendlehre im System der praktischen Philosophie Kants. In: Kants »Metaphysik der Sitten« in der Diskussion. Ein Arbeitsgespräch an der Herzog August-Bibliothek Wolfenbüttel 2009. Hrsg. von Werner Euler und Burkhard Tuschling, Berlin 2013, 221–299.
Förster, Eckhart: »Was darf ich hoffen?« Zum Problem der Vereinbarkeit von theoretischer und praktischer Vernunft bei Immanuel Kant, in: Zeitschrift für philosophische Forschung 46 (1992), S. 168–185.
Giordanetti, Piero: Zu Kants Tugendlehre. In: Itinera, dicembre 2007.

Kühl, Kristian: Zur Abgrenzung des Rechts von Sittlichkeit, guten Sitten und Tugend. In: JRE 14, 2006, 243–258.

Lauener, H.: Der systematische Stellenwert des Gefühls der Achtung in Kants Ethik, dialectica 35 (1981), S. 243–264.

Louden, Robert B.: Moralische Stärke: Tugend als eine Pflicht gegen sich selbst. In: Moralische Motivation, Kant und die Alternativen. Hrsg. von Heiner Klemme, Manfred Kühn und Dieter Schönecker. Hamburg 2006. [Kant-Forschungen 16], 79–96.

O'Neill, O.: Kant after Virtue, Inquiry 26 (1983), S. 387–405.

Römpp, Georg: Die Artikulation der Autonomie – Zur systematischen Stellung der Tugendlehre in der kantischen Moralphilosophie. In: Kant und die Berliner Aufklärung. Akten des IX. Internationalen Kant-Kongresses. 5 Bde., Berlin 2001, Bd. 3: Sek. VI–X, 80–88.

Schink, W.: Kant und die Stoische Ethik, KS 18 (1913), S. 419–475.

Schönecker, Dieter: Kant über die Möglichkeit von Pflichten gegen sich selbst (Tugendlehre, §§ 1–3). Eine Skizze. In: Kant als Bezugspunkt, Festschrift für Peter Baumanns zum 75. Geburtstag. Hrsg. von Hubertus Busche und Anton Schmitt. Würzburg 2010, 235–260.

Schüssler, Rudolf: Kant und die Kasuistik: Fragen zur Tugendlehre. In: KS 103, 2012, 70–95.

Die
Metaphysik der Sitten
in zwey Theilen.

Abgefaßt

von

Immanuel Kant.

Königsberg,
bey Friedrich Nicolovius,
1797.

Die
Metaphysik der Sitten.

Abgefaßt

von

Immanuel Kant.

Zweyter Theil.

Metaphysische Anfangsgründe

der

Tugendlehre.

Königsberg,
bey Friedrich Nicolovius,
1797.

Metaphysische Anfangsgründe

der

Tugendlehre

von

Immanuel Kant.

Königsberg,
bey Friedrich Nicolovius,
1797.

VORREDE [375]

Wenn es über irgend einen Gegenstand eine Philosophie (System der Vernunfterkenntnis aus Begriffen) gibt, so muß es für diese Philosophie auch ein System reiner, von aller Anschauungsbedingung unabhängiger Vernunftbegriffe, d.i. eine Metaphysik geben. – Es fragt sich nur: ob es für jede praktische Philosophie, als Pflichtenlehre, mithin auch für die Tugendlehre (Ethik), auch metaphysischer Anfangsgründe bedürfe, um sie, als wahre Wissenschaft (systematisch), nicht bloß als Aggregat einzeln aufgesuchter Lehren (fragmentarisch), aufstellen zu können. – Von der reinen Rechtslehre wird niemand dies Bedürfnis bezweifeln; denn sie betrifft nur das Förmliche der nach Freiheitsgesetzen im äußeren Verhältnis einzuschränkenden Willkür; abgesehen von allem Zweck (als der Materie derselben). Die Pflichtenlehre ist also hier eine bloße Wissenslehre *(doctrina scientiae)*.*

In dieser Philosophie (der Tugendlehre) scheint es nun der Idee derselben gerade zuwider zu sein, bis zu metaphysi-

* Ein der praktischen Philosophie Kundiger ist darum eben nicht ein praktischer Philosoph. Der letztere ist derjenige, welcher sich den Vernunftendzweck zum Grundsatz seiner Handlungen macht, indem er damit zugleich das dazu nötige Wissen verbindet; welches, da es aufs Tun abgezweckt ist, nicht eben bis zu den subtilsten Fäden der Metaphysik ausgesponnen werden darf, wenn es nicht etwa eine Rechtspflicht betrifft – als bei welcher auf der Wage der Gerechtigkeit das Mein und Dein, nach dem Prinzip der Gleichheit der Wirkung und Gegenwirkung, genau bestimmt werden und darum der mathematischen Abgemessenheit analog sein muß – sondern eine bloße Tugendpflicht angeht. Denn da kommt es nicht bloß darauf an, zu wissen, was zu tun Pflicht ist (welches, wegen der Zwecke, die natürlicherweise alle Menschen haben, leicht angegeben werden kann), sondern vornehmlich auf das innere Prinzip des Willens, nämlich daß das

32 das innere] dem inneren

[376] *schen Anfangsgründen* zurückzugehen, um den Pflichtbegriff, von allem Empirischen (jedem Gefühl) gereinigt, doch zur Triebfeder zu machen. Denn was kann man sich für einen Begriff von einer Kraft und herkulischer Stärke machen, um die lastergebärenden Neigungen zu überwältigen, wenn die Tugend ihre Waffen aus der Rüstkammer der Metaphysik entlehnen soll? welche eine Sache der Spekulation ist, die nur wenig Menschen zu handhaben wissen. Daher fallen auch alle Tugendlehren in Hörsälen, von Kanzeln und in Volksbüchern, wenn sie mit metaphysischen Brocken ausgeschmückt werden, ins Lächerliche. – Aber darum ist es doch nicht unnütz, viel weniger lächerlich, den ersten Gründen der Tugendlehre in einer Metaphysik nachzuspüren; denn irgend einer muß doch als Philosoph auf die ersten Gründe dieses Pflichtbegriffs hinausgehen: weil sonst weder Sicherheit noch Lauterkeit für die Tugendlehre überhaupt zu erwarten wäre. Sich desfalls auf ein gewisses *Gefühl*, welches man seiner davon erwarteten Wirkung halber *moralisch* nennt, zu verlassen, kann auch wohl dem Volkslehrer genügen; indem dieser zum Probierstein einer Tugendpflicht, ob sie es sei oder nicht, die Aufgabe zu beherzigen verlangt: »wie, wenn nun ein jeder in jedem Fall deine Maxime zum allgemeinen Gesetz machte, würde eine solche wohl mit sich selbst zusammenstimmen können?« Aber wenn es bloß Gefühl wäre, was auch diesen Satz zum Probierstein zu nehmen uns zur Pflicht machte, so wäre diese doch alsdann nicht durch die Vernunft diktiert, sondern nur instinktmäßig, mithin blindlings dafür angenommen.

Allein kein moralisches Prinzip gründet sich in der Tat, wie man wohl wähnt, auf irgend einem *Gefühl*, sondern ist wirklich nichts anderes, als dunkel gedachte *Metaphysik*, die jedem Menschen in seiner Vernunftanlage beiwohnt; wie der Lehrer es leicht gewahr wird, der seinen Lehrling über den Pflichtimperativ und dessen Anwendung auf moralische Beurteilung seiner Handlungen *sokratisch* zu katechisieren versucht. – Der *Vortrag*

Bewußtsein dieser Pflicht zugleich *Triebfeder* der Handlungen sei, um von dem, der mit seinem Wissen dieses Weisheitsprinzip verknüpft, zu sagen: daß er ein *praktischer Philosoph* sei.

desselben (die Technik) darf eben nicht allemal metaphysisch und die Sprache scholastisch sein, wenn jener den Lehrling nicht etwa zum Philosophen bilden will. Aber der *Gedanke* muß bis auf die Elemente der Metaphysik zurückgehen, ohne die keine Sicherheit und Reinigkeit, ja selbst nicht einmal bewegende Kraft in der Tugendlehre zu erwarten ist.

Geht man von diesem Grundsatze ab und fängt vom pathologischen oder dem rein-ästhetischen oder auch dem moralischen *Gefühl* (dem subjektiv-praktischen statt des objektiven), d. i. von der Materie des Willens, dem *Zweck*, nicht von der Form desselben, d. i. dem *Gesetz* an, um von da aus die Pflichten zu [377] bestimmen: so finden freilich keine *metaphysischen Anfangsgründe* der Tugendlehre statt, denn Gefühl, wodurch es auch immer erregt werden mag, ist jederzeit *physisch*. – Aber die Tugendlehre wird alsdann auch in ihrer Quelle, einerlei ob in Schulen oder in Hörsälen usw., verderbt. Denn es ist nicht gleichviel, durch welche Triebfedern als Mittel man zu einer guten Absicht (der Befolgung aller Pflicht) hingeleitet werde. – Es mag also den *orakel-* oder auch *geniemäßig* über Pflichtenlehre absprechenden vermeinten Weisheitslehrern *Metaphysik* noch so sehr anekeln: so ist es doch für die, welche sich dazu aufwerfen, unerläßliche Pflicht, selbst in der Tugendlehre zu jener ihren Grundsätzen zurückzugehen und auf ihren Bänken vorerst selbst die Schule zu machen.

* * *

Man muß sich hierbei billig wundern, wie es nach allen bisherigen Läuterungen des Pflichtprinzips, sofern es aus reiner Vernunft abgeleitet wird, noch möglich war, es wiederum auf *Glückseligkeitslehre* zurückzuführen; doch so, daß eine gewisse *moralische* Glückseligkeit, die nicht auf empirischen Ursachen beruhte, zu dem Ende ausgedacht worden, welche ein sich selbst widersprechendes Unding ist. – Der denkende Mensch nämlich, wenn er über die Anreize zum Laster gesiegt

hat und seine, oft sauere, Pflicht getan zu haben sich bewußt ist, findet sich in einem Zustande der Seelenruhe und Zufriedenheit, den man gar wohl Glückseligkeit nennen kann; in welchem die Tugend ihr eigener Lohn ist. – Nun sagt der *Eudämonist*: diese Wonne, diese Glückseligkeit ist der eigentliche Bewegungsgrund, warum er tugendhaft handelt. Nicht der Begriff der Pflicht bestimme *unmittelbar* seinen Willen, sondern nur *vermittelst* der im Prospekt gesehenen Glückseligkeit werde er bewogen, seine Pflicht zu tun. – Nun ist aber klar, daß, weil er sich diesen Tugendlohn nur von dem Bewußtsein, seine Pflicht getan zu haben, versprechen kann, das letztgenannte doch vorangehen müsse; d. i. er muß sich verbunden finden, seine Pflicht zu tun, ehe er noch, und ohne daß er daran denkt, daß Glückseligkeit die Folge der Pflichtbeobachtung sein werde. Er dreht sich mit seiner *Ätiologie* im *Zirkel* herum. Er kann nämlich nur hoffen, *glücklich* (oder innerlich selig) zu sein, wenn er sich seiner Pflichtbeobachtung bewußt ist; er kann aber zur Beobachtung seiner Pflicht nur bewogen werden, wenn er voraus-
[378] sieht, daß er sich dadurch glücklich machen werde. – Aber es ist in dieser Vernünftelei auch ein *Widerspruch*. Denn einerseits soll er seine Pflicht beobachten, ohne erst zu fragen, welche Wirkung dieses auf seine Glückseligkeit haben werde, mithin aus einem *moralischen* Grunde; andererseits aber kann er doch nur etwas für seine Pflicht anerkennen, wenn er auf Glückseligkeit rechnen kann, die ihm dadurch erwachsen wird, mithin nach *pathologischem* Prinzip, welches gerade das Gegenteil des vorigen ist.

Ich habe an einem anderen Orte (der Berlinischen Monatsschrift) den Unterschied der *Lust*, welche *pathologisch* ist, von der *moralischen*, wie ich glaube, auf die einfachsten Ausdrücke zurückgeführt. Die Lust nämlich, welche *vor* der Befolgung des Gesetzes hergehen muß, damit diesem gemäß gehandelt werde, ist pathologisch, und das Verhalten folgt der *Naturordnung*; diejenige aber, *vor welcher* das Gesetz hergehen muß, damit sie empfunden werde, ist in der *sittlichen*

30 einfachsten] einfachste

Ordnung. – Wenn dieser Unterschied nicht beobachtet wird, wenn Eudämonie (das Glückseligkeitsprinzip) statt der Eleutheronomie (des Freiheitsprinzips der inneren Gesetzgebung) zum Grundsatze aufgestellt wird, so ist die Folge davon Euthanasie (der sanfte Tod) aller Moral.

Die Ursache dieser Irrungen ist keine andere als folgende. Der kategorische Imperativ, aus dem diese Gesetze diktatorisch hervorgehen, will denen, die bloß an physiologische Erklärungen gewöhnt sind, nicht in den Kopf; unerachtet sie sich doch durch ihn unwiderstehlich gedrungen fühlen. Sich aber das nicht erklären zu können, was über jenen Kreis gänzlich hinaus liegt (die Freiheit der Willkür), so seelenerhebend auch eben dieser Vorzug des Menschen ist, einer solchen Idee fähig zu sein, wird durch die stolzen Ansprüche der spekulativen Vernunft, die sonst ihr Vermögen in anderen Feldern so stark fühlt, gleichsam zum allgemeinen Aufgebot der für die Allgewalt der theoretischen Vernunft Verbündeten gereizt, sich jener Idee zu widersetzen und so den moralischen Freiheitsbegriff jetzt und vielleicht noch lange, obzwar am Ende doch vergeblich, anzufechten und womöglich verdächtig zu machen.

Ethik bedeutete in den alten Zeiten die Sittenlehre *(philosophia moralis)* überhaupt, welche man auch die Lehre von den Pflichten benannte. In der Folge hat man es ratsam gefunden, diesen Namen auf einen Teil der Sittenlehre, nämlich auf die Lehre von den Pflichten, die nicht unter äußeren Gesetzen stehen, allein zu übertragen (dem man im Deutschen den Namen Tugendlehre angemessen gefunden hat): so, daß jetzt das System der allgemeinen Pflichtenlehre in das der Rechtslehre *(ius)*, welche äußerer Gesetze fähig ist, und der Tugendlehre *(ethica)* eingeteilt wird, die deren nicht fähig ist; wobei es denn auch sein Bewenden haben mag.

I. Erörterung des Begriffs einer Tugendlehre

Der Pflichtbegriff ist an sich schon der Begriff von einer Nötigung (Zwang) der freien Willkür durchs Gesetz; dieser Zwang mag nun ein äußerer oder ein Selbstzwang sein. Der moralische Imperativ verkündigt, durch seinen kategorischen Ausspruch (das unbedingte Sollen), diesen Zwang, der also nicht auf vernünftige Wesen überhaupt (deren es etwa auch heilige geben könnte), sondern auf Menschen als vernünftige Naturwesen geht, die dazu unheilig genug sind, daß sie die Lust wohl anwandeln kann, das moralische Gesetz, ob sie gleich dessen Ansehen selbst anerkennen, doch zu übertreten und, selbst wenn sie es befolgen, es dennoch ungern (mit Widerstand ihrer Neigung) zu tun, als worin der Zwang eigentlich besteht.* –

* Der Mensch aber findet sich doch als moralisches Wesen zugleich [wenn er sich objektiv, wozu er durch seine reine praktische

[380] Da aber der Mensch doch ein freies (moralisches) Wesen ist, so kann der Pflichtbegriff keinen anderen als den Selbstzwang (durch die Vorstellung des Gesetzes allein) enthalten, wenn es auf die innere Willensbestimmung (die Triebfeder) angesehen ist, denn dadurch allein wird es möglich, jene Nötigung (selbst wenn sie eine äußere wäre) mit der Freiheit der Willkür zu vereinigen, wobei aber alsdann der Pflichtbegriff ein ethischer sein wird.

Die Antriebe der Natur enthalten also Hindernisse der Pflichtvollziehung im Gemüt des Menschen und (zum Teil mächtig) widerstrebende Kräfte, die also zu bekämpfen und durch die Vernunft, nicht erst künftig, sondern gleich jetzt (zugleich mit dem Gedanken) zu besiegen er sich vermögend urteilen muß: nämlich das zu können, was das Gesetz unbedingt befiehlt, daß er tun soll.

Nun ist das Vermögen und der überlegte Vorsatz, einem starken, aber ungerechten Gegner Widerstand zu tun, die Tapferkeit *(fortitudo)* und, in Ansehung des Gegners der sittlichen Gesinnung in uns, Tugend *(virtus, fortitudo moralis)*. Also ist die allgemeine Pflichtenlehre in dem Teil, der nicht die äußere Freiheit, sondern die innere unter Gesetze bringt, eine Tugendlehre.

Die Rechtslehre hatte es bloß mit der formalen Bedingung der äußeren Freiheit (durch die Zusammenstimmung mit sich

Vernunft bestimmt ist, (nach der Menschheit in seiner eigenen Person) betrachtet] heilig genug, um das innere Gesetz ungern zu übertreten; denn es gibt keinen so verruchten Menschen, der bei dieser Übertretung in sich nicht einen Widerstand fühlte und eine Verabscheuung seiner selbst, bei der er sich selbst Zwang antun muß. – Das Phänomen nun: daß der Mensch auf diesem Scheidewege (wo die schöne Fabel den Herkules zwischen Tugend und Wohllust hinstellt) mehr Hang zeigt, der Neigung als dem Gesetz Gehör zu geben, zu erklären ist unmöglich; weil wir, was geschieht, nur erklären können, indem wir es von einer Ursache nach Gesetzen der Natur ableiten; wobei wir aber die Willkür nicht als frei denken würden. – Dieser wechselseitig entgegengesetzte Selbstzwang aber und die Unvermeidlichkeit desselben gibt doch die unbegreifliche Eigenschaft der Freiheit selbst zu erkennen.

selbst, wenn ihre Maxime zum allgemeinen Gesetz gemacht wurde), d. i. mit dem Recht zu tun. Die Ethik dagegen gibt noch eine Materie (einen Gegenstand der freien Willkür), einen Zweck der reinen Vernunft, der zugleich als objektiv-notwendiger Zweck, d. i. für den Menschen als Pflicht vorgestellt wird, an die Hand. – Denn, da die sinnlichen Neigungen zu Zwecken (als der Materie der Willkür) verleiten, die der Pflicht zuwider sein können, so kann die gesetzgebende Vernunft ihrem [381] Einfluß nicht anders wehren, als wiederum durch einen entgegengesetzten moralischen Zweck, der also von der Neigung unabhängig *a priori* gegeben sein muß.

Zweck ist ein Gegenstand der Willkür (eines vernünftigen Wesens), durch dessen Vorstellung diese zu einer Handlung, diesen Gegenstand hervorzubringen, bestimmt wird. – Nun kann ich zwar zu Handlungen, die als Mittel auf einen Zweck gerichtet sind, nie aber einen Zweck zu haben von anderen gezwungen werden, sondern ich kann nur selbst mir etwas zum Zweck machen. – Daß ich aber auch verbunden bin, mir irgend etwas, was in den Begriffen der praktischen Vernunft liegt, zum Zwecke zu machen, mithin, außer dem formalen Bestimmungsgrunde der Willkür (wie das Recht dergleichen enthält), noch einen materialen, einen Zweck zu haben, der dem Zweck aus sinnlichen Antrieben entgegengesetzt werden könne: dieses würde der Begriff von einem Zweck sein, der an sich selbst Pflicht ist; die Lehre desselben aber würde nicht zu der des Rechts, sondern zur Ethik gehören, als welche allein den Selbstzwang nach (moralischen) Gesetzen in ihrem Begriffe mit sich führt.

Aus diesem Grunde kann die Ethik auch als das System der Zwecke der reinen praktischen Vernunft definiert werden. – Zweck und Pflicht unterscheiden die zwei Abteilungen der allgemeinen Sittenlehre. Daß die Ethik Pflichten enthalte, zu deren Beobachtung man von anderen nicht (physisch) gezwungen werden kann, ist bloß die Folge daraus, daß sie eine Lehre der Zwecke ist, weil dazu (sie zu haben) ein Zwang sich selbst wiederspricht.

Daß aber die Ethik eine Tugendlehre *(doctrina officiorum virtutis)* sei, folgt aus der obigen Erklärung der Tugend, verglichen mit der Verpflichtung, deren Eigentümlichkeit soeben gezeigt worden. – Es gibt nämlich keine andere Bestimmung der Willkür, die durch ihren Begriff schon dazu geeignet wäre, von der *Willkür* Anderer selbst *physisch* nicht gezwungen werden zu können, als nur die zu einem *Zwecke*. Ein Anderer kann mich zwar *zwingen*, etwas zu *tun*, was nicht mein Zweck (sondern nur Mittel zum Zweck eines Anderen) ist, aber nicht dazu, daß ich *es mir zum Zweck mache*, und doch kann ich keinen Zweck haben, ohne ihn mir zu machen. Das letztere ist ein Widerspruch mit sich selbst: ein Akt der Freiheit, der doch zugleich nicht frei ist. – Aber sich selbst einen Zweck zu setzen, der zugleich Pflicht ist, ist kein Widerspruch: weil ich da [382] mich selbst zwinge, welches mit der Freiheit gar wohl zusammen besteht.* – Wie ist aber ein solcher Zweck möglich? das ist jetzt die Frage. Denn die Möglichkeit des Begriffs von einer Sache (daß er sich nicht widerspricht) ist noch nicht hinreichend dazu, um die Möglichkeit der Sache selbst (die objektive Realität des Begriffs) anzunehmen.

II. Erörterung des Begriffs von einem Zwecke, der zugleich Pflicht ist

Man kann sich das Verhältnis des Zwecks zur Pflicht auf zweierlei Art denken: entweder, von dem Zwecke ausgehend, die *Maxime* der pflichtmäßigen Handlungen, oder, umgekehrt, von dieser anhebend, den *Zweck* ausfindig zu machen,

* Je weniger der Mensch physisch, je mehr er dagegen moralisch (durch die bloße Vorstellung der Pflicht) kann gezwungen werden, desto freier ist er. – Der so, z. B. von genugsam fester Entschließung und starker Seele ist, eine Lustbarkeit, die er sich vorgenommen hat, nicht aufzugeben, man mag ihm noch so viel Schaden vorstellen, den er sich dadurch zuzieht, aber auf die Vorstellung, daß er hierbei eine Amtspflicht verabsäume oder einen kranken Vater vernachlässige, von seinem Vorsatz unbedenklich, obzwar sehr ungern absteht, beweist eben damit seine Freiheit im höchsten Grade, daß er der Stimme der Pflicht nicht widerstehen kann.

der zugleich Pflicht ist. – Die Rechtslehre geht auf dem ersten Wege. Es wird jedermanns freier Willkür überlassen, welchen Zweck er sich für seine Handlung setzen wolle. Die Maxime derselben aber ist *a priori* bestimmt: daß nämlich die Freiheit des Handelnden mit jedes Anderen Freiheit nach einem allgemeinen Gesetz zusammen bestehen könne.

Die Ethik aber nimmt einen entgegengesetzten Weg. Sie kann nicht von den Zwecken ausgehen, die der Mensch sich setzen mag, und danach über seine zu nehmenden Maximen, d. i. über seine Pflicht, verfügen; denn das wären empirische Gründe der Maximen, die keinen Pflichtbegriff abgeben, als welcher (das kategorische Sollen) in der reinen Vernunft allein seine Wurzel hat; wie denn auch, wenn die Maximen nach jenen Zwecken (welche alle selbstsüchtig sind) genommen werden sollten, vom Pflichtbegriff eigentlich gar nicht die Rede sein könnte. – Also wird in der Ethik der Pflichtbegriff auf Zwecke leiten und die Maximen in Ansehung der Zwecke, die wir uns setzen sollen, nach moralischen Grundsätzen begründen müssen.

Dahingestellt, was denn das für ein Zweck sei, der an sich [383] selbst Pflicht ist, und wie ein solcher möglich sei, ist hier nur noch zu zeigen nötig, daß und warum eine Pflicht dieser Art den Namen einer Tugendpflicht führe.

Aller Pflicht korrespondiert ein Recht, als Befugnis *(facultas moralis generatim)* betrachtet, aber nicht aller Pflicht korrespondieren Rechte eines Anderen *(facultas iuridica)*, jemand zu zwingen; sondern diese heißen besonders Rechtspflichten. – Eben so korrespondiert aller ethischen Verbindlichkeit der Tugendbegriff, aber nicht alle ethischen Pflichten sind darum Tugendpflichten. Diejenigen nämlich sind es nicht, welche nicht sowohl einen gewissen Zweck (Materie, Objekt der Willkür), als bloß das Förmliche der sittlichen Willensbestimmung (z. B. daß die pflichtmäßige Handlung auch aus Pflicht geschehen müsse) betreffen. Nur ein Zweck, der zugleich Pflicht ist, kann Tugendpflicht genannt werden. Daher gibt es mehrere der letzteren (auch verschiedene Tugenden); dagegen von der ersteren nur eine, aber für alle Handlungen gültige (tugendhafte Gesinnung) gedacht wird.

Die Tugendpflicht ist von der Rechtspflicht wesentlich darin unterschieden, daß zu dieser ein äußerer Zwang moralisch-möglich ist, jene aber auf dem freien Selbstzwange allein beruht. – Für endliche, heilige Wesen (die zur Verletzung der Pflicht gar nicht einmal versucht werden können) gibt es keine Tugendlehre, sondern bloß Sittenlehre, welche letztere eine Autonomie der praktischen Vernunft ist, indessen daß die erstere zugleich eine Autokratie derselben, d. i. ein, wenngleich nicht unmittelbar wahrgenommenes, doch aus dem sittlichen kategorischen Imperativ richtig geschlossenes Bewußtsein des Vermögens enthält, über seine dem Gesetz wiederspenstigen Neigungen Meister zu werden: so daß die menschliche Moralität in ihrer höchsten Stufe doch nichts mehr als Tugend sein kann; selbst wenn sie ganz rein (vom Einflusse aller fremdartigen Triebfeder als der der Pflicht völlig frei) wäre, da sie dann gemeiniglich als ein Ideal (dem man stets sich annähern müsse) unter dem Namen des Weisen dichterisch personifiziert wird.

Tugend ist aber auch nicht bloß als Fertigkeit und (wie die Preisschrift des Hofpred. Cochius sich ausdrückt) für eine lange, durch Übung erworbene, Gewohnheit moralisch-guter Handlungen zu erklären und zu würdigen. Denn wenn diese nicht eine Wirkung überlegter, fester und immer mehr geläuter-
[384] ter Grundsätze ist, so ist sie, wie ein jeder andere Mechanismus aus technisch-praktischer Vernunft, weder auf alle Fälle gerüstet noch vor der Veränderung, die neue Anlockungen bewirken können, hinreichend gesichert.

Anmerkung: Der Tugend = $+a$ ist die negative Untugend (moralische Schwäche) = 0 als logisches Gegenteil *(contradictorie oppositum)*, das Laster aber = $-a$ als Widerspiel *(contrarie s. realiter oppositum)* entgegengesetzt, und es ist eine, nicht bloß unnötige, sondern auch anstößige Frage: ob zu großen Verbrechen nicht etwa mehr Stärke der Seele als selbst zu großen Tugenden gehöre. Denn unter Stärke der Seele verstehen wir die Stärke des Vorsatzes eines Menschen, als mit Freiheit begabten Wesens, mithin sofern er seiner selbst mächtig (bei Sinnen) ist, also im gesunden Zustande des Menschen. Große Verbrechen aber sind Paroxysmen, deren Anblick den an der Seele gesunden Menschen schaudern macht. Die Frage würde also etwa dahin auslaufen: ob ein Mensch im Anfall einer Raserei mehr physische Stärke haben könne, als wenn er bei Sinnen ist, welches man einräumen kann, ohne ihm darum mehr Seelenstärke beizulegen, wenn man unter Seele das Lebensprinzip des Menschen im freien Gebrauch seiner Kräfte versteht. Denn, weil jene bloß in der Macht der die Vernunft schwächenden Neigungen ihren Grund haben, welches keine Seelenstärke beweist, so würde diese Frage mit der ziemlich auf einerlei hinauslaufen: ob ein Mensch im Anfall einer Krankheit mehr Stärke als im gesunden Zustande beweisen könne, welche geradezu verneinend beantwortet werden kann, weil der Mangel der Gesundheit, die im Gleichgewicht aller körperlichen Kräfte des Menschen besteht, eine Schwächung im System dieser Kräfte ist, nach welchem man allein die absolute Gesundheit beurteilen kann.

III. Von dem Grunde sich einen Zweck, der zugleich Pflicht ist, zu denken

Zweck ist ein Gegenstand der freien Willkür, dessen Vorstellung diese zu einer Handlung bestimmt (wodurch jener hervorgebracht wird). Eine jede Handlung hat also ihren Zweck, [385] und da niemand einen Zweck haben kann, ohne sich den Gegenstand seiner Willkür selbst zum Zweck zu machen, so ist es ein Akt der Freiheit des handelnden Subjekts, nicht eine Wirkung der Natur, irgend einen Zweck der Handlungen zu haben. Weil aber dieser Akt, der einen Zweck bestimmt, ein praktisches Prinzip ist, welches nicht die Mittel (mithin nicht bedingt), sondern den Zweck selbst (folglich unbedingt) gebietet, so ist es ein kategorischer Imperativ der reinen praktischen Vernunft, mithin ein solcher, der einen Pflichtbegriff mit dem eines Zweckes überhaupt verbindet.

Es muß nun einen solchen Zweck und einen ihm korrespondierenden kategorischen Imperativ geben. Denn, da es freie Handlungen gibt, so muß es auch Zwecke geben, auf welche als Objekt jene gerichtet sind. Unter diesen Zwecken aber muß es auch einige geben, die zugleich (d. i. ihrem Begriffe nach) Pflichten sind. – Denn gäbe es keine dergleichen, so würden, weil doch keine Handlung zwecklos sein kann, alle Zwecke für die praktische Vernunft immer nur als Mittel zu anderen Zwecken gelten, und ein kategorischer Imperativ wäre unmöglich; welches alle Sittenlehre aufhebt.

Hier ist also nicht von Zwecken, die der Mensch sich nach sinnlichen Antrieben seiner Natur macht, sondern von Gegenständen der freien Willkür unter ihren Gesetzen die Rede, welche er sich zum Zweck machen soll. Man kann jene die technische (subjektive), eigentlich pragmatische, die Regel der Klugheit in der Wahl seiner Zwecke enthaltende, diese aber muß man die moralische (objektive) Zwecklehre nennen; welche Unterscheidung hier doch überflüssig ist, weil die Sittenlehre sich schon durch ihren Begriff von der Naturlehre (hier der Anthropologie) deutlich absondert, als welche letztere auf empirischen Prinzipien beruht, dagegen die moralische Zwecklehre, die von Pflichten handelt, auf *a priori* in der reinen praktischen Vernunft gegebenen Prinzipien beruht.

IV. Welches sind die Zwecke, die zugleich Pflichten sind?

Sie sind: Eigene Vollkommenheit – fremde Glückseligkeit.

Man kann diese nicht gegeneinander umtauschen und eigene Glückseligkeit einerseits mit fremder Vollkommenheit andererseits zu Zwecken machen, die an sich selbst Pflichten derselben Person wären.

[386] Denn eigene Glückseligkeit ist ein Zweck, den zwar alle Menschen (vermöge des Antriebes ihrer Natur) haben, nie aber kann dieser Zweck als Pflicht angesehen werden, ohne sich selbst zu widersprechen. Was ein jeder unvermeidlich schon von selbst

will, das gehört nicht unter den Begriff von *Pflicht*; denn diese ist eine *Nötigung* zu einem ungern genommenen Zweck. Es widerspricht sich also zu sagen: man sei *verpflichtet*, seine eigene Glückseligkeit mit allen Kräften zu befördern.

Ebenso ist es ein Widerspruch, eines anderen *Vollkommenheit* mir zum Zweck zu machen und mich zu deren Beförderung für verpflichtet zu halten. Denn darin besteht eben die *Vollkommenheit* eines anderen Menschen, als einer Person, daß er *selbst* vermögend ist, sich seinen Zweck nach seinen eigenen Begriffen von Pflicht zu setzen, und es widerspricht sich, zu fordern (mir zur Pflicht zu machen), daß ich etwas tun soll, was kein anderer als er selbst tun kann.

V. Erläuterung dieser zwei Begriffe

A. Eigene Vollkommenheit

Das Wort *Vollkommenheit* ist mancher Mißdeutung ausgesetzt. Es wird bisweilen als ein zur Transzendentalphilosophie gehörender Begriff der *Allheit* des Mannigfaltigen, was zusammengenommen ein Ding ausmacht, – dann aber auch, als zur *Teleologie* gehörend, so verstanden, daß es die Zusammenstimmung der Beschaffenheiten eines Dinges zu einem *Zwecke* bedeutet. Man könnte die Vollkommenheit in der ersteren Bedeutung die *quantitative* (materiale), in der zweiten die *qualitative* (formale) Vollkommenheit nennen. Jene kann nur eine sein (denn das All des einem Dinge Zugehörigen ist Eins). Von dieser aber kann es in einem Dinge mehrere geben; und von der letzteren wird hier auch eigentlich gehandelt.

Wenn von der dem Menschen überhaupt (eigentlich der Menschheit) zugehörigen Vollkommenheit gesagt wird: daß, sie sich zum Zweck zu machen, an sich selbst Pflicht sei, so muß sie in demjenigen gesetzt werden, was *Wirkung* von seiner *Tat* sein kann, nicht was bloß Geschenk ist, das er der Natur verdanken muß; denn sonst wäre sie nicht Pflicht. Sie kann also nichts [387]
anderes sein als *Kultur* seines *Vermögens* (oder der Natur-

anlage), in welchem der Verstand, als Vermögen der Begriffe, mithin auch deren, die auf Pflicht gehen, das oberste ist, zugleich aber auch seines Willens (sittlicher Denkungsart), aller Pflicht überhaupt ein Genüge zu tun. 1. Es ist ihm Pflicht, sich aus der Rohigkeit seiner Natur, aus der Tierheit *(quoad actum)* immer mehr zur Menschheit, durch die er allein fähig ist, sich Zwecke zu setzen, emporzuarbeiten; seine Unwissenheit durch Belehrung zu ergänzen und seine Irrtümer zu verbessern; und dieses ist ihm nicht bloß die technisch-praktische Vernunft zu seinen anderweitigen Absichten (der Kunst) anrätig, sondern die moralisch-praktische gebietet es ihm schlechthin und macht diesen Zweck ihm zur Pflicht, um der Menschheit, die in ihm wohnt, würdig zu sein. 2. Die Kultur seines Willens bis zur reinsten Tugendgesinnung, da nämlich das Gesetz zugleich die Triebfeder seiner pflichtmäßigen Handlungen wird, zu erheben und ihm aus Pflicht zu gehorchen, welches innere moralisch-praktische Vollkommenheit ist; die, weil es ein Gefühl der Wirkung ist, welche der in ihm selbst gesetzgebende Wille auf das Vermögen ausübt danach zu handeln, das moralische Gefühl, gleichsam ein besonderer Sinn *(sensus moralis)* ist, der zwar freilich oft schwärmerisch, als ob er (gleich dem Genius des Sokrates) vor der Vernunft vorhergehe oder auch ihr Urteil gar entbehren könne, mißbraucht wird, doch aber eine sittliche Vollkommenheit ist, jeden besonderen Zweck, der zugleich Pflicht ist, sich zum Gegenstande zu machen.

B. Fremde Glückseligkeit

Glückseligkeit, d.i. Zufriedenheit mit seinem Zustande, sofern man der Fortdauer derselben gewiß ist, sich zu wünschen und zu suchen, ist der menschlichen Natur unvermeidlich; ebendarum aber auch nicht ein Zweck, der zugleich Pflicht ist. – Da einige noch einen Unterschied zwischen einer moralischen und physischen Glückseligkeit machen (deren erstere in der Zufriedenheit mit seiner Person und ihrem eigenen sittlichen Verhalten, also mit dem, was man tut, die andere mit dem, was die

Natur beschert, mithin was man als fremde Gabe *genießt*, bestehe): so muß man bemerken, daß, ohne den Mißbrauch des Worts hier zu rügen (das schon einen Widerspruch in sich enthält), die erstere Art zu empfinden allein zum vorigen Titel, [388] nämlich dem der Vollkommenheit, gehöre. – Denn der, welcher sich im bloßen Bewußtsein seiner Rechtschaffenheit glücklich fühlen soll, besitzt schon diejenige Vollkommenheit, die im vorigen Titel für denjenigen Zweck erklärt war, der zugleich Pflicht ist.

Wenn es also auf Glückseligkeit ankommt, worauf, als meinen Zweck hinzuwirken es Pflicht sein soll, so muß es die Glückseligkeit *anderer* Menschen sein, *deren* (erlaubten) *Zweck ich hiermit auch zu dem meinigen* mache. Was diese zu ihrer Glückseligkeit zählen mögen, bleibt ihnen selbst zu beurteilen überlassen; nur daß mir auch zusteht, manches zu weigern, was *sie* dazu rechnen, was ich aber nicht dafür halte, wenn sie sonst kein Recht haben, es als das Ihrige von mir zu fordern. Jenem Zweck aber eine vorgebliche *Verbindlichkeit* entgegenzusetzen, meine *eigene* (physische) Glückseligkeit auch besorgen zu müssen und so diesen meinen natürlichen und bloß subjektiven Zweck zur Pflicht (objektiven Zweck) machen, ist ein scheinbarer, mehrmals gebrauchter Einwurf gegen die obige Einteilung der Pflichten (Nr. IV.) und bedarf einer Zurechtweisung.

Widerwärtigkeiten, Schmerz und Mangel sind große Versuchungen zu Übertretung seiner Pflicht. Wohlhabenheit, Stärke, Gesundheit und Wohlfahrt überhaupt, die jenem Einflusse entgegenstehen, können also auch, wie es scheint, als Zwecke angesehen werden, die zugleich Pflicht sind: nämlich *seine eigene* Glückseligkeit zu befördern und sie nicht bloß auf fremde zu richten. – Aber alsdann ist diese nicht der Zweck, sondern die Sittlichkeit des Subjekts ist es, von welchem die Hindernisse wegzuräumen, es bloß das *erlaubte* Mittel ist; da niemand anders ein Recht hat, von mir Aufopferung meiner nicht unmoralischen Zwecke zu fordern. Wohlhabenheit für sich selbst zu suchen, ist direkt nicht Pflicht; aber indirekt kann es eine solche wohl sein: nämlich Armut, als eine große Versuchung zu Lastern, abzuwehren. Alsdann aber ist es nicht meine Glückseligkeit, sondern meine Sittlichkeit, deren Integrität zu erhalten mein Zweck und zugleich meine Pflicht ist.

VI. Die Ethik gibt nicht Gesetze für die Handlungen (denn das tut das *Ius*), sondern nur für die Maximen der Handlungen

Der Pflichtbegriff steht unmittelbar in Beziehung auf ein *Gesetz* (wenn ich gleich noch von allem Zweck, als der Materie [389] desselben, abstrahiere), wie denn das formale Prinzip der Pflicht im kategorischen Imperativ: »Handle so, daß die Maxime deiner Handlung ein allgemeines *Gesetz* werden könne«, es schon anzeigt; nur daß in der Ethik dieses als das Gesetz *deines* eigenen *Willens* gedacht wird, nicht des Willens überhaupt, der auch der Wille Anderer sein könnte; wo es alsdann eine Rechtspflicht abgeben würde, die nicht in das Feld der Ethik gehört. – Die Maximen werden hier als solche subjektive Grundsätze angesehen, die sich zu einer allgemeinen Gesetzgebung bloß *qualifizieren*; welches nur ein negatives Prinzip (einem Gesetz überhaupt nicht zu widerstreiten) ist. – Wie kann es aber dann noch ein Gesetz für die Maxime der Handlungen geben?

Der Begriff eines *Zwecks*, der zugleich Pflicht ist, welcher der Ethik eigentümlich zugehört, ist es allein, der ein Gesetz für die Maximen der Handlungen begründet, indem der subjektive Zweck (den jedermann hat) dem objektiven (den sich jedermann dazu machen soll) untergeordnet wird. Der Imperativ: »Du sollst dir Dieses oder Jenes (z. B. die Glückseligkeit Anderer) zum Zweck machen«, geht auf die Materie der Willkür (ein Objekt). Da nun keine freie Handlung möglich ist, ohne daß der Handelnde hierbei zugleich einen Zweck (als Materie der Willkür) beabsichtigte, so muß, wenn es einen Zweck gibt, der zugleich Pflicht ist, die Maxime der Handlungen, als Mittel zu Zwecken, nur die Bedingung der Qualifikation zu einer möglichen allgemeinen Gesetzgebung enthalten; wogegen der Zweck, der zugleich Pflicht ist, es zu einem Gesetz machen kann, eine solche Maxime zu haben, indessen daß für die Maxime selbst die bloße Möglichkeit, zu einer allgemeinen Gesetzgebung zusammenzustimmen, schon genug ist.

Denn Maximen der Handlungen können willkürlich sein und stehen nur unter der einschränkenden Bedingung der Habilität zu einer allgemeinen Gesetzgebung, als formalem Prinzip der Handlungen. Ein Gesetz aber hebt das Willkürliche der Handlungen auf und ist darin von aller Anpreisung (da bloß die schicklichsten Mittel zu einem Zwecke zu wissen verlangt werden) unterschieden.

VII. Die ethischen Pflichten sind von weiter, dagegen die Rechtspflichten von enger Verbindlichkeit [390]

Dieser Satz ist eine Folge aus dem vorigen; denn wenn das Gesetz nur die Maxime der Handlungen, nicht die Handlungen selbst, gebieten kann, so ist's ein Zeichen, daß es der Befolgung (Observanz) einen Spielraum *(latitudo)* für die freie Willkür überlasse, d. i. nicht bestimmt angeben könne, wie und wieviel durch die Handlung zu dem Zweck, der zugleich Pflicht ist, gewirkt werden solle. – Es wird aber unter einer weiten Pflicht nicht eine Erlaubnis zu Ausnahmen von der Maxime der Handlungen, sondern nur die der Einschränkung einer Pflichtmaxime durch die andere (z. B. die allgemeine Nächstenliebe durch die Elternliebe) verstanden, wodurch in der Tat das Feld für die Tugendpraxis erweitert wird. – Je weiter die Pflicht, je unvollkommener also die Verbindlichkeit des Menschen zur Handlung ist, je näher er gleichwohl die Maxime der Observanz derselben (in seiner Gesinnung) der engen Pflicht (des Rechts) bringt, desto vollkommener ist seine Tugendhandlung.

Die unvollkommenen Pflichten sind also allein Tugendpflichten. Die Erfüllung derselben ist Verdienst *(meritum)* $= +a$; ihre Übertretung aber ist nicht sofort Verschuldung *(demeritum)* $= -a$, sondern bloß moralischer Unwert $= 0$, außer, wenn es dem Subjekt Grundsatz wäre, sich jenen Pflichten nicht zu fügen. Die Stärke des Vorsatzes im ersteren heißt eigentlich allein Tugend *(virtus)*, die Schwäche in der zweiten nicht sowohl Laster *(vitium)*, als vielmehr bloß Untugend, Mangel an moralischer Stärke *(defectus moralis)*. (Wie das Wort Tugend von taugen, so stammt Untugend von: zu nichts taugen.) Eine jede pflichtwidrige Handlung heißt Übertretung *(peccatum)*. Die vorsätzliche aber, die zum Grundsatz geworden ist, macht eigentlich das aus, was man Laster *(vitium)* nennt.

Obzwar die Angemessenheit der Handlungen zum Rechte (ein rechtlicher Mensch zu sein) nichts Verdienstliches ist, so ist doch die der Maxime solcher Handlungen als Pflichten, d. i. die Achtung fürs Recht, verdienstlich. Denn der Mensch macht sich dadurch das Recht der Menschheit oder auch der Menschen zum Zweck und erweitert dadurch seinen Pflicht-
[391] begriff über den der Schuldigkeit *(officium debiti)*: weil ein Anderer aus seinem Rechte wohl Handlungen nach dem Gesetz, aber nicht, daß dieses auch zugleich die Triebfeder zu denselben enthalte, von mir fordern kann. Ebendieselbe Bewandtnis hat es auch mit dem allgemeinen ethischen Gebote: »Handle pflichtmäßig, aus Pflicht.« Diese Gesinnung in sich zu gründen und zu beleben, ist sowie die vorige verdienstlich, weil sie über das Pflichtgesetz der Handlungen hinausgeht und das Gesetz, an sich, zugleich zur Triebfeder macht.

Aber ebendarum müssen auch diese Pflichten zur weiten Verbindlichkeit gezählt werden, in Ansehung deren ein subjektives Prinzip ihrer ethischen Belohnung (und zwar, um sie dem Begriffe einer engen Verbindlichkeit so nahe als möglich zu bringen) der Empfänglichkeit derselben nach dem Tugendgesetze, stattfindet, nämlich einer moralischen Lust, die über die bloße Zufriedenheit mit sich selbst (die bloß negativ sein kann) hinausgeht, und von der man rühmt, daß die Tugend in diesem Bewußtsein ihr eigener Lohn sei.

Wenn dieses Verdienst ein Verdienst des Menschen um andere Menschen ist, ihren natürlichen und von allen Menschen dafür anerkannten Zweck zu befördern (ihre Glückseligkeit zu der

28 bringen) der] bringen, d. i. der

seinigen zu machen), so könnte man dies das süße Verdienst nennen, dessen Bewußtsein einen moralischen Genuß verschafft, in welchem Menschen durch Mitfreude zu schwelgen geneigt sind; indessen daß das sauere Verdienst, anderer Menschen wahres Wohl, auch wenn sie es für ein solches nicht erkennten (an Unerkenntlichen, Undankbaren) doch zu befördern, eine solche Rückwirkung gemeiniglich nicht hat, sondern nur Zufriedenheit mit sich selbst bewirkt, obzwar es in letzterem Falle noch größer sein würde.

VIII. Exposition der Tugendpflichten als weiter Pflichten

1. Eigene Vollkommenheit als Zweck, der zugleich Pflicht ist

a) Physische, d.i. Kultur aller Vermögen überhaupt zu Beförderung der durch die Vernunft vorgelegten Zwecke. Daß dieses Pflicht, mithin an sich selbst Zweck sei, und jener Bearbeitung, auch ohne Rücksicht auf den Vorteil, den sie uns gewährt, nicht ein bedingter (pragmatischer), sondern unbedingter (moralischer) Imperativ zum Grunde liege, ist hieraus zu [392] ersehen. Das Vermögen, sich überhaupt irgend einen Zweck zu setzen, ist das Charakteristische der Menschheit (zum Unterschiede von der Tierheit). Mit dem Zwecke der Menschheit in unserer eigenen Person ist also auch der Vernunftwille, mithin die Pflicht verbunden, sich um die Menschheit durch Kultur überhaupt verdient zu machen, sich das Vermögen zu Ausführung allerlei möglicher Zwecke, sofern dieses in dem Menschen selbst anzutreffen ist, zu verschaffen oder es zu fördern, d.i. eine Pflicht zur Kultur der rohen Anlagen seiner Natur, als wodurch das Tier sich allererst zum Menschen erhebt: mithin Pflicht an sich selbst.

Allein diese Pflicht ist bloß ethisch, d.i. von weiter Verbindlichkeit. Wie weit man in Bearbeitung (Erweiterung oder Berichtigung seines Verstandesvermögens, d.i. in Kenntnissen-

oder in Kunstfähigkeit) gehen solle, schreibt kein Vernunftprinzip bestimmt vor; auch macht die Verschiedenheit der Lagen, worin Menschen kommen können, die Wahl der Art der Beschäftigung, dazu er sein Talent anbauen soll, sehr willkürlich. – Es ist also hier kein Gesetz der Vernunft für die Handlungen, sondern bloß für die Maxime der Handlungen, welche so lautet: »Baue deine Gemüts- und Leibeskräfte zur Tauglichkeit für alle Zwecke an, die dir aufstoßen können, ungewiß, welche davon einmal die deinigen werden könnten.«

b) *Kultur der Moralität* in uns. Die größte moralische Vollkommenheit des Menschen ist: seine Pflicht zu tun und zwar *aus Pflicht* (daß das Gesetz nicht bloß die Regel, sondern auch die Triebfeder der Handlungen sei). – Nun scheint dieses zwar beim ersten Anblick eine *enge* Verbindlichkeit zu sein, und das Pflichtprinzip zu jeder Handlung nicht bloß die *Legalität*, sondern auch die *Moralität*, d. i. Gesinnung, mit der Pünktlichkeit und Strenge eines Gesetzes zu gebieten; aber in der Tat gebietet das Gesetz auch hier nur, die *Maxime der Handlung*, nämlich den Grund der Verpflichtung nicht in den sinnlichen Antrieben (Vorteil oder Nachteil), sondern ganz und gar im Gesetz zu suchen – mithin nicht die *Handlung selbst*. – Denn es ist dem Menschen nicht möglich, so in die Tiefe seines eigenen Herzens einzuschauen, daß er jemals von der Reinigkeit seiner moralischen Absicht und der Lauterkeit seiner Gesinnung auch nur in *einer* Handlung völlig gewiß sein könnte; wenn er gleich über die Legalität derselben gar nicht zweifelhaft ist. Vielmals wird Schwäche, welche das Wagstück eines Verbrechens abrät, von demselben Menschen für Tugend (die den Begriff von Stärke gibt) gehalten, und wie viele mögen ein langes schuldloses
[393] Leben geführt haben, die nur *Glückliche* sind, so vielen Versuchungen entgangen zu sein; wieviel reiner moralischer Gehalt bei jeder Tat in der Gesinnung gelegen habe, das bleibt ihnen selbst verborgen.

Also ist auch diese Pflicht, den Wert seiner Handlungen nicht bloß nach der Legalität, sondern auch der Moralität (Gesinnung) zu schätzen, nur von *weiter* Verbindlichkeit; das Gesetz gebietet nicht diese innere Handlung im menschlichen Gemüt selbst, sondern bloß die Maxime der Handlung, darauf nach allem Vermögen auszugehen: daß zu allen pflichtmäßigen Handlungen der Gedanke der Pflicht für sich selbst hinreichende Triebfeder sei.

2. Fremde Glückseligkeit als Zweck, der zugleich Pflicht ist

a) Physische Wohlfahrt. Das Wohlwollen kann unbegrenzt sein; denn es darf hierbei nichts getan werden. Aber mit dem Wohltun, vornehmlich wenn es nicht aus Zuneigung (Liebe) zu Anderen, sondern aus Pflicht, mit Aufopferung und Kränkung mancher Konkupiszenz, geschehen soll, geht es schwieriger zu. – Daß diese Wohltätigkeit Pflicht sei, ergibt sich daraus: daß, weil unsere Selbstliebe von dem Bedürfnis, von Anderen auch geliebt (in Notfällen geholfen) zu werden, nicht getrennt werden kann, wir also uns zum Zweck für Andere machen, und diese Maxime niemals anders als bloß durch ihre Qualifikation zu einem allgemeinen Gesetz, folglich durch einen Willen, Andere auch für uns zu Zwecken zu machen, verbinden kann, fremde Glückseligkeit ein Zweck sei, der zugleich Pflicht ist.

Allein ich soll mit einem Teil meiner Wohlfahrt ein Opfer an Andere, ohne Hoffnung der Wiedervergeltung machen, weil es Pflicht ist, und nun ist unmöglich, bestimmte Grenzen anzugeben, wieweit das gehen könne. Es kommt sehr darauf an, was für jeden nach seiner Empfindungsart wahres Bedürfnis sein werde, welches zu bestimmen jedem selbst überlassen bleiben muß. Denn mit Aufopferung seiner eigenen Glückseligkeit (seiner wahren Bedürfnisse) Anderer ihre zu befördern, würde eine an sich selbst widerstreitende Maxime sein, wenn man sie zum allgemeinen Gesetz machte. – Also ist diese Pflicht nur eine weite; sie hat einen Spielraum, mehr oder weniger hierin zu tun, ohne daß sich die Grenzen davon bestimmt angeben lassen. – Das Gesetz gilt nur für die Maximen, nicht für bestimmte Handlungen.

[394] b) Moralisches Wohlsein Anderer *(salubritas moralis)* gehört auch zu der Glückseligkeit Anderer, die zu befördern für uns Pflicht, aber nur negative Pflicht ist. Der Schmerz, den ein Mensch von Gewissensbissen fühlt, obzwar sein Ursprung moralisch ist, ist doch, der Wirkung nach, physisch, wie der Gram, die Furcht und jeder andere krankhafte Zustand. Zu verhüten, daß jenen dieser innere Vorwurf nicht verdienterweise treffe, ist nun zwar eben nicht meine Pflicht, sondern seine Sache; wohl aber, nichts zu tun, was, nach der Natur des Menschen, Verleitung sein könnte zu dem, worüber ihn sein Gewissen nachher peinigen kann, welches man Skandal nennt. – Aber es sind keine bestimmten Grenzen, innerhalb welcher sich diese Sorgfalt für die moralische Zufriedenheit Anderer halten ließe; daher ruht auf ihr nur eine weite Verbindlichkeit.

IX. Was ist Tugendpflicht?

Tugend ist die Stärke der Maxime des Menschen in Befolgung seiner Pflicht. – Alle Stärke wird nur durch Hindernisse erkannt, die sie überwältigen kann; bei der Tugend aber sind diese die Naturneigungen, welche mit dem sittlichen Vorsatz in Streit kommen können, und, da der Mensch es selbst ist, der seinen Maximen diese Hindernisse in den Weg legt, so ist die Tugend nicht bloß ein Selbstzwang (denn da könnte eine Naturneigung die andere zu bezwingen trachten), sondern auch ein Zwang nach einem Prinzip der inneren Freiheit, mithin durch die bloße Vorstellung seiner Pflicht, nach dem formalen Gesetz derselben.

Alle Pflichten enthalten einen Begriff der Nötigung durch das Gesetz; die ethischen eine solche, wozu nur eine innere, die Rechtspflichten dagegen eine solche Nötigung, wozu auch eine äußere Gesetzgebung möglich ist; beide also eines Zwanges, er mag nun Selbstzwang oder Zwang durch einen Anderen sein; da dann das moralische Vermögen des ersteren Tu-

28 ethischen] ethische

gend und die aus einer solchen Gesinnung (der Achtung fürs Gesetz) entspringende Handlung Tugendhandlung (ethisch) genannt werden kann, obgleich das Gesetz eine Rechtspflicht aussagt. Denn es ist die Tugendlehre, welche gebietet, das Recht der Menschen heilig zu halten.

Aber was zu tun Tugend ist, das ist darum noch nicht sofort eigentliche Tugendpflicht. Jenes kann bloß das Formale der Maximen betreffen, diese aber geht auf die Materie derselben, nämlich auf einen Zweck, der zugleich als Pflicht gedacht [395] wird. – Da aber die ethische Verbindlichkeit zu Zwecken, deren es mehrere geben kann, nur eine weite ist, weil sie da bloß ein Gesetz für die Maxime der Handlungen enthält und der Zweck die Materie (Objekt) der Willkür ist, so gibt es viele, nach Verschiedenheit des gesetzlichen Zwecks verschiedene, Pflichten, welche Tugendpflichten *(officia honestatis)* genannt werden; ebendarum, weil sie bloß dem freien Selbstzwange, nicht dem anderer Menschen unterworfen sind und die den Zweck bestimmen, der zugleich Pflicht ist.

Die Tugend, als die in der festen Gesinnung gegründete Übereinstimmung des Willens mit jeder Pflicht, ist, wie alles Formale, bloß Eine und dieselbe. Aber in Ansehung des Zwecks der Handlungen, der zugleich Pflicht ist, d. i. desjenigen (des Materialen), was man sich zum Zwecke machen soll, kann es mehr Tugenden geben, und die Verbindlichkeit zu der Maxime desselben heißt Tugendpflicht, deren es also viele gibt.

Das oberste Prinzip der Tugendlehre ist: Handle nach einer Maxime der Zwecke, die zu haben für jedermann ein allgemeines Gesetz sein kann. – Nach diesem Prinzip ist der Mensch sowohl sich selbst als Anderen Zweck, und es ist nicht genug, daß er weder sich selbst noch andere bloß als Mittel zu brauchen befugt ist (dabei er doch gegen sie auch indifferent sein kann), sondern den Menschen überhaupt sich zum Zwecke zu machen, ist an sich selbst des Menschen Pflicht.

Dieser Grundsatz der Tugendlehre verstattet, als ein kategorischer Imperativ, keinen Beweis, aber wohl eine Deduktion aus

23 Materialen] Materiale

der reinen praktischen Vernunft. – Was im Verhältnis der Menschen, zu sich selbst und anderen, Zweck sein kann, das ist Zweck vor der reinen praktischen Vernunft, denn sie ist ein Vermögen der Zwecke überhaupt; in Ansehung derselben indifferent sein, d.i. kein Interesse daran zu nehmen, ist also ein Widerspruch; weil sie alsdann auch nicht die Maximen zu Handlungen (als welche letztere jederzeit einen Zweck enthalten) bestimmen, mithin keine praktische Vernunft sein würde. Die reine Vernunft aber kann *a priori* keine Zwecke gebieten, als nur sofern sie solche zugleich als Pflicht ankündigt; welche Pflicht alsdann Tugendpflicht heißt.

[396]

X. Das oberste Prinzip der Rechtslehre war analytisch; das der Tugendlehre ist synthetisch

Daß der äußere Zwang, sofern dieser ein dem Hindernisse der nach allgemeinen Gesetzen zusammenstimmenden äußeren Freiheit entgegengesetzter Widerstand (ein Hindernis des Hindernisses derselben) ist, mit Zwecken überhaupt zusammen bestehen könne, ist nach dem Satz des Widerspruchs klar, und ich darf nicht über den Begriff der Freiheit hinausgehen, um ihn einzusehen; der Zweck, den ein jeder hat, mag sein, welcher er wolle. – Also ist das oberste Rechtsprinzip ein analytischer Satz.

Dagegen geht das Prinzip der Tugendlehre über den Begriff der äußeren Freiheit hinaus und verknüpft nach allgemeinen Gesetzen mit demselben noch einen Zweck, den es zur Pflicht macht. Dieses Prinzip ist also synthetisch. – Die Möglichkeit desselben ist in der Deduktion (§ IX.) enthalten.

Diese Erweiterung des Pflichtbegriffs über den der äußeren Freiheit und der Einschränkung derselben durch das bloße Förmliche ihrer durchgängigen Zusammenstimmung, wo die innere Freiheit, statt des Zwanges von außen, das Vermögen des Selbstzwanges und zwar nicht vermittelst anderer Neigungen, sondern durch reine praktische Vernunft (welche alle diese Vermittlung verschmäht), aufgestellt wird, besteht darin und erhebt sich dadurch über die Rechtspflicht, daß durch sie Zwecke aufgestellt werden, von denen überhaupt das Recht abstrahiert. – Im moralischen Imperativ, und der notwendigen Voraussetzung der Freiheit zum Behuf desselben, machen das Gesetz, das Vermögen (es zu erfüllen) und der die Maxime bestimmende Wille alle Elemente aus, welche den Begriff der Rechtspflicht bilden. Aber in demjenigen, welcher die Tugendpflicht gebietet, kommt noch über den Begriff eines Selbstzwanges der eines Zweckes dazu, nicht den wir haben, sondern haben sollen, den also die reine praktische Vernunft in sich hat, deren höchster, unbedingter Zweck (der aber doch immer noch Pflicht ist) darin gesetzt wird: daß die Tugend ihr eigener Zweck und, bei dem Verdienst, das sie um den Menschen hat, auch ihr eigener Lohn sei. [Wobei sie, als Ideal, so glänzt, daß sie nach menschlichem Augenmaß die Heiligkeit selbst, die zur Übertretung nie versucht wird, zu verdunkeln scheint*; [397] welches gleichwohl eine Täuschung ist, da, weil wir kein Maß für den Grad einer Stärke als die Größe der Hindernisse haben, die da haben überwunden werden können (welche in uns die Neigungen sind), wir die subjektiven Bedingungen der Schätzung einer Größe für die objektiven der Größe an sich selbst zu halten verleitet werden.] Aber mit menschlichen Zwecken, die insgesamt ihre zu bekämpfenden Hindernisse haben, verglichen, hat es seine Richtigkeit, daß der Wert der Tugend selbst, als ihres eigenen Zwecks, den Wert alles Nutzens und aller empirischen Zwecke und Vorteile weit überwiege, die sie zu ihrer Folge immerhin haben mag.

Man kann auch gar wohl sagen: der Mensch sei zur Tugend (als einer moralischen Stärke) verbunden. Denn obgleich das Vermögen *(facultas)* der Überwindung aller sinnlich entgegenwirkenden Antriebe, seiner Freiheit halber, schlechthin vorausgesetzt werden kann und muß, so ist doch dieses Vermögen als Stärke *(robur)* etwas, was erworben werden muß,

* Der Mensch mit seinen Mängeln
Ist besser als das Heer von willenlosen Engeln.
Haller

dadurch, daß die moralische Triebfeder (die Vorstellung des Gesetzes) durch Betrachtung *(contemplatione)* der Würde des reinen Vernunftgesetzes in uns, zugleich aber auch durch Übung *(exercitio)* erhoben wird.

[398]

XI.

Das Schema der Tugendpflichten kann obigen Grundsätzen gemäß auf folgende Art verzeichnet werden:

Das Materiale der Tugendpflicht.

Innere Tugendpflicht — Äußere Tugendpflicht

1.	2.
Eigener Zweck, der mir zugleich Pflicht ist. (Meine eigene Vollkommenheit).	Zweck Anderer, dessen Beförderung mir zugleich Pflicht ist. (Die Glückseligkeit anderer).
3.	**4.**
Das Gesetz, welches zugleich Triebfeder ist. Worauf die Moralität	Der Zweck, der zugleich Triebfeder ist. Worauf die Legalität

aller freien Willensbestimmung beruht

Das Formale der Tugendpflicht.

[399]

XII. Ästhetische Vorbegriffe der Empfänglichkeit des Gemüts für Pflichtbegriffe überhaupt

Es sind solche moralische Beschaffenheiten, die, wenn man sie nicht besitzt, es auch keine Pflicht geben kann, sich in ihren Besitz zu setzen. – Sie sind das moralische Gefühl, das Gewissen, die Liebe des Nächsten und die Achtung für sich selbst (Selbstschätzung), welche zu haben es keine Verbindlichkeit gibt: weil sie als subjektive Bedingungen der Empfänglichkeit für den Pflichtbegriff, nicht als objektive Bedingungen der Moralität zum Grunde liegen. Sie sind insgesamt ästhetisch und vorhergehende, aber natürliche Gemütsanlagen *(praedispositio)*, durch Pflichtbegriffe affiziert zu werden; welche Anlagen zu haben nicht als Pflicht angesehen werden kann, sondern die jeder Mensch hat, und kraft deren er verpflichtet werden kann. – Das Bewußtsein derselben ist nicht empirischen Ursprungs; sondern kann nur auf das eines moralischen Gesetzes, als Wirkung desselben aufs Gemüt, folgen.

a. Das moralische Gefühl

Dieses ist die Empfänglichkeit für Lust oder Unlust bloß aus dem Bewußtsein der Übereinstimmung oder des Widerstreits unserer Handlung mit dem Pflichtgesetze. Alle Bestimmung der Willkür aber geht von der Vorstellung der möglichen Handlung durch das Gefühl der Lust oder Unlust, an ihr oder ihrer Wirkung ein Interesse zu nehmen, zur Tat; wo der ästhetische Zustand (der Affizierung des inneren Sinnes) nun entweder ein pathologisches oder moralisches Gefühl ist. – Das erstere ist dasjenige Gefühl, welches vor der Vorstellung des Gesetzes vorhergeht, das letztere das, was nur auf diese folgen kann.

Nun kann es keine Pflicht geben, ein moralisches Gefühl zu haben oder sich ein solches zu erwerben; denn alles Bewußtsein der Verbindlichkeit legt dieses Gefühl zum Grunde, um sich der Nötigung, die im Pflichtbegriffe liegt, bewußt zu werden; sondern ein jeder Mensch (als ein moralisches Wesen) hat es ursprünglich in sich; die Verbindlichkeit aber kann nur darauf gehen, es zu kultivieren und selbst durch die Bewunderung [400] seines unerforschlichen Ursprungs zu verstärken: welches dadurch geschieht, daß gezeigt wird, wie es, abgesondert von allem pathologischen Reize und in seiner Reinigkeit, durch bloße Vernunftvorstellung eben am stärksten erregt wird.

Dieses Gefühl einen moralischen Sinn zu nennen, ist nicht

schicklich; denn unter dem Wort Sinn wird gemeiniglich ein theoretisches, auf einen Gegenstand bezogenes Wahrnehmungsvermögen verstanden: dahingegen das moralische Gefühl (wie Lust und Unlust überhaupt) etwas bloß Subjektives ist, was kein Erkenntnis abgibt. – Ohne alles moralische Gefühl ist kein Mensch; denn bei völliger Unempfänglichkeit für diese Empfindung wäre er sittlich tot, und, wenn (um in der Sprache der Ärzte zu reden) die sittliche Lebenskraft keinen Reiz mehr auf dieses Gefühl bewirken könnte, so würde sich die Menschheit (gleichsam nach chemischen Gesetzen) in die bloße Tierheit auflösen und mit der Masse anderer Naturwesen unwiederbringlich vermischt werden. – Wir haben aber für das (sittlich-)Gute und Böse ebensowenig einen besonderen *Sinn*, als wir einen solchen für die *Wahrheit* haben, ob man sich gleich oft so ausdrückt, sondern *Empfänglichkeit* der freien Willkür für die Bewegung derselben durch praktische reine Vernunft (und ihr Gesetz), und das ist es, was wir das moralische Gefühl nennen.

b. Vom Gewissen

Eben so ist das Gewissen nicht etwas Erwerbliches, und es gibt keine Pflicht, sich eines anzuschaffen; sondern jeder Mensch, als sittliches Wesen, *hat* ein solches ursprünglich in sich. Zum Gewissen verbunden zu sein, würde soviel sagen als: die Pflicht auf sich haben, Pflichten anzuerkennen. Denn Gewissen ist die dem Menschen in jedem Fall eines Gesetzes seine Pflicht zum Lossprechen oder Verurteilen vorhaltende praktische Vernunft. Seine Beziehung also ist nicht die auf ein Objekt, sondern bloß aufs Subjekt (das moralische Gefühl durch ihren Akt zu affizieren), also eine unausbleibliche Tatsache, nicht eine Obliegenheit und Pflicht. Wenn man daher sagt: dieser Mensch *hat* kein Gewissen, so meint man damit: er kehrt sich nicht an den Ausspruch desselben. Denn hätte er wirklich keines, so
[401] würde er sich auch nichts als pflichtmäßig zurechnen oder als pflichtwidrig verwerfen, mithin auch selbst die Pflicht, ein Gewissen zu haben, sich gar nicht denken können.

Die mancherlei Einteilungen des Gewissens gehe ich noch hier vorbei und bemerke nur, was aus dem eben Angeführten folgt: daß nämlich ein irrendes Gewissen ein Unding sei. Denn in dem objektiven Urteile, ob etwas Pflicht sei oder nicht, kann man wohl bisweilen irren; aber im subjektiven, ob ich es mit meiner praktischen (hier richtenden) Vernunft zum Behuf jenes Urteils verglichen habe, kann ich nicht irren, weil ich alsdann praktisch gar nicht geurteilt haben würde; in welchem Fall weder Irrtum noch Wahrheit statthat. Gewissenlosigkeit ist nicht Mangel des Gewissens, sondern Hang, sich an dessen Urteil nicht zu kehren. Wenn aber jemand sich bewußt ist, nach Gewissen gehandelt zu haben, so kann von ihm, was Schuld oder Unschuld betrifft, nichts mehr verlangt werden. Es liegt ihm nur ob, seinen Verstand über das, was Pflicht ist oder nicht, aufzuklären; wenn es aber zur Tat kommt oder gekommen ist, so spricht das Gewissen unwillkürlich und unvermeidlich. Nach Gewissen zu handeln, kann also selbst nicht Pflicht sein, weil es sonst noch ein zweites Gewissen geben müßte, um sich des Akts des ersteren bewußt zu werden.

Die Pflicht ist hier nur, sein Gewissen zu kultivieren, die Aufmerksamkeit auf die Stimme des inneren Richters zu schärfen und alle Mittel anzuwenden (mithin nur indirekte Pflicht), um ihm Gehör zu verschaffen.

c. Von der Menschenliebe

Liebe ist eine Sache der Empfindung, nicht des Wollens, und ich kann nicht lieben, weil ich will, noch weniger aber, weil ich soll (zur Liebe genötigt werden); mithin ist eine Pflicht zu lieben ein Unding. Wohlwollen *(amor benevolentiae)* aber kann, als ein Tun, einem Pflichtgesetz unterworfen sein. Man nennt aber oftmals ein uneigennütziges Wohlwollen gegen Menschen auch (obzwar sehr uneigentlich) Liebe; ja, wo es nicht um des Anderen Glückseligkeit, sondern die gänzliche und freie Ergebung aller seiner Zwecke in die Zwecke eines anderen (selbst eines übermenschlichen) Wesens zu tun ist, spricht man von Liebe, die zugleich für uns Pflicht sei. Aber alle Pflicht ist Nötigung, ein Zwang, wenn er auch ein Selbstzwang nach einem Gesetz sein sollte. Was man aber aus Zwang tut, das geschieht nicht aus Liebe.

[402] Anderen Menschen nach unserem Vermögen wohlzutun, ist Pflicht, man mag sie lieben oder nicht, und diese Pflicht verliert nichts an ihrem Gewicht, wenn man gleich die traurige Bemerkung machen müßte, daß unsere Gattung, leider! dazu nicht geeignet ist, daß, wenn man sie näher kennt, sie sonderlich liebenswürdig befunden werden dürfte. – Menschenhaß aber ist jederzeit häßlich, wenn er auch, ohne tätige Anfeindung, bloß in der gänzlichen Abkehrung von Menschen (der separatistischen Misanthropie) bestände. Denn das Wohlwollen bleibt immer Pflicht, selbst gegen den Menschenhasser, den man freilich nicht lieben, aber ihm doch Gutes erweisen kann.

Das Laster aber am Menschen zu hassen ist weder Pflicht noch pflichtwidrig, sondern ein bloßes Gefühl des Abscheues vor demselben, ohne daß der Wille darauf, oder umgekehrt dieses Gefühl auf den Willen, einigen Einfluß hätte. Wohltun ist Pflicht. Wer diese oft ausübt und es gelingt ihm mit seiner wohltätigen Absicht, kommt endlich wohl gar dahin, den, welchem er wohl getan hat, wirklich zu lieben. Wenn es also heißt: du sollst deinen Nächsten lieben als dich selbst, so heißt das nicht: du sollst unmittelbar (zuerst) lieben und vermittelst dieser Liebe (nachher) wohltun, sondern: tue deinem Nebenmenschen wohl, und dieses Wohltun wird Menschenliebe (als Fertigkeit der Neigung zum Wohltun überhaupt) in dir bewirken!

Die Liebe des Wohlgefallens *(amor complacentiae)* würde also allein direkt sein. Zu dieser aber (als einer unmittelbar mit der Vorstellung der Existenz eines Gegenstandes verbundenen Lust) eine Pflicht zu haben, d. i. zur Lust woran genötigt werden zu müssen, ist ein Widerspruch.

d. Von der Achtung

Achtung *(reverentia)* ist ebensowohl etwas bloß Subjektives; ein Gefühl eigener Art, nicht ein Urteil über einen Gegenstand, den zu bewirken oder zu befördern, es eine Pflicht gäbe. Denn sie könnte, als Pflicht betrachtet, nur durch die Achtung, die wir vor ihr haben, vorgestellt werden. Zu dieser also eine Pflicht zu haben würde soviel sagen, als zur Pflicht verpflichtet werden. – Wenn es demnach heißt: der Mensch hat eine Pflicht der Selbstschätzung, so ist das unrichtig gesagt und es müßte vielmehr heißen: das Gesetz in ihm zwingt ihm unvermeidlich Ach- [403] tung für sein eigenes Wesen ab, und dieses Gefühl (welches von eigener Art ist) ist ein Grund gewisser Pflichten, d. i. gewisser Handlungen, die mit der Pflicht gegen sich selbst zusammen bestehen können, nicht: er habe eine Pflicht der Achtung gegen sich; denn er muß Achtung vor dem Gesetz in sich selbst haben, um sich nur eine Pflicht überhaupt denken zu können.

XIII. Allgemeine Grundsätze der Metaphysik der Sitten in Behandlung einer reinen Tugendlehre

Erstlich: Für Eine Pflicht kann auch nur ein einziger Grund der Verpflichtung gefunden werden, und werden zwei oder mehrere Beweise darüber geführt, so ist es ein sicheres Kennzeichen, daß man entweder noch gar keinen gültigen Beweis habe, oder es auch mehrere und verschiedene Pflichten sind, die man für Eine gehalten hat.

Denn alle moralischen Beweise können als philosophische nur vermittelst einer Vernunfterkenntnis aus Begriffen, nicht, wie die Mathematik sie gibt, durch die Konstruktion der Begriffe geführt werden; die letzteren verstatten Mehrheit der Beweise eines und desselben Satzes: weil in der Anschauung *a priori* es mehrere Bestimmungen der Beschaffenheit eines Objekts geben kann, die alle auf ebendenselben Grund zurückführen. – Wenn-

z. B. für die Pflicht der Wahrhaftigkeit ein Beweis erstlich aus dem Schaden, den die Lüge anderen Menschen verursacht, dann aber auch aus der Nichtswürdigkeit eines Lügners und der Verletzung der Achtung gegen sich selbst geführt werden will, so ist im ersteren eine Pflicht des Wohlwollens, nicht eine der Wahrhaftigkeit, mithin nicht diese, von der man den Beweis verlangte, sondern eine andere Pflicht bewiesen worden. – Was aber die Mehrheit der Beweise für einen und denselben Satz betrifft, womit man sich tröstet, daß die Menge der Gründe den Mangel am Gewicht eines jeden einzeln genommen ergänzen werde, so ist dieses ein sehr unphilosophischer Behelf: weil er Hinterlist und Unredlichkeit verrät; – denn verschiedene unzureichende Gründe, nebeneinander gestellt, ergänzen nicht der eine den Mangel des Anderen zur Gewißheit, ja nicht einmal zur Wahrscheinlichkeit. Sie müssen als Grund und Folge in einer Reihe
[404] bis zum zureichenden Grunde fortschreiten und können auch nur auf solche Art beweisend sein. – Und gleichwohl ist dies der gewöhnliche Handgriff der Überredungskunst.

Zweitens: Der Unterschied der Tugend vom Laster kann nie in Graden der Befolgung gewisser Maximen, sondern muß allein in der spezifischen Qualität derselben (dem Verhältnis zum Gesetz) gesucht werden; mit anderen Worten, der belobte Grundsatz (des Aristoteles), die Tugend in dem Mittleren zwischen zwei Lastern zu setzen, ist falsch* Es sei z. B. gute

* Die gewöhnlichen, der Sprache nach ethisch-klassischen Formeln: *medio tutissimus ibis; omne nimium vertitur in vitium; est modus in rebus etc.; medium tenuere beati; insani sapiens nomen habeat etc.* enthalten eine schale Weisheit, die gar keine bestimmten Prinzipien hat; denn dieses Mittlere zwischen zwei äußeren Enden, wer will mir es angeben? Der Geiz (als Laster) ist von der Sparsamkeit (als Tugend) nicht darin unterschieden, daß diese zu weit getrieben wird, sondern hat ein ganz anderes Prinzip (Maxime), nämlich den Zweck der Haushaltung nicht in den Genuß seines Vermögens, sondern mit Entsagung auf denselben bloß in den Besitz desselben zu setzen; sowie das Laster der Verschwendung nicht im Übermaße des Genusses seines Vermögens, sondern in der schlechten Maxime zu suchen ist, die den Gebrauch, ohne auf die Erhaltung desselben zu sehen, zum alleinigen Zweck macht.

Wirtschaft als das Mittlere zwischen zwei Lastern, Verschwendung und Geiz, gegeben: so kann sie als Tugend nicht durch die allmähliche Verminderung des ersten beider genannten Laster (Ersparung), noch durch die Vermehrung der Ausgaben, des dem letzteren Ergebenen, als entspringend vorgestellt werden, indem sie sich gleichsam nach entgegengesetzten Richtungen in der guten Wirtschaft begegneten; sondern eine jede derselben hat ihre eigene Maxime, die der anderen notwendig widerspricht.

Ebensowenig und aus demselben Grunde kann kein Laster überhaupt durch eine größere Ausübung gewisser Absichten, als es zweckmäßig ist *(e. g. prodigalitas est excessus in consumendis opibus)*, oder durch die kleinere Bewirkung derselben, als sich schickt *(e. g. avaritia est defectus etc.)*, erklärt werden. Denn da hierdurch der Grad gar nicht bestimmt wird, auf diesen aber, ob das Betragen pflichtmäßig sei oder nicht, Alles ankommt: so kann es nicht zur Erklärung dienen.

Drittens: die ethischen Pflichten müssen nicht nach den dem Menschen beigelegten Vermögen, dem Gesetz Genüge zu leisten, sondern umgekehrt: das sittliche Vermögen muß nach dem Gesetz geschätzt werden, welches kategorisch gebietet; also nicht nach der empirischen Kenntnis, die wir vom Menschen [405] haben, wie sie sind, sondern nach der rationalen, wie sie der Idee der Menschheit gemäß sein sollen.

Diese drei Maximen der wissenschaftlichen Behandlung einer Tugendlehre sind den älteren Apophthegmen entgegengesetzt:

1. Es ist nur eine Tugend und nur ein Laster.
2. Tugend ist die Beobachtung der Mittelstraße zwischen entgegengesetzten Lastern.
3. Tugend muß (gleich der Klugheit) der Erfahrung abgelernt werden.

29 Lastern] *2* Meinungen

XIV. Von der Tugend überhaupt

Tugend bedeutet eine moralische Stärke des Willens. Aber dies erschöpft noch nicht den Begriff; denn eine solche Stärke könnte auch einem heiligen (übermenschlichen) Wesen zukommen, in welchem kein hindernder Antrieb dem Gesetze seines Willens entgegenwirkt; das also alles dem Gesetz gemäß gerne tut. Tugend ist also die moralische Stärke des Willens eines Menschen in Befolgung seiner Pflicht: welche eine moralische Nötigung durch seine eigene gesetzgebende Vernunft ist, insofern diese sich zu einer das Gesetz ausführenden Gewalt selbst konstituiert. – Sie ist nicht selbst, oder sie zu besitzen ist nicht Pflicht (denn sonst würde es eine Verpflichtung zur Pflicht geben müssen); sondern sie gebietet und begleitet ihr Gebot durch einen sittlichen (nach Gesetzen der inneren Freiheit möglichen) Zwang; wozu aber, weil er unwiderstehlich sein soll, Stärke erforderlich ist, deren Grad wir nur durch die Größe der Hindernisse, die der Mensch durch seine Neigungen sich selber schafft, schätzen können. Die Laster, als die Brut gesetzwidriger Gesinnungen, sind die Ungeheuer, die er nun zu bekämpfen hat; weshalb diese sittliche Stärke auch, als Tapferkeit *(fortitudo moralis)*, die größte und einzige wahre Kriegsehre des Menschen ausmacht; auch wird sie die eigentliche, nämlich praktische Weisheit genannt: weil sie den Endzweck des Daseins des Menschen auf Erden zu dem ihrigen macht. – In ihrem Besitz ist der Mensch allein frei, gesund, reich, ein König usw. und kann weder durch Zufall noch Schicksal einbüßen: weil er sich selbst besitzt und der Tugendhafte seine Tugend nicht verlieren kann.

Alle Hochpreisungen, die das Ideal der Menschheit in ihrer moralischen Vollkommenheit betreffen, können durch die Beispiele des Widerspiels dessen, was die Menschen jetzt sind, [406] gewesen sind oder vermutlich künftig sein werden, an ihrer praktischen Realität nichts verlieren, und die Anthropologie, welche aus bloßen Erfahrungserkenntnissen hervorgeht, kann der Anthroponomie, welche von der unbedingt gesetzgebenden Vernunft aufgestellt wird, keinen Abbruch tun, und, wiewohl Tugend (in Beziehung auf Menschen, nicht aufs Gesetz) auch hin und wieder verdienstlich heißen und einer Belohnung würdig sein kann, so muß sie doch für sich selbst, sowie sie ihr eigener Zweck ist, auch als ihr eigener Lohn betrachtet werden.

Die Tugend, in ihrer ganzen Vollkommenheit betrachtet, wird also vorgestellt, nicht wie der Mensch die Tugend, sondern als ob die Tugend den Menschen besitze; weil es im ersteren Falle so aussehen würde, als ob er noch die Wahl gehabt hätte (wozu er alsdann noch einer anderen Tugend bedürfen würde, um die Tugend vor jeder anderen angebotenen Ware zu erlesen). – Eine Mehrheit der Tugenden sich zu denken (wie es denn unvermeidlich ist), ist nichts anderes, als sich verschiedene moralische Gegenstände denken, auf die der Wille aus dem einigen Prinzip der Tugend geleitet wird; ebenso ist es mit den entgegenstehenden Lastern bewandt. Der Ausdruck, der beide verpersönlicht, ist eine ästhetische Maschinerie, die aber doch auf einen moralischen Sinn hinweist. – Daher ist eine Ästhetik der Sitten zwar nicht ein Teil, aber doch eine subjektive Darstellung der Metaphysik derselben; wo die Gefühle, welche die nötigende Kraft des moralischen Gesetzes begleiten, jener ihre Wirksamkeit empfindbar machen (z. B. Ekel, Grauen usw., welche den moralischen Widerwillen versinnlichen), um der bloß-sinnlichen Anreizung den Vorrang abzugewinnen.

XV. Vom Prinzip der Absonderung der Tugendlehre von der Rechtslehre

Diese Absonderung, auf welcher auch die Obereinteilung der Sittenlehre überhaupt beruht, gründet sich darauf: daß der Begriff der Freiheit, der jenen beiden gemein ist, die Einteilung in die Pflichten der äußeren und inneren Freiheit notwendig macht; von denen die letzteren allein ethisch sind. – Daher muß diese und zwar als Bedingung aller Tugendpflicht (so wie oben die Lehre vom Gewissen als Bedingung aller Pflicht [407]
überhaupt) als vorbereitender Teil *(discursus praeliminaris)* vorangeschickt werden.

Anmerkung: Von der Tugendlehre nach dem Prinzip der inneren Freiheit.

Fertigkeit *(habitus)* ist eine Leichtigkeit zu handeln und eine subjektive Vollkommenheit der Willkür. – Nicht jede solche Leichtigkeit aber ist eine freie Fertigkeit *(habitus libertatis)*; denn, wenn sie Angewohnheit *(assuetudo)*, d. i. durch öfters wiederholte Handlung zur Notwendigkeit gewordene Gleichförmigkeit derselben ist, so ist sie keine aus der Freiheit hervorgehende, mithin auch nicht moralische Fertigkeit. Die Tugend kann man also nicht durch die Fertigkeit in freien gesetzmäßigen Handlungen definieren; wohl aber, wenn hinzugesetzt würde, »sich durch die Vorstellung des Gesetzes im Handeln zu bestimmen«; und da ist diese Fertigkeit eine Beschaffenheit nicht der Willkür, sondern des Willens, der ein mit der Regel, die er annimmt, zugleich allgemein-gesetzgebendes Begehrungsvermögen ist, und eine solche allein kann zur Tugend gezählt werden.

Zur inneren Freiheit aber werden zwei Stücke erfordert: seiner selbst in einem gegebenen Fall Meister *(animus sui compos)* und über sich selbst Herr zu sein *(imperium in semetipsum)*, d. i. seine Affekte zu zähmen und seine Leidenschaften zu beherrschen. – Die Gemütsart *(indoles)* in diesen beiden Zuständen ist edel (erecta), im entgegengesetzten Fall aber unedel *(indoles abiecta, serva)*.

XVI. Zur Tugend wird zuerst erfordert die Herrschaft über sich selbst

Affekte und Leidenschaften sind wesentlich voneinander unterschieden; die ersteren gehören zum Gefühl, sofern es, vor der Überlegung vorhergehend, diese selbst unmöglich oder schwerer macht. Daher heißt der Affekt jäh oder jach *(ani-*
[408] *mus praeceps)*, und die Vernunft sagt durch den Tugendbegriff, man solle sich fassen; doch ist diese Schwäche im Gebrauch seines Verstandes, verbunden mit der Stärke der Gemüts-

bewegung, nur eine Untugend und gleichsam etwas Kindisches und Schwaches, was mit dem besten Willen gar wohl zusammen bestehen kann und das einzige Gute noch an sich hat, daß dieser Sturm bald aufhört. Ein Hang zum Affekt (z. B. Zorn) verschwistert sich daher nicht so sehr mit dem Laster als die Leidenschaft. Leidenschaft dagegen ist die zur bleibenden Neigung gewordene sinnliche Begierde (z. B. der Haß im Gegensatz des Zorns). Die Ruhe, mit der ihr nachgehangen wird, läßt Überlegung zu und verstattet dem Gemüt, sich darüber Grundsätze zu machen und so, wenn die Neigung auf das Gesetzwidrige fällt, über sie zu brüten, sie tief zu wurzeln und das Böse dadurch (als vorsätzlich) in seine Maxime aufzunehmen; welches alsdann ein qualifiziertes Böse, d. i. ein wahres Laster ist.

Die Tugend also, sofern sie auf innerer Freiheit gegründet ist, enthält für die Menschen auch ein bejahendes Gebot, nämlich alle seine Vermögen und Neigungen unter seine (der Vernunft) Gewalt zu bringen, mithin das Gebot der Herrschaft über sich selbst, welches über das Verbot, nämlich von seinen Gefühlen und Neigungen sich nicht beherrschen zu lassen, (die Pflicht der Apathie) hinzukommt; weil, ohne daß die Vernunft die Zügel der Regierung in ihre Hände nimmt, jene über den Menschen den Meister spielen.

XVII. Zur Tugend wird Apathie (als Stärke betrachtet) notwendig vorausgesetzt

Dieses Wort ist, gleich als ob es Fühllosigkeit, mithin subjektive Gleichgültigkeit in Ansehung der Gegenstände der Willkür bedeutete, in üblen Ruf gekommen; man nahm es für Schwäche. Dieser Mißdeutung kann dadurch vorgebeugt werden, daß man diejenige Affektlosigkeit, welche von der Indifferenz zu unterscheiden ist, die moralische Apathie nennt: da die Gefühle

18 mithin das Gebot] 2 mithin
19 welches] welche 20 die] der

aus sinnlichen Eindrücken ihren Einfluß auf das moralische nur dadurch verlieren, daß die Achtung fürs Gesetz über sie insgesamt mächtiger wird. – Es ist nur die scheinbare Stärke eines Fieberkranken, die den lebhaften Anteil selbst am Guten bis [409] zu Affekt steigen oder vielmehr darin ausarten läßt. Man nennt den Affekt dieser Art Enthusiasmus, und dahin ist auch die Mäßigung zu deuten, die man selbst für Tugendausübungen zu empfehlen pflegt *(insani sapiens nomen ferat, aequus iniqui, ultra, quam satis est, virtutem si petat ipsam.* Horat.). Denn sonst ist es ungereimt zu wähnen, man könne auch wohl allzu weise, allzu tugendhaft sein. Der Affekt gehört immer zur Sinnlichkeit, er mag durch einen Gegenstand erregt werden, welcher es wolle. Die wahre Stärke der Tugend ist das Gemüt in Ruhe mit einer überlegten und festen Entschließung, ihr Gesetz in Ausübung zu bringen. Das ist der Zustand der Gesundheit im moralischen Leben; dagegen der Affekt, selbst wenn er durch die Vorstellung des Guten aufgeregt wird, eine augenblicklich glänzende Erscheinung ist, welche Mattigkeit hinterläßt. – Phantastisch-tugendhaft aber kann doch der genannt werden, der keine in Ansehung der Moralität gleichgültigen Dinge *(adiaphora)* einräumt und sich alle seine Schritte und Tritte mit Pflichten als mit Fußangeln bestreut und es nicht gleichgültig findet, ob ich mich mit Fleisch oder Fisch, mit Bier oder Wein, wenn mir beides bekömmt, nähre: eine Mikrologie, welche, wenn man sie in die Lehre der Tugend aufnähme, die Herrschaft derselben zur Tyrannei machen würde.

Anmerkung: Die Tugend ist immer im Fortschreiten und hebt doch auch immer von vorne an. – Das erste folgt daraus, weil sie, objektiv betrachtet, ein Ideal und unerreichbar, gleichwohl aber sich ihm beständig zu nähern dennoch Pflicht ist. Das zweite gründet sich, subjektiv, auf der mit Neigungen affizierten Natur des Menschen, unter deren Einfluß die Tugend, mit ihren einmal für allemal genommenen Maximen, niemals sich in Ruhe und Stillstand setzen kann, sondern, wenn sie nicht im Steigen ist, unver-

8 *ferat*] 2 *habeat*

meidlich sinkt: weil sittliche Maximen nicht so, wie technische, auf Gewohnheit gegründet werden können (denn dieses gehört zur physischen Beschaffenheit seiner Willensbestimmung), sondern, selbst wenn ihre Ausübung zur Gewohnheit würde, das Subjekt damit die Freiheit in Nehmung seiner Maximen einbüßen würde, welche doch der Charakter einer Handlung aus Pflicht ist.

XVIII. Vorbegriffe zur Einteilung der Tugendlehre [410]

Dieses Prinzip der Einteilung muß Erstlich, was das Formale betrifft, alle Bedingungen enthalten, welche dazu dienen, einen Teil der allgemeinen Sittenlehre von der Rechtslehre und zwar der spezifischen Form nach zu unterscheiden, und das geschieht dadurch: daß 1. Tugendpflichten solche sind, für welche keine äußere Gesetzgebung stattfindet; 2. daß, da doch aller Pflicht ein Gesetz zum Grunde liegen muß, dieses in der Ethik ein Pflichtgesetz, nicht für die Handlungen, sondern bloß für die Maximen der Handlungen gegeben, sein kann; 3. daß (was wiederum aus diesem folgt) die ethische Pflicht als weite, nicht als enge Pflicht gedacht werden müsse.

Zweitens: was das Materiale anlangt, muß sie, nicht bloß als Pflichtlehre überhaupt, sondern auch als Zwecklehre aufgestellt werden: so, daß der Mensch sowohl sich selbst als auch jeden anderen Menschen sich als seinen Zweck zu denken verbunden ist (die man Pflichten der Selbstliebe und Nächstenliebe zu nennen pflegt), welche Ausdrücke hier in uneigentlicher Bedeutung genommen werden; weil es zum Lieben direkt keine Pflicht geben kann, wohl aber zu Handlungen, durch die der Mensch sich und andere zum Zweck macht.

Drittens: was die Unterscheidung des Materialen vom Formalen (der Gesetzmäßigkeit von der Zweckmäßigkeit) im Prinzip der Pflicht betrifft, so ist zu merken: daß nicht jede Tugendverpflichtung *(obligatio ethica)* eine Tugendpflicht *(officium ethicum s. virtutis)* sei; mit anderen Worten: daß die

Achtung vor dem Gesetze überhaupt noch nicht einen Zweck als Pflicht begründe; denn der letztere allein ist Tugendpflicht. – Daher gibt es nur Eine Tugendverpflichtung, aber viel Tugendpflichten: weil es zwar viel Objekte gibt, die für uns Zwecke sind, welche zu haben zugleich Pflicht ist, aber nur eine tugendhafte Gesinnung, als subjektiver Bestimmungsgrund, seine Pflicht zu erfüllen, welche sich auch über Rechtspflichten erstreckt, die aber darum nicht den Namen der Tugendpflichten führen können. – Daher wird alle Einteilung der Ethik nur auf Tugendpflichten gehen. Die Wissenschaft von der Art, auch ohne Rücksicht auf mögliche äußere Gesetzgebung verbindlich zu sein, ist die Ethik selbst, ihrem formalen Prinzip nach betrachtet.

[411] Anmerkung: Wie komme ich aber dazu, wird man fragen, die Einteilung der Ethik in Elementarlehre und Methodenlehre einzuführen: da ich ihrer doch in der Rechtslehre überhoben sein konnte? – Die Ursache ist: weil jene es mit weiten, diese aber mit lauter engen Pflichten zu tun hat; weshalb die letztere, welche ihrer Natur nach strenge (präzis) bestimmend sein muß, ebensowenig wie die reine Mathematik, einer allgemeinen Vorschrift (Methode), wie im Urteilen verfahren werden soll, bedarf, sondern sie durch die Tat wahr macht. – Die Ethik hingegen führt wegen des Spielraums, den sie ihren unvollkommenen Pflichten verstattet, unvermeidlich zu Fragen, welche die Urteilskraft auffordern auszumachen, wie eine Maxime in besonderen Fällen anzuwenden sei, und zwar so, daß diese wiederum eine (untergeordnete) Maxime an die Hand gebe (wo immer wiederum nach einem Prinzip der Anwendung dieser auf vorkommende Fälle gefragt werden kann); und so gerät sie in eine Kasuistik, von welcher die Rechtslehre nichts weiß.

Die Kasuistik ist also weder eine Wissenschaft noch ein Teil derselben; denn das wäre Dogmatik und ist nicht sowohl Lehre, wie etwas gefunden, sondern

25 zu] 2 dahin zu

Übung, wie die Wahrheit solle *gesucht* werden. *Fragmentarisch* also, nicht systematisch (wie die erstere sein mußte) *in sie verwebt*, nur, gleich den Scholien, zum System hinzugetan.

Dagegen: nicht sowohl die Urteilskraft, als vielmehr die Vernunft, und zwar, in der *Theorie* seiner Pflichten sowohl als in der *Praxis*, zu *üben*, das gehört besonders zur Ethik, als *Methodenlehre* der moralisch-praktischen Vernunft; wovon die *erstere* Übung darin besteht, dem Lehrling dasjenige von Pflichtbegriffen *abzufragen*, was er schon weiß, und die *erotematische* Methode genannt werden kann, und dies zwar entweder, weil man es ihm schon gesagt hat, bloß aus seinem Gedächtnis, welche die eigentliche *katechetische*, oder weil man voraussetzt, daß es schon in seiner Vernunft natürlicherweise enthalten sei und es nur daraus entwickelt zu werden brauche, die *dialogische* (Sokratische) Methode heißt.

Der Katechetik als theoretischer Übung entspricht als Gegenstück im Praktischen die *Asketik*, welche derjenige Teil der Methodenlehre ist, in welchem nicht bloß der Tugendbegriff, [412] sondern auch, wie das *Tugendvermögen*, sowohl als der Wille dazu, in Ausübung gesetzt und kultiviert werden könne, gelehrt wird.

Nach diesen Grundsätzen werden wir also das System in zweien Teilen: der *ethischen Elementarlehre* und der *ethischen Methodenlehre* aufstellen. Jeder Teil wird in seine Hauptstücke, welche im ersten Teile nach Verschiedenheit der *Subjekte*, wogegen dem Menschen eine Verbindlichkeit obliegt, im zweiten nach Verschiedenheit der *Zwecke*, welche zu haben ihm die Vernunft auferlegt, und der Empfänglichkeit für dieselben in verschiedene Kapitel zerfällt werden.

31 dieselben] dieselbe   verschiedene Kapitel] verschiedenen Kapiteln

XIX.

Die Einteilung, welche die praktische Vernunft zu Gründung eines Systems ihrer Begriffe in einer Ethik entwirft (die architektonische), kann nun nach zweierlei Prinzipien, einzeln oder zusammen verbunden, gemacht werden: das eine, welches das subjektive Verhältnis der Verpflichteten zu dem Verpflichtenden der Materie nach, das andere, welches das objektive Verhältnis der ethischen Gesetze zu den Pflichten überhaupt in einem System der Form nach vorstellt. – Die erste Einteilung ist die der Wesen, in Beziehung auf welche eine ethische Verbindlichkeit gedacht werden kann; die zweite wäre die der Begriffe der reinen ethisch-praktischen Vernunft, welche zu jener ihren Pflichten gehören, die also zur Ethik, nur sofern sie Wissenschaft sein soll, also zu der methodischen Zusammensetzung aller Sätze, welche nach der ersteren aufgefunden worden, erforderlich sind.

[413] *Erste Einteilung der Ethik*
nach dem Unterschiede der Subjekte und ihrer Gesetze.

Sie enthält:

Pflichten

des Menschen gegen den Menschen | des Menschen gegen nichtmenschliche Wesen

gegen sich selbst | gegen andere Wesen | untermenschliche Wesen | übermenschliche Wesen

Zweite Einteilung der Ethik
nach Prinzipien eines Systems der reinen praktischen Vernunft.

Ethische

Elementarlehre | Methodenlehre

Dogmatik | Kasuistik | Katechetik | Asketik

Die letztere Einteilung muß also, weil sie die Form der Wissenschaft betrifft, vor der ersteren als Grundriß des Ganzen vorhergehen.

Tafel der Einteilung der Ethik [492]

I. Ethische Elementarlehre

ERSTER TEIL

Von den Pflichten des Menschen gegen sich selbst

Erstes Buch

Von der vollkommenen Pflichten des Menschen gegen sich selbst

Erstes Hauptstück

Von den Pflichten des Menschen gegen sich selbst als animalischem Wesen

Zweites Hauptstück

Von der Pflicht des Menschen gegen sich selbst, bloß als moralischem Wesen

Erster Abschnitt

Von den Pflichten des Menschen gegen sich selbst als angebornem Richter über sich selbst

Zweiter Abschnitt

Vom ersten Gebot aller Pflichten gegen sich selbst

Episodischer Abschnitt

Von der Amphibolie der moralischen Reflexionsbegriffe in Ansehung der Pflichten gegen sich selbst.

Zweites Buch [493]

Von den unvollkommenen Pflichten des Menschen gegen sich selbst in Ansehung seines Zwecks

Erster Abschnitt

Von der Pflicht gegen sich selbst in Entwicklung und Vermehrung seiner Naturvollkommenheit

Zweiter Abschnitt
Von der Pflicht gegen sich selbst in Erhöhung seiner moralischen Vollkommenheit

DER ETHISCHEN ELEMENTARLEHRE

ZWEITER TEIL
Von den ethischen Pflichten gegen Andere

Erstes Hauptstück
Von den Pflichten gegen Andere bloß als Menschen

Erster Abschnitt
Von der Liebespflicht gegen andere Menschen

Zweiter Abschnitt
Von der Pflicht der Achtung für Andere

Zweites Hauptstück
Von der Pflicht gegen Andere nach Verschiedenheit ihres Zustandes

BESCHLUSS DER ELEMENTARLEHRE
Von der inniglichen Vereinigung der Liebe mit der Achtung in der Freundschaft

II. Ethische Methodenlehre

ERSTER ABSCHNITT
Ethische Didaktik

ZWEITER ABSCHNITT
Ethische Asketik

Beschluss der ganzen Ethik

I. ETHISCHE ELEMENTARLEHRE

DER ETHISCHEN ELEMENTARLEHRE [417]
ERSTER TEIL
VON DEN PFLICHTEN
GEGEN SICH SELBST ÜBERHAUPT

EINLEITUNG

§ 1
Der Begriff einer Pflicht gegen sich selbst enthält (dem ersten Anscheine nach) einen Widerspruch

Wenn das verpflichtende Ich mit dem verpflichteten in einerlei Sinn genommen wird, so ist Pflicht gegen sich selbst ein sich widersprechender Begriff. Denn in dem Begriffe der Pflicht ist der einer passiven Nötigung enthalten (ich werde verbunden). Darin aber, daß es eine Pflicht gegen mich selbst ist, stelle ich mich als verbindend, mithin in einer aktiven Nötigung vor (Ich, ebendasselbe Subjekt, bin der Verbindende); und der Satz, der eine Pflicht gegen sich selbst ausspricht (ich soll mich selbst verbinden), würde eine Verbindlichkeit, verbunden zu sein (passive Obligation, die doch zugleich, in demselben Sinne des Verhältnisses, eine aktive wäre), mithin einen Widerspruch enthalten. – Man kann diesen Widerspruch auch dadurch ins Licht stellen, daß man zeigt, der Verbindende *(auctor obligationis)* könne den Verbundenen *(subiectum obligationis)* jederzeit von der Verbindlichkeit *(terminus obligationis)* lossprechen; mithin (wenn beide einunddasselbe Subjekt sind) er sei an eine Pflicht, die er sich auferlegt, gar nicht gebunden; welches einen Widerspruch enthält.

§ 2
Es gibt doch Pflichten des Menschen gegen sich selbst

Denn setzet: es gebe keine solche Pflichten, so würde es überall gar keine, auch keine äußeren Pflichten geben. – Denn ich kann mich gegen Andere nicht für verbunden erkennen, als nur sofern ich zugleich mich selbst verbinde: weil das Gesetz, kraft dessen ich mich für verbunden achte, in allen Fällen aus meiner [418] eigenen praktischen Vernunft hervorgeht, durch welche ich genötigt werde, indem ich zugleich der Nötigende in Ansehung meiner selbst bin.*

§ 3
Aufschluß dieser scheinbaren Antinomie

Der Mensch betrachtet sich, in dem Bewußtsein einer Pflicht gegen sich selbst, als Subjekt derselben, in zwiefacher Qualität: erstlich als Sinnenwesen, d. i. als Mensch (zu einer der Tierarten gehörig); dann aber auch als Vernunftwesen (nicht bloß vernünftiges Wesen, weil die Vernunft nach ihrem theoretischen Vermögen wohl auch die Qualität eines lebenden körperlichen Wesens sein könnte), welches kein Sinn erreicht und das sich nur in moralisch-praktischen Verhältnissen, wo die unbegreifliche Eigenschaft der Freiheit sich durch den Einfluß der Vernunft auf den innerlich gesetzgebenden Willen offenbar macht, erkennen läßt.

Der Mensch nun, als vernünftiges Naturwesen *(homo phaenomenon)*, ist durch seine Vernunft, als Ursache, bestimmbar zu Handlungen in der Sinnenwelt, und hierbei kommt der Begriff einer Verbindlichkeit noch nicht in Betrachtung. Ebenderselbe aber seiner Persönlichkeit nach, d. i. als mit innerer Freiheit begabtes Wesen *(homo noumenon)* gedacht, ist ein der Verpflichtung fähiges Wesen, und zwar gegen sich selbst (die Menschheit in seiner Person) betrachtet, so: daß der Mensch (in zweierlei Bedeutung betrachtet), ohne in Wider-

* So sagt man, wenn es z. B. einen Punkt meiner Ehrenrettung oder der Selbsterhaltung betrifft: »Ich bin mir das selbst schuldig.« Selbst wenn es Pflichten von minderer Bedeutung, die nämlich nicht das Notwendige, sondern nur das Verdienstliche meiner Pflichtbefolgung betreffen, spreche ich so, z. B.: »Ich bin es mir selbst schuldig, meine Geschicklichkeit für den Umgang mit Menschen usw. zu erweitern (mich zu kultivieren).«

spruch mit sich zu geraten (weil der Begriff vom Menschen nicht in einem und demselben Sinn gedacht wird), eine Pflicht gegen sich selbst anerkennen kann.

§ 4
Vom Prinzip der Einteilung der Pflichten gegen sich selbst

Die Einteilung kann nur in Ansehung des Objekts der Pflicht, nicht in Ansehung des sich verpflichtenden Subjekts gemacht werden. Das verpflichtete sowohl als das verpflichtende Subjekt [419] ist immer nur *der Mensch*, und wenn es uns, in theoretischer Rücksicht, gleich erlaubt ist, im Menschen Seele und Körper als Naturbeschaffenheiten des Menschen voneinander zu unterscheiden, so ist es doch nicht erlaubt, sie als verschiedene den Menschen verpflichtende Substanzen zu denken, um zur Einteilung in Pflichten gegen den *Körper* und gegen die *Seele* berechtigt zu sein. – Wir sind, weder durch Erfahrung, noch durch Schlüsse der Vernunft, hinreichend darüber belehrt, ob der Mensch eine Seele (als in ihm wohnende, vom Körper unterschiedene, und von diesem unabhängig zu denken vermögende, d. i. geistige Substanz) enthalte, oder ob nicht vielmehr das Leben eine Eigenschaft der Materie sein möge, und, wenn es sich auch auf die erstere Art verhielte, so würde doch keine Pflicht des Menschen gegen einen *Körper* (als verpflichtendes Subjekt), ob er gleich der menschliche ist, denkbar sein.

1. Es wird daher nur eine *objektive* Einteilung der Pflichten gegen sich selbst in das *Formale* und *Materiale* derselben stattfinden; wovon die einen *einschränkend* (negative Pflichten), die anderen *erweiternd* (positive Pflichten gegen sich selbst) sind: jene, welche dem Menschen in Ansehung des *Zwecks* seiner Natur *verbieten*, demselben zuwider zu handeln, mithin bloß auf die moralische *Selbsterhaltung*, diese, welche *gebieten*, sich einen gewissen Gegenstand der Willkür zum Zweck zu machen und auf die *Vervollkommnung* sei-

1 vom] von 26 einen] eine 27 anderen] andere

ner selbst gehen: von welchen beide zur Tugend, entweder als Unterlassungspflichten *(sustine et abstine)* oder als Begehungspflichten *(viribus concessis utere)*, beide aber als Tugendpflichten gehören. Die ersteren gehören zur moralischen Gesundheit *(ad esse)* des Menschen, sowohl als Gegenstandes seiner äußeren, als seines inneren Sinnes, zu Erhaltung seiner Natur in ihrer Vollkommenheit (als Rezeptivität). Die anderen zur moralischen Wohlhabenheit *(ad melius esse; opulentia moralis)*, welche in dem Besitz eines zu allen Zwecken hinreichenden Vermögens besteht, sofern dieses erwerblich ist und zur Kultur als tätiger Vollkommenheit) seiner selbst gehört. – Der erste Grundsatz der Pflicht gegen sich selbst liegt in dem Spruch: Lebe der Natur gemäß *(naturae convenienter vive)*, d. i. erhalte dich in der Vollkommenheit deiner Natur; der zweite in dem Satz: Mache dich vollkommener, als die bloße Natur dich schuf *(perfice te ut finem; perfice te ut medium)*.

2. Es wird eine subjektive Einteilung der Pflichten des
[420] Menschen gegen sich selbst stattfinden, d. i. eine solche, nach der das Subjekt der Pflicht (der Mensch) sich selbst, entweder als animalisches (physisches) und zugleich moralisches, oder bloß als moralisches Wesen betrachtet.

Da sind nun die Antriebe der Natur, was die Tierheit des Menschen betrifft: a) der, durch welchen die Natur die Erhaltung seiner selbst, b) die Erhaltung der Art, c) die Erhaltung seines Vermögens zum angenehmen, aber doch nur tierischen Lebensgenuß beabsichtigt. – Die Laster, welche hier der Pflicht des Menschen gegen sich selbst widerstreiten, sind: der Selbstmord, der unnatürliche Gebrauch, den jemand von der Geschlechtsneigung macht, und der, das Vermögen zum zweckmäßigen Gebrauch seiner Kräfte schwächende, unmäßige Genuß der Nahrungsmittel.

Was aber die Pflicht des Menschen gegen sich selbst bloß als moralisches Wesen (ohne auf seine Tierheit zu sehen) betrifft, so besteht sie im Formalen, der Übereinstimmung der Maximen

4 ersteren gehören] 2 erstere gehört 7 anderen] andere
18 selbst stattfinden] selbst 34 Formalen, der]? Formalen der

seines Willens mit der Würde der Menschheit in seiner Person; also im Verbot, daß er sich selbst des Vorzugs eines moralischen Wesens, nämlich nach Prinzipien zu handeln, d. i. der inneren Freiheit, nicht beraube und dadurch zum Spiel bloßer Neigungen, also zur Sache, mache. – Die Laster, welche dieser Pflicht entgegenstehen, sind: die Lüge, der Geiz und die falsche Demut (Kriecherei). Diese nehmen sich Grundsätze, welche ihrem Charakter als moralischer Wesen, d. i. der inneren Freiheit, der angeborenen Würde des Menschen geradezu (schon der Form nach) widersprechen, welches soviel sagt: sie machen es sich zum Grundsatz, keinen Grundsatz, und so auch keinen Charakter, zu haben, d. i. sich wegzuwerfen und sich zum Gegenstande der Verachtung zu machen. – Die Tugend, welche allen diesen Lastern entgegensteht, könnte die Ehrliebe *(honestas interna, iustum sui aestimium)*, eine von der Ehrbegierde *(ambitio)* (welche auch sehr niederträchtig sein kann) himmelweit unterschiedene Denkungsart, genannt werden, wird aber unter dieser Betitelung in der Folge besonders vorkommen.

[421] Der Pflichten gegen sich selbst

ERSTES BUCH
Von den vollkommenen Pflichten gegen sich selbst

Erstes Hauptstück
Die Pflicht des Menschen gegen sich selbst als einem animalischen Wesen

§ 5

Die, wenngleich nicht vornehmste, doch erste Pflicht des Menschen gegen sich selbst, in der Qualität seiner Tierheit, ist die Selbsterhaltung in seiner animalischen Natur.

Das Widerspiel derselben ist der willkürliche physische Tod, welcher wiederum entweder als total oder bloß partial gedacht werden kann. – Der physische, die Entleibung *(autochiria),* kann also auch total *(suicidum)* oder partial, Entgliederung (Verstümmelung), sein, welche wiederum in die materiale, da man sich selbst gewisser integrierender Teile, als Organe, beraubt, d. i. sich verstümmelt, und die formale, da man sich (auf immer oder auf einige Zeit) des Vermögens des physischen (und hiermit indirekt auch des moralischen) Gebrauchs seiner Kräfte beraubt.

Da in diesem Hauptstücke nur von negativen Pflichten, folglich nur von Unterlassungen die Rede ist, so werden die Pflichtartikel wider die Laster gerichtet sein müssen, welche der Pflicht gegen sich selbst entgegengesetzt sind.

1 Der Pflichten gegen sich selbst] Der Tugendlehre Erster Teil. Ethische Elementarlehre. 7 einem animalischen] *2* ein animalisches

Des ersten Hauptstücks erster Artikel [422]
Von der Selbstentleibung

§ 6

Die willkürliche Entleibung seiner selbst kann nur dann allererst Selbstmord *(homicidium dolosum)* genannt werden, wenn bewiesen werden kann, daß sie überhaupt ein Verbrechen ist, welches entweder an unserer eigenen Person oder auch durch dieser ihre Selbstentleibung an anderen begangen wird (z. B. wenn eine schwangere Person sich selbst umbringt).

a) Die Selbstentleibung ist ein Verbrechen (Mord). Dieses kann nun zwar auch als Übertretung seiner Pflicht gegen andere Menschen (Eheleute, Eltern gegen Kinder, des Untertans gegen seine Obrigkeit oder seine Mitbürger, endlich auch gegen Gott, dessen uns anvertrauten Posten in der Welt der Mensch verläßt, ohne davon abgerufen zu sein) betrachtet werden; – aber hier ist nur die Rede von Verletzung einer Pflicht gegen sich selbst, ob nämlich, wenn ich auch alle jene Rücksichten beiseite setzte, der Mensch doch zur Erhaltung seines Lebens bloß durch seine Qualität als Person verbunden sei und hierin eine (und zwar strenge) Pflicht gegen sich selbst anerkennen müsse.

Daß der Mensch sich selbst beleidigen könne, scheint ungereimt zu sein *(volenti non fit iniuria)*. Daher sah es der Stoiker für einen Vorzug seiner (des Weisen) Persönlichkeit an, beliebig aus dem Leben (als aus einem Zimmer, das raucht), ungedrängt durch gegenwärtige oder besorgliche Übel, mit ruhiger Seele hinauszugehen; weil er in demselben zu nichts mehr nutzen könne. – Aber eben dieser Mut, diese Seelenstärke, den Tod nicht zu fürchten und etwas zu kennen, was der Mensch noch höher schätzen kann als sein Leben, hätte ihm ein um noch soviel größerer Bewegungsgrund sein müssen, sich, ein Wesen von so großer, über die stärksten sinnlichen Triebfedern gewalthabenden Obermacht, nicht zu zerstören, mithin sich des Lebens nicht zu berauben.

Der Persönlichkeit kann der Mensch sich nicht entäußern, solange von Pflichten die Rede ist, folglich solange er lebt; und es ist ein Widerspruch, die Befugnis zu haben, sich aller Verbindlichkeit zu entziehen, d. i. frei so zu handeln, als ob es zu dieser [423] Handlung gar keiner Befugnis bedürfte. Das Subjekt der Sittlichkeit in seiner eigenen Person zernichten, ist ebensoviel, als die Sittlichkeit selbst ihrer Existenz nach, soviel an ihm ist, aus der Welt vertilgen, welche doch Zweck an sich selbst ist; mithin über sich als bloßes Mittel zu ihm beliebigen Zweck zu disponieren, heißt die Menschheit in seiner Person *(homo noumenon)* abwürdigen, der doch der Mensch *(homo phaenomenon)* zur Erhaltung anvertrauet war.

Sich eines integrierenden Teils als Organs zu berauben (verstümmeln), z. B. einen Zahn zu verschenken oder zu verkaufen, um ihn in die Kinnlade eines anderen zu pflanzen, oder die Kastration mit sich vornehmen zu lassen, um als Sänger bequemer leben zu können u. dgl., gehört zum partialen Selbstmorde; aber, ein abgestorbenes oder die Absterbung drohendes und hiermit dem Leben nachteiliges Organ durch Amputation, oder, was zwar ein Teil, aber kein Organ des Körpers ist, z. E. die Haare, sich abnehmen zu lassen, kann zum Verbrechen an seiner eigenen Person nicht gerechnet werden; wiewohl der letztere Fall nicht ganz schuldfrei ist, wenn er zum äußeren Erwerb beabsichtigt wird.

Kasuistische Fragen

Ist es Selbstmord, sich (wie Curtius) in den gewissen Tod zu stürzen, um das Vaterland zu retten? – oder ist das vorsätzliche Märtyrertum, sich für das Heil des Menschengeschlechts überhaupt zum Opfer hinzugeben, auch wie jenes für Heldentat anzusehen?

Ist es erlaubt, dem ungerechten Todesurteile seines Oberen durch die Selbsttötung zuvorzukommen? – selbst wenn dieser es (wie Nero dem Seneca) erlaubte zu tun?

15 aber] aber nicht 25 Märtyrertum] *2* Märtertum 30 dem] am

Kann man es einem großen, unlängst verstorbenen Monarchen zum verbrecherischen Vorhaben anrechnen, daß er ein behend wirkendes Gift bei sich führte, vermutlich damit, wenn er in dem Kriege, den er persönlich führte, gefangen würde, er nicht etwa genötigt sei, Bedingungen der Auslösung einzugehen, die seinem Staate nachteilig sein könnten; denn diese Absicht kann man ihm unterlegen, ohne daß man nötig hat, hierunter einen bloßen Stolz zu vermuten?

Ein Mann empfand schon die Wasserscheu als Wirkung von dem Biß eines tollen Hundes, und, nachdem er sich darüber so erklärt hatte: er habe noch nie erfahren, daß jemand daran geheilt worden sei, brachte er sich selbst um, damit, wie er in einer hinterlassenen Schrift sagte, er nicht in seiner Hundewut (zu [424] welcher er schon den Anfall fühlte) andere Menschen auch unglücklich machte; es fragt sich, ob er damit unrecht tat.

Wer sich die Pocken einimpfen zu lassen beschließt, wagt sein Leben aufs Ungewisse, ob er es zwar tut, *um sein Leben zu erhalten*, und ist sofern in einem weit bedenklicheren Fall des Pflichtgesetzes als der Seefahrer, welcher doch wenigstens den Sturm nicht macht, dem er sich anvertraut, statt dessen jener die Krankheit, die ihn in Todesgefahr bringt, sich selbst zuzieht. Ist also die Pockeninokulation erlaubt?

Zweiter Artikel
Von der wohllüstigen Selbstschändung

§ 7

Sowie die Liebe zum Leben von der Natur zur Erhaltung der *Person*, so ist die Liebe zum Geschlecht von ihr zur Erhaltung der *Art* bestimmt; d. i. eine jede von beiden ist *Naturzweck*, unter welchem man diejenige Verknüpfung der Ursache mit einer Wirkung versteht, in welcher jene, auch ohne ihr dazu einen Verstand beizulegen, diese doch nach der Analogie mit einem solchen, also gleichsam absichtlich Menschen hervorbringend, gedacht wird. Es fragt sich nun, ob der Gebrauch des letzteren

Vermögens in Ansehung der Person selbst, die es ausübt, unter einem einschränkenden Pflichtgesetz stehe, oder ob diese, auch ohne jenen Zweck zu beabsichtigen, den Gebrauch ihrer Geschlechtseigenschaften der bloßen tierischen Lust zu widmen befugt sei, ohne damit einer Pflicht gegen sich selbst zuwider zu handeln. – In der Rechtslehre wird bewiesen, daß der Mensch sich einer anderen Person dieser Lust zu Gefallen, ohne besondere Einschränkung durch einen rechtlichen Vertrag, nicht bedienen könne; wo dann zwei Personen wechselseitig einander verpflichten. Hier aber ist die Frage: ob in Ansehung dieses Genusses eine Pflicht des Menschen gegen sich selbst obwalte, deren Übertretung eine Schändung (nicht bloß Abwürdigung) der Menschheit in seiner eigenen Person sei. Der Trieb zu jenem wird Fleischeslust (auch Wohllust schlechthin) genannt. Das Laster, welches dadurch erzeugt wird, heißt Unkeuschheit, die Tugend aber in Ansehung dieser sinnlichen Antriebe wird Keuschheit genannt, die nun hier als Pflicht des Menschen gegen sich selbst vorgestellt werden soll. Unnatürlich heißt eine Wohllust, wenn der Mensch dazu nicht durch [425] den wirklichen Gegenstand, sondern durch die Einbildung von demselben, also zweckwidrig, ihn sich selbst schaffend, gereizt wird. Denn sie bewirkt alsdann eine Begierde wider den Zweck der Natur, und zwar einen noch wichtigeren, als selbst der der Liebe zum Leben ist, weil dieser nur auf Erhaltung des Individuums, jener aber auf die der ganzen Spezies abzielt.

Daß ein solcher naturwidriger Gebrauch (also Mißbrauch) seiner Geschlechtseigenschaft eine und zwar der Sittlichkeit im höchsten Grad widerstreitende Verletzung der Pflicht wider sich selbst sei, fällt jedem zugleich mit dem Gedanken von demselben sofort auf, erregt eine Abkehrung von diesem Gedanken in dem Maße, daß selbst die Nennung eines solchen Lasters bei seinem eigenen Namen für unsittlich gehalten wird, welches bei dem des Selbstmords nicht geschieht, den man mit allen seinen Greueln (in einer *species facti*) der Welt vor Augen zu legen im mindesten kein Bedenken trägt; gleich als ob der Mensch überhaupt sich beschämt fühle, einer solchen ihn selbst unter das Vieh herabwürdigenden Behandlung seiner eigenen Person fähig zu sein: so daß selbst die erlaubte (an sich freilich bloß tierische) körperliche Gemeinschaft beider Geschlechter in der Ehe im gesitteten Umgange viel Feinheit veranlaßt und erfordert, um einen Schleier darüber zu werfen, wenn davon gesprochen werden soll.

Der Vernunftbeweis aber der Unzulässigkeit jenes unnatürlichen und selbst auch des bloß unzweckmäßigen Gebrauchs seiner Geschlechtseigenschaften als Verletzung (und zwar, was den ersteren betrifft, im höchsten Grade) der Pflicht gegen sich selbst ist nicht so leicht geführt. – Der *Beweisgrund* liegt freilich darin, daß der Mensch seine Persönlichkeit dadurch (wegwerfend) aufgibt, indem er sich bloß zum Mittel der Befriedigung tierischer Triebe braucht. Aber der hohe Grad der Verletzung der Menschheit in seiner eigenen Person durch ein solches Laster in seiner Unnatürlichkeit, da es, der Form (der Gesinnung) nach, selbst das des Selbstmordes noch zu übergehen scheint, ist dabei nicht erklärt. Es sei denn, daß, da die trotzige Wegwerfung seiner selbst im letzteren als einer Lebenslast wenigstens nicht eine weichliche Hingebung an tierische Reize ist, sondern Mut erfordert, wo immer noch Achtung für die Menschheit in seiner eigenen Person Platz findet; jene welche sich gänzlich der tierischen Neigung überläßt, den Menschen zur genießbaren, aber hierin doch zugleich naturwidrigen Sache, d. i. zum *ekelhaften* Gegenstande macht, und so aller Achtung für sich selbst beraubt.

Kasuistische Fragen [426]

Der Zweck der Natur ist in der Beiwohnung der Geschlechter die Fortpflanzung, d. i. die Erhaltung der Art; jenem Zwecke darf also wenigstens nicht zuwider gehandelt werden. Ist es aber erlaubt, auch *ohne auf diesen Rücksicht zu nehmen*, sich (selbst wenn es in der Ehe geschähe) jenes Gebrauchs anzumaßen?

Ist es z. B. zur Zeit der Schwangerschaft, ist es bei der Sterilität des Weibes (Alters oder Krankheit wegen) oder wenn dieses keinen Anreiz dazu bei sich findet, nicht dem Naturzwecke und hiermit auch der Pflicht gegen sich selbst, an einem oder dem anderen Teil, ebenso wie bei der unnatürlichen Wohllust, zuwider, von seinen Geschlechtseigenschaften Gebrauch zu machen; oder gibt es hier ein Erlaubnisgesetz der moralisch-praktischen Vernunft, welches in der Kollision ihrer Bestimmungsgründe etwas, an sich zwar Unerlaubtes, doch zur Verhütung einer noch größeren Übertretung (gleichsam nachsichtlich) erlaubt macht? – Von wo an kann man die Einschränkung einer weiten Verbindlichkeit zum Purismus (einer Pedanterei in Ansehung der Pflichtbeobachtung, was die Weite derselben betrifft) zählen und den tierischen Neigungen, mit Gefahr der Verlassung des Vernunftgesetzes, einen Spielraum verstatten?

Die Geschlechtsneigung wird auch Liebe (in der engsten Bedeutung des Wortes) genannt und ist in der Tat die größte Sinnenlust, die an einem Gegenstande möglich ist; – nicht bloß sinnliche Lust, wie an Gegenständen, die in der bloßen Reflexion über sie gefallen (da die Empfänglichkeit für sie Geschmack heißt), sondern die Lust aus dem Genusse einer anderen Person, die also zum Begehrungsvermögen und zwar der höchsten Stufe desselben, der Leidenschaft, gehört. Sie kann aber weder zur Liebe des Wohlgefallens, noch der des Wohlwollens gezählt werden (denn beide halten eher vom fleischlichen Genuß ab), sondern ist eine Lust von besonderer Art *(sui generis)*, und das Brünstigsein hat mit der moralischen Liebe eigentlich nichts gemein, wiewohl sie mit der letzteren, wenn die praktische Vernunft mit ihren einschränkenden Bedingungen hinzukommt, in enge Verbindung treten kann.

Dritter Artikel [427]
Von der Selbstbetäubung durch Unmäßigkeit im Gebrauch der Genieß- oder auch Nahrungsmittel

§ 8

Das Laster in dieser Art der Unmäßigkeit wird hier nicht aus dem Schaden oder den körperlichen Schmerzen (selbst Krankheiten), die der Mensch sich dadurch zuzieht, beurteilt; denn da wäre es ein Prinzip des Wohlbefindens und der Behaglichkeit (folglich der Glückseligkeit), wodurch ihm entgegengearbeitet werden sollte, welches aber nie eine Pflicht, sondern nur eine Klugheitsregel begründen kann; wenigstens wäre es kein Prinzip einer direkten Pflicht.

Die tierische Unmäßigkeit im Genuß der Nahrung ist der Mißbrauch der Genießmittel, wodurch das Vermögen des intellektuellen Gebrauchs derselben gehemmt oder erschöpft wird. Versoffenheit und Gefräßigkeit sind die Laster, die unter diese Rubrik gehören. Im Zustande der Betrunkenheit ist der Mensch nur wie ein Tier, nicht als Mensch zu behandeln; durch die Überladung mit Speisen und in einem solchen Zustande ist er für Handlungen, wozu Gewandtheit und Überlegung im Gebrauch seiner Kräfte erfordert wird, auf eine gewisse Zeit gelähmt. – Daß sich in einen solchen Zustand zu versetzen, Verletzung einer Pflicht wider sich selbst sei, fällt von selbst in die Augen. Die erste dieser Erniedrigungen, selbst unter die tierische Natur, wird gewöhnlich durch gegorene Getränke, aber auch durch andere betäubende Mittel, als den Mohnsaft und andere Produkte des Gewächsreichs, bewirkt, und wird dadurch verführerisch, daß dadurch auf eine Weile geträumte Glückseligkeit und Sorgenfreiheit, ja wohl auch eingebildete Stärke hervorgebracht; Niedergeschlagenheit aber und Schwäche und, was das Schlimmste ist, Notwendigkeit, dieses Betäubungsmittel zu wiederholen, ja wohl gar damit zu steigern, eingeführt wird. Die

6 selbst] *2* solchen

Gefräßigkeit ist sofern noch unter jener tierischen Sinnenbelustigung, daß sie bloß den Sinn als passive Beschaffenheit und nicht einmal die Einbildungskraft, welche doch noch ein tätiges Spiel der Vorstellungen, wie im vorerwähnten Genuß der Fall ist, beschäftigt; mithin sich dem des Viehes noch mehr nähert.

[428]

Kasuistische Fragen

Kann man dem Wein, wenngleich nicht als Panegyrist, doch wenigstens als Apologet, einen Gebrauch verstatten, der bis nahe an die Berauschung reicht; weil er doch die Gesellschaft zur Gesprächigkeit belebt und damit Offenherzigkeit verbindet? – Oder kann man ihm wohl gar das Verdienst zugestehen, das zu befördern, was Horaz vom Cato rühmt: *virtus eius incaluit mero?* – Wer kann aber das Maß für einen bestimmen, der in den Zustand, wo er zum Messen keine klaren Augen mehr hat, überzugehen eben in Bereitschaft ist? – Der Gebrauch des Opiums und Branntweins sind als Genießmittel der Niederträchtigkeit näher, weil sie bei dem geträumten Wohlbefinden stumm, zurückhaltend und unmitteilbar machen; daher sie auch nur als Arzneimittel erlaubt sind. Der Mohammedanismus, welcher den Wein ganz verbietet, hat also sehr schlecht gewählt, dafür das Opium zu erlauben.

Der Schmaus, als förmliche Einladung zur Unmäßigkeit in beiderlei Art des Genusses, hat doch, außer dem bloß physischen Wohlleben, noch etwas zum sittlichen Zweck Abzielendes an sich, nämlich viel Menschen und lange zu wechselseitiger Mitteilung zusammenzuhalten; gleichwohl aber, da eben die Menge (wenn sie, wie Chesterfield sagt, über die Zahl der Musen geht) nur eine kleine Mitteilung (mit den nächsten Beisitzern) erlaubt, mithin die Veranstaltung jenem Zweck widerspricht, so bleibt sie immer Verleitung zum Unsittlichen, nämlich der Unmäßigkeit, der Übertretung der Pflicht gegen sich selbst; auch-

12 Horaz] 2 Seneca 13 Wer] 2 *Siehe Anmerkungen des Herausgebers*

ohne auf die physischen Nachteile der Überladung, die vielleicht vom Arzt gehoben werden können, zu sehen. Wie weit geht die sittliche Befugnis, diesen Einladungen zur Unmäßigkeit Gehör zu geben?

Zweites Hauptstück
Die Pflicht des Menschen gegen sich selbst, bloss als einem moralischen Wesen

Sie ist den Lastern der Lüge, des Geizes und der falschen Demut (Kriecherei) entgegengesetzt.

I. Von der Lüge [429]

§ 9

Die größte Verletzung der Pflicht des Menschen gegen sich selbst, bloß als moralisches Wesen betrachtet (die Menschheit in seiner Person), ist das Widerspiel der Wahrhaftigkeit: Die Lüge *(aliud lingua promptum, aliud pectore inclusum gerere)*. Daß eine jede vorsätzliche Unwahrheit in Äußerung seiner Gedanken diesen harten Namen (den sie in der Rechtslehre nur dann führt, wenn sie anderer Recht verletzt) in der Ethik, die aus der Unschädlichkeit keine Befugnis hernimmt, nicht ablehnen könne, ist für sich selbst klar. Denn Ehrlosigkeit (ein Gegenstand der moralischen Verachtung zu sein), welche sie begleitet, die begleitet auch den Lügner wie sein Schatten. – Die Lüge ist Wegwerfung und gleichsam Vernichtung seiner Menschenwürde. Ein Mensch, der selbst nicht glaubt, was er einem Anderen (wenn es auch eine bloß idealische Person wäre) sagt, hat einen noch geringeren Wert, als wenn er bloß Sache wäre; denn von dieser ihrer Eigenschaft etwas zu nutzen, kann ein anderer doch irgend einen Gebrauch machen, weil sie etwas Wirkliches und Gegebenes ist; aber die Mitteilung seiner Gedanken an jemanden durch Worte, die doch das Gegenteil von dem (absichtlich) enthalten, was der Sprechende dabei denkt, ist ein der natürlichen Zweckmäßigkeit seines Vermögens der Mitteilung seiner Gedanken gerade entgegengesetzter Zweck, mithin Verzichttuung auf seine Persönlichkeit und eine bloß täuschende Erscheinung vom Menschen, nicht der Mensch selbst.

Der Mensch, als moralisches Wesen *(homo noumenon)*, kann sich selbst, als physisches Wesen *(homo phaenomenon)*, nicht als bloßes Mittel (Sprachmaschine) brauchen, das an den inneren Zweck (der Gedankenmitteilung) nicht gebunden wäre, sondern ist an die Bedingung der Übereinstimmung mit der Erklärung *(declaratio)* des ersteren gebunden und gegen sich selbst zur Wahrhaftigkeit verpflichtet. – Die Wahrhaftigkeit in Erklärungen wird auch Ehrlichkeit und, wenn diese zugleich Versprechen sind, Redlichkeit, überhaupt aber Aufrichtigkeit genannt.

[430] Die Lüge (in der ethischen Bedeutung des Worts), als vorsätzliche Unwahrheit überhaupt, bedarf es auch nicht, anderen schädlich zu sein, um für verwerflich erklärt zu werden; denn da wäre sie Verletzung der Rechte Anderer. Es kann auch bloß Leichtsinn oder gar Gutmütigkeit die Ursache davon sein, ja selbst ein wirklich guter Zweck dadurch beabsichtigt werden: so ist doch die Art ihm nachzugehen durch die bloße Form ein Verbrechen des Menschen an seiner eigenen Person und eine Nichtswürdigkeit, die den Menschen in seinen eigenen Augen verächtlich machen muß.

Die Lüge kann eine äußere *(mendacium externum)* oder auch eine innere sein. Durch jene macht er sich in Anderer, durch diese aber, was noch mehr ist, in seinen eigenen Augen zum Gegenstande der Verachtung und verletzt die Würde der Menschheit in seiner eigenen Person; wobei der Schade, der anderen Menschen daraus entspringen kann, nicht das Eigentümliche des Lasters betrifft (denn da bestände es bloß in der Verletzung der Pflicht gegen Andere) und also hier nicht in Anschlag kommt, ja auch nicht der Schade, den er sich selbst zuzieht; denn alsdann würde es bloß, als Klugheitsfehler, der pragmatischen, nicht der moralischen Maxime widerstreiten und gar nicht als Pflichtverletzung angesehen werden können.

Die Wirklichkeit mancher *inneren* Lüge, welche die Menschen sich zuschulden kommen lassen, zu beweisen, ist leicht, aber ihre Möglichkeit zu erklären, scheint doch schwerer zu sein: weil eine zweite Person dazu erforderlich ist, die man zu hintergehen die Absicht hat, sich selbst aber vorsätzlich zu betrügen einen Widerspruch in sich zu enthalten scheint. – Wenn er z. B. den Glauben an einen künftigen Weltrichter lügt, indem er wirklich keinen solchen in sich findet, aber, indem er sich überredet, es könne doch nicht schaden, wohl aber nutzen, einen solchen in Gedanken einem Herzenskündiger zu bekennen, um auf allen Fall seine Gunst zu erheucheln. Oder, wenn er zwar desfalls nicht im Zweifel ist, aber sich doch mit innerer Verehrung seines Gesetzes schmeichelt, da er doch keine andere Triebfeder, als die der Furcht vor Strafe bei sich fühlt.

Unredlichkeit ist bloß Ermangelung an *Gewissenhaftigkeit*, d. i. an Lauterkeit des Bekenntnisses vor seinem *inneren* Richter, der als eine andere Person gedacht wird, wenn diese in ihrer höchsten Strenge betrachtet wird, wo ein Wunsch (aus Selbstliebe) für dic Tat genommen wird, weil er einen an sich guten Zweck vor sich hat, und die innere Lüge, ob sie zwar der Pflicht des Menschen gegen sich selbst zuwider ist, erhält hier den Namen einer Schwachheit, sowie der Wunsch eines Liebhabers, lauter gute Eigenschaften an seiner Geliebten zu finden, ihm ihre augenscheinlichen Fehler unsichtbar macht. – Indessen verdient diese Unlauterkeit in Erklärungen, die man gegen sich selbst verübt, doch die ernstlichste Rüge: weil, von einer solchen faulen Stelle (der Falschheit, welche in der menschlichen Natur [431] gewurzelt zu sein scheint) aus, das Übel der Unwahrhaftigkeit sich auch in Beziehung auf andere Menschen verbreitet, nachdem einmal der oberste Grundsatz der Wahrhaftigkeit verletzt worden.

Anmerkung: Es ist merkwürdig, daß die Bibel das erste Verbrechen, wodurch das Böse in die Welt gekommen ist, nicht vom *Brudermorde* (Kains), sondern von der ersten *Lüge* datiert (weil gegen jenen sich doch die Natur empört), und als den Urheber alles Bösen den Lügner von Anfang und den Vater der Lügen nennt; wiewohl die Vernunft von diesem Hange der Menschen zur Gleisnerei *(esprit fourbe)*, der doch vorhergegangen sein muß, keinen Grund weiter angeben kann: weil ein Akt der Freiheit nicht (gleich einer physischen Wirkung) nach dem Naturgesetz des Zusammenhanges der Wirkung und ihrer Ursache, welche insgesamt Erscheinungen sind, deduziert und erklärt werden kann.

Kasuistische Fragen

Kann eine Unwahrheit aus bloßer Höflichkeit (z. B. das ganz gehorsamster Diener am Ende eines Briefes) für Lüge gehalten werden? Niemand wird ja dadurch betrogen. – Ein Autor fragt einen seiner Leser: Wie gefällt Ihnen mein Werk? Die Antwort könnte nun zwar illusorisch gegeben werden, da man über die Verfänglichkeit einer solchen Frage spöttelte; aber wer hat den Witz immer bei der Hand? Das geringste Zögern mit der Antwort ist schon Kränkung des Verfassers; darf er diesem also zum Munde reden?

In wirklichen Geschäften, wo es aufs Mein und Dein ankommt, wenn ich da eine Unwahrheit sage, muß ich alle die Folgen verantworten, die daraus entspringen möchten? Z. B. ein Hausherr hat befohlen: daß, wenn ein gewisser Mensch nach ihm fragen würde, er ihn verleugnen solle. Der Dienstbote tut dieses; veranlaßt aber dadurch, daß jener entwischt und ein großes Verbrechen ausübt, welches sonst durch die gegen ihn ausgeschickte Wache wäre verhindert worden. Auf wen fällt hier die Schuld (nach ethischen Grundsätzen)? Allerdings auch auf den letzteren, welcher hier eine Pflicht gegen sich selbst durch eine Lüge verletzte; deren Folgen ihm nun durch sein eigenes Gewissen zugerechnet werden.

II. Vom Geiz [432]

§ 10

Ich verstehe hier unter diesem Namen nicht den habsüchtigen Geiz (der Erweiterung seines Erwerbs der Mittel zum Wohlleben über die Schranken des wahren Bedürfnisses), denn dieser kann auch als bloße Verletzung seiner Pflicht (der Wohltätigkeit) gegen Andere betrachtet werden; auch nicht den kargen Geiz, welcher, wenn er schimpflich ist, Knickerei oder Knauserei genannt wird, aber doch bloß Vernachlässigung seiner Liebespflichten gegen Andere sein kann; sondern die Verengung seines eigenen Genusses der Mittel zum Wohlleben unter das Maß des wahren eigenen Bedürfnisses; dieser Geiz ist es eigentlich, der hier gemeint ist, welcher der Pflicht gegen sich selbst widerstreitet.

An der Rüge dieses Lasters kann man ein Beispiel von der Unrichtigkeit aller Erklärung der Tugenden sowohl als Laster durch den bloßen Grad deutlich machen und zugleich die Unbrauchbarkeit des Aristotelischen Grundsatzes dartun: daß die Tugend in der Mittelstraße zwischen zwei Lastern bestehe.

Wenn ich nämlich zwischen Verschwendung und Geiz die gute Wirtschaft als das Mittlere ansehe, und dieses das Mittlere des Grades sein soll: so würde ein Laster in das *(contrarie)* entgegengesetzte Laster nicht anders übergehen als durch die Tugend, und so würde diese nichts anderes als ein vermindertes oder vielmehr verschwindendes Laster sein, und die Folge wäre in dem gegenwärtigen Fall: daß von den Mitteln des Wohllebens gar keinen Gebrauch zu machen, die echte Tugendpflicht sei.

Nicht das Maß der Ausübung sittlicher Maximen, sondern das objektive Prinzip derselben muß als verschieden erkannt und vorgetragen werden, wenn ein Laster von der Tugend unterschieden werden soll. – Die Maxime des habsüchtigen Geizes (als Verschwenders) ist: alle Mittel des Wohllebens in der Absicht auf den Genuß anzuschaffen und zu erhalten. – Die des kargen Geizes ist hingegen der Erwerb sowohl als die Erhaltung aller Mittel des Wohllebens, aber ohne Absicht auf den Genuß (d. i. ohne daß dieser, sondern nur der Besitz der Zweck sei).

Also ist das eigentümliche Merkmal des letzteren Lasters der Grundsatz des Besitzes der Mittel zu allerlei Zwecken, doch mit [433] dem Vorbehalt, keines derselben für sich brauchen zu wollen und sich so des angenehmen Lebensgenusses zu berauben; welches der Pflicht gegen sich selbst in Ansehung des Zwecks gerade entgegengesetzt ist.* Verschwendung und Kargheit sind also

* Der Satz: man soll keiner Sache zu viel oder zu wenig tun, sagt soviel als nichts; denn er ist tautologisch. Was heißt zu viel tun? Antw. Mehr als gut ist. Was heißt: zu wenig tun? Antw. Weniger tun, als gut ist. Was heißt: ich soll (etwas tun oder unterlassen)? Antw. Es ist nicht gut (wider die Pflicht), mehr oder auch weniger zu tun, als gut ist. Wenn das die Weisheit ist, die zu erforschen wir zu den Alten (dem Aristoteles) gleich als solchen, die der Quelle näher waren, zurückkehren sollen: *virtus consistit in medio; medium tenuere beati; est modus in rebus, sunt certi denique fines, quos ultra citraque nequit consistere rectum*, so haben wir schlecht gewählt, uns an ihr Orakel zu wenden. – Es gibt zwischen Wahrhaftigeit und Lüge (als *contraditorie oppositis*) kein Mittleres; aber wohl zwischen Offenherzigkeit und Zurückhaltung (als *contrarie oppositis*), da an dem, welcher seine Meinung erklärt, Alles, was er sagt, wahr ist, er aber nicht die ganze Wahrheit sagt. Nun ist doch ganz natürlich von dem Tugendlehrer zu fordern, daß er mir dieses Mittlere anweise. Das kann er aber nicht; denn beide Tugendpflichten haben einen Spielraum der Anwendung *(latitudinem)*, und was zu tun sei, kann nur von der Urteilskraft nach Regeln der Klugheit (den pragmatischen), nicht denen der Sittlichkeit (den moralischen), d. i. nicht als enge *(officium strictum)*, sondern nur als weite Pflicht *(officium latum)* entschieden werden. Daher kann der, welcher die Grundsätze der Tugend befolgt, zwar in der Ausübung im Mehr oder Weniger, als die Klugheit vorschreibt, einen Fehler *(peccatum)* begehen, aber nicht darin, daß er diesen Grundsätzen mit Strenge anhänglich ist, ein Laster *(vitium)* ausübt; und Horazens Vers: *insani sapiens nomen ferat), aequus iniqui, ultra quam satis est virtutem si petat ipsam*, ist nach dem Buchstaben genommen grundfalsch. *Sapiens* bedeutet hier wohl nur einen gescheuten Mann *(prudens)*, der sich nicht phantastisch Tugendvollkommenheit denkt, die als Ideal zwar die Annäherung

29 Daher kann] Daher 33 *ferat*] 2 *habeat*

nicht durch den Grad, sondern spezifisch durch die entgegengesetzten Maximen voneinander unterschieden.

Kasuistische Fragen

Da hier nur von Pflichten gegen sich selbst die Rede ist, und Habsucht (Unersättlichkeit im Erwerb) um zu verschwenden, ebensowohl als Knauserei (Peinlichkeit im Vertun) Selbstsucht *(solipsismus)* zum Grunde haben, und beide, die Verschwendung [434] sowohl als die Kargheit, bloß darum verwerflich zu sein scheinen, weil sie auf Armut hinauslaufen, bei dem einen auf nicht erwartete, bei dem anderen auf willkürliche (armselig leben zu wollen) – so ist die Frage: ob sie, die eine sowohl als die andere, überhaupt Laster und nicht vielmehr beide bloße Unklugheit genannt werden sollen, mithin nicht ganz und gar außerhalb den Grenzen der Pflicht gegen sich selbst liegen mögen. Die Kargheit aber ist nicht bloß mißverstandene Sparsamkeit, sondern sklavische Unterwerfung seiner selbst unter die Glücksgüter, ihrer nicht Herr zu sein, welches Verletzung der Pflicht gegen sich selbst ist. Sie ist der Liberalität *(liberalitas moralis)* der Denkungsart überhaupt (nicht der Freigebigkeit *(liberalitas sumptuosa)*, welche nur eine Anwendung derselben auf einen besonderen Fall ist), d. i. dem Prinzip der Unabhängigkeit von allem anderen, außer von dem Gesetz, entgegengesetzt und Defraudation, die das Subjekt an sich selbst begeht. Aber was ist das für ein Gesetz, dessen innerer Gesetzgeber selbst nicht weiß, wo es anzuwenden ist? Soll ich meinem Munde abbrechen oder nur dem äußeren Aufwande? im Alter, oder schon in der Jugend? oder ist Sparsamkeit überhaupt eine Tugend?

zu diesem Zwecke, aber nicht die Vollendung fordert, als welche Forderung die menschlichen Kräfte übersteigt und Unsinn (Phantasterei) in ihr Prinzip hineinbringt. Denn gar zu tugendhaft, d. i. seiner Pflicht gar zu anhänglich zu sein, würde ohngefähr soviel sagen als: einen Zirkel gar zu rund oder eine gerade Linie gar zu gerade machen.

III. Von der Kriecherei

§ 11

Der Mensch im System der Natur *(homo phaenomenon, animal rationale)* ist ein Wesen von geringer Bedeutung und hat mit den übrigen Tieren, als Erzeugnissen des Bodens, einen gemeinen Wert *(pretium vulgare)*. Selbst daß er vor diesen den Verstand voraus hat und sich selbst Zwecke setzen kann, das gibt ihm doch nur einen äußeren Wert seiner Brauchbarkeit *(pretium usus)*, nämlich eines Menschen vor dem anderen, d. i. einen Preis, als einer Ware, in dem Verkehr mit diesen Tieren als Sachen, wo er doch noch einen niedrigeren Wert hat als das allgemeine Tauschmittel, das Geld, dessen Wert daher ausgezeichnet *(pretium eminens)* genannt wird.

Allein der Mensch als Person betrachtet, d.i. als Subjekt einer moralisch-praktischen Vernunft, ist über allen Preis erhaben; denn als ein solcher *(homo noumenon)* ists er nicht bloß als
[435] Mittel zu anderer ihren, ja selbst seinen eigenen Zwecken, sondern als Zweck an sich selbst zu schätzen, d.i. er besitzt eine Würde (einen absoluten inneren Wert), wodurch er allen anderen vernünftigen Weltwesen Achtung für ihn abnötigt, sich mit jedem Anderen dieser Art messen und auf den Fuß der Gleichheit schätzen kann.

Die Menschheit in seiner Person ist das Objekt der Achtung, die er von jedem anderen Menschen fordern kann; deren aber auch sich nicht verlustig machen muß. Er kann und soll sich nach einem kleinen sowohl als großen Maßstabe schätzen, nachdem er sich als Sinnenwesen (seiner tierischen Natur nach) oder als intelligibles Wesen (seiner moralischen Anlage nach) betrachtet. Da er sich aber nicht bloß als Person überhaupt, sondern auch als Mensch, d. i. als eine Person, die Pflichten auf sich hat, die ihm seine eigene Vernunft auferlegt, betrachten muß, sokann seine Geringfügigkeit als Tiermensch dem Bewußtsein

32 Geringfügigkeit] 2 Geringfähigkeit

seiner Würde als Vernunftmensch nicht Abbruch tun, und er soll die moralische Selbstschätzung in Betracht der letzteren nicht verleugnen, d. i. er soll sich um seinen Zweck, der an sich selbst Pflicht ist, nicht kriechend, nicht knechtisch *(animo servili)*, gleich als sich um Gunst bewerbend, bewerben, nicht seine Würde verleugnen, sondern immer mit dem Bewußtsein der Erhabenheit seiner moralischen Anlage (welches im Begriff der Tugend schon enthalten ist); und diese Selbstschätzung ist Pflicht des Menschen gegen sich selbst.

Das Bewußtsein und Gefühl der Geringfügigkeit seines moralischen Werts in Vergleichung mit dem Gesetz ist die Demut *(humilitas moralis)*. Die Überredung von einer Größe dieses seinen Werts, aber nur aus Mangel der Vergleichung mit dem Gesetz, kann der Tugendstolz *(arrogantia moralis)* genannt werden. – Die Entsagung alles Anspruchs auf irgend einen moralischen Wert seiner selbst in der Überredung, sich ebenda durch einen geborgten zu erwerben, ist die sittlich-falsche Kriecherei *(humilitas spuria)*.

Demut in Vergleichung mit anderen Menschen (ja überhaupt mit irgend einem endlichen Wesen, und wenn es auch ein Seraph wäre) ist gar keine Pflicht; vielmehr ist die Bestrebung, in diesem Verhältnisse anderen gleichzukommen oder sie zu übertreffen, mit der Überredung, sich dadurch auch einen inneren größeren Wert zu verschaffen, Hochmut *(ambitio)*, welcher der Pflicht gegen andere gerade zuwider ist. Aber die bloß als Mittel zu Erwerbung der Gunst eines Anderen (wer es [436] auch sei) ausgesonnene Herabsetzung seines eigenen moralischen Werts (Heuchelei und Schmeichelei)* ist falsche (erlogene)

* Heucheln (eigentlich häuchlen) scheint vom ächzenden, die Sprache unterbrechenden Hauch (Stoßseufzer) abgeleitet zu sein; dagegen Schmeicheln vom Schmiegen, welches als Habitus Schmiegeln und endlich von den Hochdeutschen Schmeicheln genannt worden ist, abzustammen.

10 Geringfügigkeit] 2 Geringfähigkeit

Demut und, als Abwürdigung seiner Persönlichkeit, der Pflicht gegen sich selbst entgegen.

Aus unserer aufrichtigen und genauen Vergleichung mit dem moralischen Gesetz (dessen Heiligkeit und Strenge) muß unvermeidlich wahre Demut folgen: aber daraus, daß wir einer solchen inneren Gesetzgebung fähig sind, daß der (physische) Mensch den (moralischen) Menschen in seiner eigenen Person zu verehren sich gedrungen fühlt, zugleich Erhebung und die höchste Selbstschätzung als Gefühl seines inneren Werts *(valor)*, nach welchem er für keinen Preis *(pretium)* feil ist, und eine unverlierbare Würde *(dignitas interna)* besitzt, die ihm Achtung *(reverentia)* gegen sich selbst einflößt.

§ 12

Mehr oder weniger kann man diese Pflicht, in Beziehung auf die Würde der Menschheit in uns, mithin auch gegen uns selbst, in folgenden Beispielen kennbar machen.

Werdet nicht der Menschen Knechte. – Laßt euer Recht nicht ungeahndet von Anderen mit Füßen treten. – Macht keine Schulden, für die ihr nicht volle Sicherheit leistet. – Nehmt nicht Wohltaten an, die ihr entbehren könnt, und seid nicht Schmarotzer oder Schmeichler oder gar (was freilich nur im Grad von dem Vorigen unterschieden ist) Bettler. Daher seid wirtschaftlich, damit ihr nicht bettelarm werdet. – Das Klagen und Winseln, selbst das bloße Schreien bei einem körperlichen Schmerz ist euer schon unwert, am meisten, wenn ihr euch bewußt seid, ihn selbst verschuldet zu haben: daher die Veredelung (Abwendung der Schmach) des Todes eines Delinquenten durch die Standhaftigkeit, mit der er stirbt. – Das Hinknien oder Hinwerfen zur Erde, selbst um die Verehrung himmlischer Gegenstände sich dadurch zu versinnlichen, ist der Menschenwürde zuwider, sowie die Anrufung derselben in gegenwärtigen Bilder; denn ihr demütigt
[437] euch alsdann nicht unter einem Ideal, das euch eure eigene Vernunft vorstellt, sondern unter einem Idol, was euer eigenes Gemächsel ist.

Kasuistische Fragen

Ist nicht in dem Menschen das Gefühl der Erhabenheit seiner Bestimmung, d. i. die Gemütserhebung *(elatio animi)* als Schätzung seiner selbst, mit dem Eigendünkel *(arrogantia)*, welcher der wahren Demut *(humilitas moralis)* gerade entgegengesetzt ist, zu nahe verwandt, als daß zu jener aufzumuntern es ratsam wäre, selbst in Vergleichung mit anderen Menschen, nicht bloß mit dem Gesetz? oder würde diese Art von Selbstverleugnung nicht vielmehr den Ausspruch Anderer bis zur Geringschätzung unserer Person steigern und so der Pflicht (der Achtung) gegen uns selbst zuwider sein? Das Bücken und Schmiegen vor einem Menschen scheint in jedem Fall eines Menschen unwürdig zu sein.

Die vorzügliche Achtungsbezeigung in Worten und Manieren, selbst gegen einen nicht Gebietenden in der bürgerlichen Verfassung – die Reverenzen, Verbeugungen (Komplimente), höfische – den Unterschied der Stände mit sorgfältiger Pünktlichkeit bezeichnende Phrasen – welche von der Höflichkeit (die auch sich gleich Achtenden notwendig ist) ganz unterschieden sind – das Du, Er, Ihr und Sie oder Ew. Wohledlen, Hochedlen, Hochedelgeborenen, Wohlgeborenen *(ohe, iam satis est!)* in der Anrede –, als in welcher Pedanterei die Deutschen unter allen Völkern der Erde (die indischen Kasten vielleicht ausgenommen) es am weitesten gebracht haben, sind das nicht Beweise eines ausgebreiteten Hanges zur Kriecherei unter Menschen? *(Hae nugae in seria ducunt)*. Wer sich aber zum Wurm macht, kann nachher nicht klagen, daß er mit Füßen getreten wird.

Des zweiten Hauptstücks Erster Abschnitt
Von der Pflicht des Menschen gegen sich selbst, als den angeborenen Richter über sich selbst

§ 13

Ein jeder Pflichtbegriff enthält objektive Nötigung durchs Gesetz (als moralischen, unsere Freiheit einschränkenden Imperativ) und gehört dem praktischen Verstande zu, der die Regel [438] gibt; die innere Zurechnung aber einer Tat, als eines unter dem Gesetz stehenden Falles *(in meritum aut demeritum)*, gehört zur Urteilskraft *(iudicium)*, welche, als das subjektive Prinzip der Zurechnung der Handlung, ob sie als Tat (unter einem Gesetz stehende Handlung) geschehen sei oder nicht, rechtskräftig urteilt; worauf denn der Schluß der Vernunft (die Sentenz), d. i. die Verknüpfung der rechtlichen Wirkung mit der Handlung (die Verurteilung oder Lossprechung) folgt: welches alles vor Gericht *(coram iudicio)*, als einer dem Gesetz Effekt verschaffenden moralischen Person, Gerichtshof *(forum)* genannt, geschieht. – Das Bewußtsein eines inneren Gerichtshofes im Menschen (»vor welchem sich seine Gedanken einander verklagen oder entschuldigen«) ist das Gewissen.

Jeder Mensch hat Gewissen und findet sich durch einen inneren Richter beobachtet, bedroht und überhaupt im Respekt (mit Furcht verbundener Achtung) gehalten, und diese über die Gesetze in ihm wachende Gewalt ist nicht etwas, was er sich selbst (willkürlich) macht, sondern es ist seinem Wesen einverleibt. Es folgt ihm wie sein Schatten, wenn er zu entfliehen gedenkt. Er kann sich zwar durch Lüste und Zerstreuungen betäuben oder in Schlaf bringen, aber nicht vermeiden, dann und wann zu sich selbst zu kommen oder zu erwachen, wo er alsbald die furchtbare Stimme desselben vernimmt. Er kann es, in seiner äußersten Verworfenheit, allenfalls dahin bringen, sich daran gar nicht mehr zu kehren, aber sie zu hören, kann er doch nicht vermeiden.

Diese ursprüngliche intellektuelle und (weil sie Pflichtvorstellung ist) moralische Anlage, Gewissen genannt, hat nun das Besondere in sich, daß, obzwar dieses sein Geschäfte ein Geschäft des Menschen mit sich selbst ist, dieser sich doch durch seine Vernunft genötigt sieht, es als auf das Geheiß einer anderen Person zu treiben. Denn der Handel ist hier die Führung einer Rechtssache *(causa)* vor Gericht. Daß aber der durch sein Gewissen Angeklagte mit dem Richter als eine und dieselbe Person vorgestellt werde, ist eine ungereimte Vorstellungsart von einem Gerichtshofe; denn da würde ja der Ankläger jederzeit verlieren. – Also wird sich das Gewissen des Menschen bei allen Pflichten einen Anderen (als den Menschen überhaupt), d. i. als sich selbst zum Richter seiner Handlungen denken müssen, wenn es nicht mit sich selbst im Widerspruch stehen soll. Dieser Andere mag nun eine wirkliche oder [439] bloß idealische Person sein, welche die Vernunft sich selbst schafft.*

Eine solche idealische Person (der autorisierte Gewissensrich-

* Die zweifache Persönlichkeit, in welcher der Mensch, der sich im Gewissen anklagt und richtet, sich selbst denken muß: dieses doppelte Selbst, einerseits vor den Schranken eines Gerichtshofes, der doch ihm selbst anvertraut ist, zitternd stehen zu müssen, anderseits aber das Richteramt aus angeborener Autorität selbst in Händen zu haben, bedarf einer Erläuterung, damit nicht die Vernunft mit sich selbst gar in Widerspruch gerate. – Ich, der Kläger und doch auch Angeklagter, bin ebenderselbe Mensch *(numero idem)*; aber als Subjekt der moralischen, von dem Begriffe der Freiheit ausgehenden Gesetzgebung, wo der Mensch einem Gesetz untertan ist, das er sich selbst gibt *(homo noumenon)*, ist er als ein anderer als der mit Vernunft begabte Sinnenmensch *(specie diversus)*, aber nur in praktischer Rücksicht, zu betrachten – denn über das Kausalverhältnis des Intelligibilen zum Sensibilen gibt es keine Theorie –, und diese spezifische Verschiedenheit ist die der Fakultäten des Menschen (der oberen und unteren), die ihn charakterisieren. Der erstere ist der Ankläger, dem entgegen ein rechtlicher Beistand des Verklagten (Sachwalter desselben) bewilligt ist. Nach Schließung der Akten tut der innere Richter als machthabende Person den Ausspruch über Glückseligkeit oder Elend, als moralische Folgen der Tat; in welcher Qualität wir dieser ihre Macht (als Weltherrschers) durch unsere Vernunft nicht weiter verfolgen, sondern nur das unbedingte *iubeo* oder *veto* verehren können.

ter) muß ein Herzenskundiger sein; denn der Gerichtshof ist im Inneren des Menschen aufgeschlagen; – zugleich muß er aber auch allverpflichtend, d.i. eine solche Person sein, oder als eine solche gedacht werden, in Verhältnis auf welche alle Pflichten überhaupt auch als ihre Gebote anzusehen sind: weil das Gewissen über alle freien Handlungen der innere Richter ist. – Da nun ein solches moralisches Wesen zugleich alle Gewalt (im Himmel und auf Erden) haben muß, weil es sonst nicht (was doch zum Richteramt notwendig gehört) seinen Gesetzen den ihnen angemessenen Effekt verschaffen könnte, ein solches über alles machthabende moralische Wesen aber Gott heißt: so wird das Gewissen, als subjektives Prinzip einer vor Gott seiner Taten wegen zu leistenden Verantwortung, gedacht werden müssen; ja es wird der letztere Begriff (wenngleich nur auf dunkle Art) in jenem moralischen Selbstbewußtsein jederzeit enthalten sein.

Dieses will nun nicht soviel sagen als: der Mensch durch die Idee, zu welcher ihn sein Gewissen unvermeidlich leitet, sei berechtigt, noch weniger aber: er sei durch dasselbe verbunden, ein solches höchstes Wesen außer sich als wirklich anzunehmen; denn sie wird ihm nicht objektiv durch theoretische, sondern bloß subjektiv, durch praktische, sich selbst [440] verpflichtende Vernunft, ihr angemessen zu handeln, gegeben; und der Mensch erhält vermittelst dieser nur nach der Analogie mit einem Gesetzgeber aller vernünftigen Weltwesen eine bloße Leitung, die Gewissenhaftigkeit (welche auch *religio* genannt wird) als Verantwortlichkeit vor einem von uns selbst unterschiedenen, aber uns doch innigst gegenwärtigen heiligen Wesen (der moralisch-gesetzgebenden Vernunft) sich vorzustellen und dessen Willen den Regeln der Gerechtigkeit zu unterwerfen. Der Begriff von der Religion überhaupt ist hier dem Menschen bloß »ein Prinzip der Beurteilung aller seiner Pflichten als göttlicher Gebote«.

1. In einer Gewissenssache *(causa conscientiam tangens)* denkt sich der Mensch ein warnendes Gewissen *(praemonens)* vor der Entschließung; wobei die äußerste Bedenklichkeit *(scrupulositas)*, wenn es einen Pflichtbegriff (etwas an sich Moralisches) betrifft, in Fällen, darüber das Gewissen der alleinige

Richter ist *(casibus conscientiae)*, nicht für Kleinigkeitskrämerei (Mikrologie) und eine wahre Übertretung nicht für Bagatelle *(peccatillum)* beurteilt und (nach dem Grundsatz: *minima non curat praetor)* einem willkürlich sprechenden Gewissensrat überlassen werden kann. Daher ein weites Gewissen jemandem zuzuschreiben soviel heißt als: ihn gewissenlos nennen.

2. Wenn die Tat beschlossen ist, tritt im Gewissen zuerst der Ankläger, aber, zugleich mit ihm, auch ein Anwalt (Advokat) auf; wobei der Streit nicht gütlich *(per amicabilem compositionem)* abgemacht, sondern nach der Strenge des Rechts entschieden werden muß; und hierauf folgt

3. der rechtskräftige Spruch des Gewissens über den Menschen, ihn loszusprechen oder zu verdammen, der den Beschluß macht; wobei zu merken ist, daß der erstere nie eine Belohnung *(praemium)* als Gewinn von etwas, was vorher nicht sein war, beschließen kann, sondern nur ein Frohsein, der Gefahr, strafbar befunden zu werden, entgangen zu sein, enthalte, und daher die Seligkeit, in dem trostreichen Zuspruch seines Gewissens, nicht positiv (als Freude), sondern nur negativ (Beruhigung nach vorhergegangener Bangigkeit) ist; was der Tugend, als einem Kampf gegen die Einflüsse des bösen Prinzips im Menschen, allein beigelegt werden kann.

Zweiter Abschnitt [441]
Von dem ersten Gebot aller Pflichten gegen sich selbst

§ 14

Dieses ist: Erkenne (erforsche, ergründe) dich selbst, nicht nach deiner physischen Vollkommenheit (der Tauglichkeit oder Untauglichkeit zu allerlei dir beliebigen oder auch gebotenen Zwecken), sondern nach der moralischen, in Beziehung auf deine Pflicht – dein Herz –, ob es gut oder böse sei, ob die Quelle deiner Handlungen lauter oder unlauter, und was, entweder als ursprünglich zur Substanz des Menschen gehörend, oder, als abgeleitet (erworben oder zugezogen), ihm selbst zugerechnet werden kann und zum moralischen *Zustande* gehören mag.

Die moralische Selbsterkenntnis, die in die schwerer zu ergründenden Tiefen (Abgrund) des Herzens zu dringen verlangt, ist aller menschlichen Weisheit Anfang. Denn die letztere, welche in der Zusammenstimmung des Willens eines Wesens zum Endzweck besteht, bedarf beim Menschen zu allererst der Wegräumung der inneren Hindernisse (eines bösen in ihm genistelten Willens), und dann der Entwicklung der nie verlierbaren ursprünglichen Anlage eines guten Willens in ihm (nur die Höllenfahrt der Selbsterkenntnis bahnt den Weg zur Vergötterung).

§ 15

Diese moralische Selbsterkenntnis wird erstlich die *schwärmerische* Verachtung seiner selbst als Mensch (seiner ganzen Gattung) überhaupt verbannen; denn sie widerspricht sich selbst. – Es kann ja nur durch die herrliche in uns befindliche Anlage zum Guten, welche den Menschen achtungswürdig macht, geschehen, daß er den Menschen, der dieser zuwider handelt (sich selbst, aber nicht die Menschheit in sich), verachtungswürdig findet. – Dann aber widersteht sie auch der *eigenliebigen* Selbstschätzung, bloße Wünsche, wenn sie mit noch so großer Sehnsucht geschähen, da sie an sich doch tatleer sind und bleiben, für Beweise eines guten Herzens zu halten. (*Gebet* ist auch nur ein innerlich vor einem Herzenskundiger deklarierter Wunsch.) Unparteilichkeit in Beurteilung unserer selbst in Vergleichung mit dem Gesetz und Aufrichtigkeit im Selbstgeständnisse seines inneren moralischen Werts oder Unwerts sind
[442] Pflichten gegen sich selbst, die aus jenem ersten Gebot der Selbsterkenntnis unmittelbar folgen.

3 Die] Das / die] das
10 ihm] ihm zu entwickeln 14 Diese] Dieses

Episodischer Abschnitt
Von der *Amphibolie der moralischen Reflexions-Begriffe*: das, was Pflicht des Menschen gegen sich selbst ist, für Pflicht gegen Andere zu halten

§ 16

Nach der bloßen Vernunft zu urteilen, hat der Mensch sonst keine Pflichten als bloß gegen den Menschen (sich selbst oder einen anderen); denn seine Pflicht gegen irgend ein Subjekt ist die moralische Nötigung durch dieses seinen Willen. Das nötigende (verpflichtende) Subjekt muß also *erstlich* eine Person sein, *zweitens* muß diese Person als Gegenstand der Erfahrung gegeben sein: weil der Mensch auf den Zweck ihres Willens hinwirken soll, welches nur in dem Verhältnisse zweier existierender Wesen zueinander geschehen kann (denn ein bloßes Gedankending kann nicht *Ursache* von irgend einem Erfolg nach Zwecken werden). Nun kennen wir aber, mit aller unserer Erfahrung, kcin anderes Wesen, was der Verpflichtung (der aktiven oder passiven) fähig wäre, als bloß den Menschen. Also kann der Mensch sonst keine Pflicht gegen irgend ein Wesen haben, als bloß gegen den Menschen, und, stellt er sich gleichwohl eine solche zu haben vor, so geschieht dieses durch eine *Amphibolie der Reflexionsbegriffe*, und seine vermeinte Pflicht gegen andere Wesen ist bloß Pflicht gegen sich selbst; zu welchem Mißverstande er dadurch verleitet wird, daß er seine Pflicht *in Ansehung* anderer Wesen mit einer Pflicht *gegen* diese Wesen verwechselt.

Diese vermeinte Pflicht kann nun auf *unpersönliche* oder, zwar persönliche, aber schlechterdings *unsichtbare* (den äußeren Sinnen nicht darzustellende) Gegenstände bezogen werden. – Die ersteren (*außermenschlichen*) können der bloße Naturstoff, oder der zur Fortpflanzung organisierte, aber empfindungslose, oder der mit Empfindung und Willkür begabte

25 mit einer] 2 für

Teil der Natur (Mineralien, Pflanzen, Tiere) sein; die zweiten (übermenschlichen) können als geistige Wesen (Engel, Gott) gedacht werden. – Ob zwischen Wesen beider Art und den Menschen ein Pflichtverhältnis, und welches dazwischen stattfinde, wird nun gefragt.

[443]

§ 17

In Ansehung des Schönen, obgleich Leblosen in der Natur ist ein Hang zum bloßen Zerstören *(spiritus destructionis)* der Pflicht des Menschen gegen sich selbst zuwider: weil es dasjenige Gefühl im Menschen schwächt oder vertilgt, was zwar nicht für sich allein schon moralisch ist, aber doch diejenige Stimmung der Sinnlichkeit, welche die Moralität sehr befördert, wenigstens dazu vorbereitet, nämlich etwas auch ohne Absicht auf Nutzen zu lieben (z. B. die schönen Kristallisationen, das unbeschreiblich Schöne des Gewächsreichs).

In Ansehung des lebenden, obgleich vernunftlosen Teils der Geschöpfe ist die gewaltsame und zugleich grausame Behandlung der Tiere der Pflicht des Menschen gegen sich selbst weit inniglicher entgegengesetzt, weil dadurch das Mitgefühl an ihrem Leiden im Menschen abgestumpft und dadurch eine der Moralität im Verhältnisse zu anderen Menschen sehr diensame natürliche Anlage geschwächt und nach und nach ausgetilgt wird; obgleich ihre behende (ohne Qual verrichtete) Tötung oder auch ihre, nur nicht bis über Vermögen angestrengte Arbeit (dergleichen auch wohl Menschen sich gefallen lassen müssen) unter die Befugnisse des Menschen gehören; dahingegen die martervollen physischen Versuche zum bloßen Behuf der Spekulation, wenn auch ohne sie der Zweck erreicht werden könnte, zu verabscheuen sind. – Selbst Dankbarkeit für lang geleistete Dienste eines alten Pferdes oder Hundes (gleich als ob sie Hausgenossen wären) gehört indirekt zur Pflicht des Menschen,

17 die gewaltsame und zugleich grausame] *2* die Pflicht der Enthaltung von gewaltsamer und grausamer

nämlich in Ansehung dieser Tiere, direkt aber betrachtet ist sie immer nur Pflicht des Menschen gegen sich selbst.

§ 18

In Ansehung dessen, was ganz über unsere Erfahrungsgrenze hinaus liegt, aber doch seiner Möglichkeit nach in unseren Ideen angetroffen wird, z. B. der Idee von Gott, haben wir ebensowohl auch eine Pflicht, welche Religionspflicht genannt wird, die nämlich »der Erkenntnis aller unserer Pflichten als *(instar)* göttlicher Gebote«. Aber dieses ist nicht das Bewußtsein einer Pflicht gegen Gott. Denn, da diese Idee ganz aus unserer eigenen Vernunft hervorgeht, und von uns, es sei in theoretischer Absicht, um sich die Zweckmäßigkeit im Weltganzen zu erklären, oder auch um zur Triebfeder in unserem Verhalten zu dienen, selbst gemacht wird, so haben wir hierbei nicht [444] ein gegebenes Wesen vor uns, gegen welches uns Verpflichtung obläge: denn da müßte dessen Wirklichkeit allererst durch Erfahrung bewiesen (geoffenbart) sein; sondern es ist Pflicht des Menschen gegen sich selbst, diese unumgänglich der Vernunft sich darbietende Idee auf das moralische Gesetz in uns, wo sie von der größten sittlichen Fruchtbarkeit ist, anzuwenden. In diesem (praktischen) Sinn kann es also so lauten: Religion zu haben ist Pflicht des Menschen gegen sich selbst.

9 Gebote] Gebete 14 selbst] von uns selbst 19 sie] 2 es

Der Pflichten gegen sich selbst

ZWEITES BUCH
Von den unvollkommenen Pflichten des Menschen gegen sich selbst (in Ansehung seines Zwecks)

Erster Abschnitt
Von der Pflicht gegen sich selbst in Entwicklung und Vermehrung seiner Naturvollkommenheit, d. i. in pragmatischer Absicht

§ 19

Der Anbau *(cultura)* seiner Naturkräfte (Geistes-, Seelen- und Leibeskräfte) als Mittel zu allerlei möglichen Zwecken ist Pflicht des Menschen gegen sich selbst. – Der Mensch ist es sich selbst (als einem Vernunftwesen) schuldig, die Naturanlage und Vermögen, von denen seine Vernunft dereinst Gebrauch machen kann, nicht unbenutzt und gleichsam rosten zu lassen, sondern, gesetzt daß er auch mit dem angeborenen Maß seines Vermögens für die natürlichen Bedürfnisse zufrieden sein könne, so muß ihm doch seine Vernunft dieses Zufriedensein mit dem geringen Maß seiner Vermögen erst durch Grundsätze anweisen, weil er als ein Wesen, das der Zwecke (sich Gegenstände zum Zweck zu machen) fähig ist, den Gebrauch seiner Kräfte nicht bloß dem Instinkt der Natur, sondern der Freiheit, mit der er dieses Maß bestimmt, zu verdanken haben muß. Es ist also nicht Rücksicht
[445] auf den Vorteil, den die Kultur seines Vermögens (zu allerlei Zwecken) verschaffen kann; denn dieser würde vielleicht (nach Rousseauschen Grundsätzen) für die Rohigkeit des Naturbedürfnisses vorteilhaft ausfallen: sondern es ist Gebot der moralisch-praktischen Vernunft und Pflicht des Menschen gegen sich selbst, seine Vermögen (unter denselben eins mehr als das andere, nach Verschiedenheit seiner Zwecke) anzubauen und

in pragmatischer Rücksicht ein dem Zweck seines Daseins angemessener Mensch zu sein.

Geisteskräfte sind diejenigen, deren Ausübung nur durch die Vernunft möglich ist. Sie sind sofern schöpferisch, als ihr Gebrauch nicht aus Erfahrung geschöpft, sondern *a priori* aus Prinzipien abgeleitet wird. Dergleichen sind Mathematik, Logik und Metaphysik der Natur, welche zwei letzteren auch zur Philosophie, nämlich der theoretischen, gezählt werden, die zwar alsdann nicht, wie der Buchstabe lautet, Weisheitslehre, sondern nur Wissenschaft bedeutet, aber doch der ersteren zu ihrem Zwecke beförderlich sein kann.

Seelenkräfte sind diejenigen, welche dem Verstande und der Regel, die er zu Befriedigung beliebiger Absichten braucht, zu Gebote stehen und sofern an dem Leitfaden der Erfahrung geführt werden. Dergleichen ist das Gedächtnis, die Einbildungskraft u. dgl., worauf Gelahrtheit, Geschmack (innere und äußere Verschönerung) etc. gegründet werden können, welche zu mannigfaltiger Absicht die Werkzeuge darbieten.

Endlich ist die Kultur der Leibeskräfte (die eigentliche Gymnastik) die Besorgung dessen, was das Zeug (die Materie) am Menschen ausmacht, ohne welches die Zwecke des Menschen unausgeführt bleiben würden; mithin ist die fortdauernde absichtliche Belebung des Tieres am Menschen Pflicht des Menschen gegen sich selbst.

§ 20

Welche von diesen physischen Vollkommenheiten vorzüglich, und in welcher Proportion, in Vergleichung gegeneinander, sie sich zum Zweck zu machen es Pflicht des Menschen gegen sich selbst sei, bleibt ihrer eigenen vernünftigen Überlegung, in Ansehung der Lust zu einer gewissen Lebensart und zugleich der Schätzung seiner dazu erforderlichen Kräfte, überlassen, um darunter zu wählen (z. B. ob es ein Handwerk oder

26 Welche] 2 Auf welche

der Kaufhandel oder die Gelehrsamkeit sein sollte). Denn, abgesehen von dem Bedürfnis der Selbsterhaltung, welches an sich [446] keine Pflicht begründen kann, ist es Pflicht des Menschen gegen sich selbst, ein der Welt nützliches Glied zu sein, weil dieses auch zum Wert der Menschheit in seiner eigenen Person gehört, die er also nicht abwürdigen soll.

Die Pflicht des Menschen gegen sich selbst in Ansehung seiner physischen Vollkommenheit ist aber nur weite und unvollkommene Pflicht: weil sie zwar ein Gesetz für die Maxime der Handlungen enthält, in Ansehung der Handlungen selbst aber, ihrer Art und ihrem Grade nach, nichts bestimmt, sondern der freien Willkür einen Spielraum verstattet.

Zweiter Abschnitt
Von der Pflicht gegen sich selbst in Erhöhung seiner moralischen Vollkommenheit, d. i. in bloss sittlicher Absicht

§ 21

Sie besteht erstlich, subjektiv, in der Lauterkeit *(puritas moralis)* der Pflichtgesinnung: da nämlich, auch ohne Beimischung der von der Sinnlichkeit hergenommenen Absichten, das Gesetz für sich allein Triebfeder ist, und die Handlungen nicht bloß pflichtmäßig, sondern auch aus Pflicht geschehen. – »Seid heilig« ist hier das Gebot. Zweitens, objektiv, in Ansehung des ganzen moralischen Zwecks, der die Vollkommenheit, d. i. seine ganze Pflicht und Erreichung der Vollständigkeit des moralischen Zwecks in Ansehung seiner selbst, betrifft; »Seid vollkommen«; zu welchem Ziele aber hinzustreben beim Menschen immer nur ein Fortschreiten von einer Vollkommenheit zur anderen ist: »Ist etwa eine Tugend, ist etwa ein Lob, dem trachtet nach.«

§ 22

Diese Pflicht gegen sich selbst ist eine der Qualität nach enge und vollkommene, obgleich dem Grade nach weite und unvollkommene Pflicht, und das wegen der Gebrechlichkeit *(fragilitas)* der menschlichen Natur.

Diejenige Vollkommenheit nämlich, zu welcher zwar das Streben, aber nicht das Erreichen derselben (in diesem Leben) Pflicht ist, deren Befolgung also nur im kontinuierlichen Fortschreiten bestehen kann, ist in Hinsicht auf das Objekt (die Idee, deren Ausführung man sich zum Zweck machen soll), zwar enge und vollkommene, in Rücksicht aber auf das Subjekt weite und nur unvollkommene Pflicht gegen sich selbst.

Die Tiefen des menschlichen Herzens sind unergründlich. [447] Wer kennt sich genugsam, wenn die Triebfeder zur Pflichtbeobachtung von ihm gefühlt wird, ob sie gänzlich aus der Vorstellung des Gesetzes hervorgehe, oder ob nicht manche andere sinnliche Antriebe mitwirken, die auf den Vorteil (oder zur Verhütung eines Nachteils) angelegt sind und bei anderer Gelegenheit auch wohl dem Laster zu Diensten stehen könnten? – Was aber die Vollkommenheit als moralischen Zweck betrifft, so gibt es zwar in der Idee (objektiv) nur eine Tugend (als sittliche Stärke der Maximen), in der Tat (subjektiv) aber eine Menge derselben von heterogener Beschaffenheit, worunter es unmöglich sein dürfte, nicht irgend eine Untugend (ob sie gleich eben jener wegen den Namen des Lasters nicht zu führen pflegen) aufzufinden, wenn man sie suchen wollte. Eine Summe von Tugenden aber, deren Vollständigkeit oder Mängel die Selbsterkenntnis uns nie hinreichend einschauen läßt, kann keine andere als unvollkommene Pflicht, vollkommen zu sein, begründen.

* * *

9 Fortschreiten] Fortschritten

Also sind alle Pflichten gegen sich selbst in Ansehung des Zwecks der Menschheit in unserer eigenen Person nur unvollkommene Pflichten.

DER ETHISCHEN ELEMENTARLEHRE [448]
ZWEITER TEIL
VON DEN TUGENDPFLICHTEN GEGEN ANDERE

ERSTES HAUPTSTÜCK
Von den Pflichten gegen Andere, bloß als Menschen

Erster Abschnitt

Von der Liebespflicht gegen andere Menschen

Einteilung

§ 23

Die oberste Einteilung kann die sein: in Pflichten gegen Andere, sofern du sie durch Leistung derselben zugleich verbindest, und in solche, deren Beobachtung die Verbindlichkeit Anderer nicht zur Folge hat. – Die erstere Leistung ist (respektiv gegen Andere) *verdienstlich*; die der zweiten ist *schuldige* Pflicht. – *Liebe* und *Achtung* sind die Gefühle, welche die Ausübung dieser Pflichten begleiten. Sie können abgesondert (jede für sich allein) erwogen werden und auch so bestehen. (*Liebe* des Nächsten, ob dieser gleich wenig *Achtung* verdienen möchte; imgleichen notwendige Achtung für jeden Menschen, unerachtet er kaum der Liebe wert zu sein beurteilt würde.) Sie sind aber im Grunde dem Gesetze nach jederzeit miteinander in einer Pflicht zusammen verbunden; nur so, daß bald die eine Pflicht, bald die andere das Prinzip im Subjekt ausmacht, an welche die andere accessorisch geknüpft ist. – So werden wir gegen einen Armen wohltätig zu sein, uns für verpflichtet erkennen; aber, weil diese Gunst doch auch Abhängigkeit seines Wohls von meiner Großmut enthält, die doch den Anderen erniedrigt, so ist es Pflicht, dem Empfänger durch ein Betragen, welches diese Wohltätigkeit entweder als bloße Schuldigkeit oder gerin- [449]
gen Liebesdienst vorstellt, die Demütigung zu ersparen und ihm seine Achtung für sich selbst zu erhalten.

§ 24

Wenn von Pflichtgesetzen (nicht von Naturgesetzen) die Rede ist, und zwar im äußeren Verhältnis der Menschen gegeneinander, so betrachten wir uns in einer moralischen (intelligibelen) Welt, in welcher, nach der Analogie mit der physischen, die Verbindung vernünftiger Wesen (auf Erden) durch Anziehung und Abstoßung bewirkt wird. Vermöge des Prinzips der Wechselliebe sind sie angewiesen, sich einander beständig zu nähern; durch das der Achtung, die sie einander schuldig sind, sich im Abstande voneinander zu erhalten, und, sollte eine dieser großen sittlichen Kräfte sinken, »so würde dann das Nichts (der Immoralität) mit aufgesperrtem Schlund der (moralischen) Wesen ganzes Reich wie einen Tropfen Wasser trinken«, wenn ich mich hier der Worte Hallers, nur in einer anderen Beziehung, bedienen darf.

§ 25

Die Liebe wird hier aber nicht als Gefühl (ästhetisch), d. i. als Lust an der Vollkommenheit anderer Menschen, nicht als Liebe des Wohlgefallens verstanden (denn Gefühle zu haben, dazu kann es keine Verpflichtung durch Andere geben), sondern muß als Maxime des Wohlwollens (als praktisch) gedacht werden, welche das Wohltun zur Folge hat.

Ebendasselbe muß von der gegen Andere zu beweisenden Achtung gesagt werden: daß nämlich nicht bloß das Gefühl aus der Vergleichung unseres eigenen Werts mit dem des Anderen (dergleichen ein Kind gegen seine Eltern, ein Schüler gegen seinen Lehrer, ein Niedriger überhaupt gegen seinen Oberen aus bloßer Gewohnheit fühlt), sondern nur eine Maxime der Einschränkung unserer Selbstschätzung durch die Würde der Menschheit in eines Anderen Person, mithin die Achtung im praktischen Sinne *(observantia aliis praestanda)* verstanden wird.

Auch wird die Pflicht der freien Achtung gegen Andere, weil

sie eigentlich nur negativ ist (sich nicht über Andere zu erheben), und so der Rechtspflicht, niemandem das Seine zu schmälern, analog, obgleich als bloße Tugendpflicht verhältnisweise gegen [450] die Liebespflicht für enge, die letztere also als weite Pflicht angesehen.

Die Pflicht der Nächstenliebe kann also auch so ausgedrückt werden: sie ist die Pflicht, Anderer ihre Zwecke (sofern diese nur nicht unsittlich sind) zu den meinen zu machen; die Pflicht der Achtung meines Nächsten ist in der Maxime enthalten, keinen anderen Menschen bloß als Mittel zu meinen Zwecken abzuwürdigen (nicht zu verlangen, der Andere solle sich selbst wegwerfen, um meinem Zwecke zu frönen).

Dadurch, daß ich die erstere Pflicht gegen jemand ausübe, verpflichte ich zugleich einen Anderen; ich mache mich um ihn verdient. Durch die Beobachtung der letzteren aber verpflichte ich bloß mich selbst, halte mich in meinen Schranken, um dem Anderen an dem Werte, den er als Mensch in sich selbst zu setzen befugt ist, nichts zu entziehen.

Von der Liebespflicht insbesondere

§ 26

Die Menschenliebe (Philanthropie) muß, weil sie hier als praktisch, mithin nicht als Liebe des Wohlgefallens an Menschen gedacht wird, im tätigen Wohlwollen gesetzt werden und betrifft also die Maxime der Handlungen. – Der, welcher am Wohlsein *(salus)* der Menschen, sofern er sie bloß als solche betrachtet, Vergnügen findet, dem wohl ist, wenn es jedem Anderen wohl ergeht, heißt ein Menschenfreund (Philanthrop) überhaupt. Der, welchem nur wohl ist, wenn es Anderen übel ergeht, heißt Menschenfeind (Misanthrop in praktischem Sinne). Der, welchem es gleichgültig ist, wie es Anderen ergeben mag, wenn es ihm selbst nur wohl geht, ist ein Selbstsüchtiger *(solipsista)*. – Derjenige aber, welcher Menschen flieht, weil er kein Wohlgefallen an ihnen finden kann, ob er zwar allen wohl will, würde menschenscheu (ästhetischer Misanthrop) und seine Abkehrung von Menschen Anthropophobie genannt werden können.

§ 27

Die Maxime des Wohlwollens (die praktische Menschenliebe) ist aller Menschen Pflicht gegeneinander; man mag diese nun liebenswürdig finden oder nicht, nach dem ethischen Gesetz der Vollkommenheit: Liebe deinen Nebenmenschen als dich [451] selbst. – Denn alles moralisch-praktische Verhältnis gegen Menschen ist ein Verhältnis derselben in der Vorstellung der reinen Vernunft, d.i. der freien Handlungen nach Maximen, welche sich zur allgemeinen Gesetzgebung qualifizieren, die also nicht selbstsüchtig *(ex solipsismo prodeuntes)* sein können. Ich will jedes Anderen Wohlwollen *(benevolentiam)* gegen mich; ich soll also auch gegen jeden Anderen wohlwollend sein. Da aber alle Anderen außer mir nicht Alle sein, mithin die Maxime nicht die Allgemeinheit eines Gesetzes an sich haben würde, welche doch zur Verpflichtung notwendig ist: so wird das Pflichtgesetz des Wohlwollens mich als Objekt desselben im Gebot der praktischen Vernunft mit begreifen; nicht als ob ich dadurch verbunden würde, mich selbst zu lieben (denn das geschieht ohne das unvermeidlich, und dazu gibt es also keine Verpflichtung), sondern die gesetzgebende Vernunft, welche in ihrer Idee der Menschheit überhaupt die ganze Gattung (mich also mit) einschließt, nicht der Mensch, schließt als allgemein gesetzgebend mich in der Pflicht des wechselseitigen Wohlwollens nach dem Prinzip der Gleichheit wie alle Anderen neben mir mit ein und erlaubt es dir, dir selbst wohlzuwollen unter der Bedingung, daß du auch jedem Anderen wohl willst; weil so allein deine Maxime (des Wohltuns) sich zu einer allgemeinen Gesetzgebung qualifiziert, als worauf alles Pflichtgesetz gegründet ist.

27 wie alle] alle

§ 28

Das Wohlwollen in der allgemeinen Menschenliebe ist nun zwar dem *Umfange* nach das größte, dem *Grade* nach aber das kleinste, und wenn ich sage: ich nehme an dem Wohl dieses Menschen nur nach der allgemeinen Menschenliebe Anteil, so ist das Interesse, was ich hier nehme, das kleinste, was nur sein kann. Ich bin in Ansehung desselben nur nicht gleichgültig.

Aber Einer ist mir doch näher als der Andere, und ich bin im Wohlwollen mir selbst der nächste. Wie stimmt das nun mit der Formel: Liebe deinen *Nächsten* (deinen Mitmenschen) als dich selbst? Wenn einer mir näher ist (in der Pflicht des Wohlwollens) als der Andere, ich also zum größeren Wohlwollen gegen Einen als gegen den Anderen verbunden, mir selber aber geständlich näher (selbst der Pflicht nach) bin als jeder Andere, so kann ich, wie es scheint, ohne mir selbst zu widersprechen, nicht sagen: ich soll jeden Menschen lieben wie mich selbst; denn der Maßstab der Selbstliebe würde keinen Unterschied in Graden zulassen. – Man sieht bald, daß hier nicht bloß das Wohlwollen [452] des *Wunsches*, welches eigentlich ein bloßes Wohlgefallen am Wohl jedes Anderen ist, ohne selbst dazu etwas beitragen zu dürfen (ein jeder für sich, Gott für uns alle), sondern ein tätiges, praktisches Wohlwollen, sich das Wohl und Heil des Anderen zum *Zweck* zu machen (das Wohltun) gemeint sei. Denn im Wünschen kann ich allen *gleich* wohlwollen, aber im Tun kann der Grad, nach Verschiedenheit der Geliebten (deren einer mich näher angeht als der andere), ohne die Allgemeinheit der Maxime zu verletzen, doch sehr verschieden sein.

Einteilung der Liebespflichten

Sie sind: A) Pflichten der *Wohltätigkeit*, B) der *Dankbarkeit*, C) der *Teilnehmung*.

A. Von der Pflicht der Wohltätigkeit

§ 29

Sich selber gütlich tun, soweit als nötig ist, um nur am Leben ein Vergnügen zu finden (seinen Leib, doch nicht bis zur Weichlichkeit zu pflegen), gehört zu den Pflichten gegen sich selbst; – deren Gegenteil ist: sich aus Geiz (sklavisch) des zum frohen Genuß des Lebens Notwendigen oder aus übertriebener Disziplin seiner natürlichen Neigungen (schwärmerisch) sich des Genusses der Lebensfreuden zu berauben, welches beides der Pflicht des Menschen gegen sich selbst widerstreitet.

Wie kann man aber außer dem Wohlwollen des Wunsches in Ansehung anderer Menschen (welches uns nichts kostet), noch, daß dieses praktisch sei, d. i. das Wohltun in Ansehung der Bedürftigen jedermann, der das Vermögen dazu hat, als Pflicht ansinnen? – Wohlwollen ist das Vergnügen an der Glückseligkeit (dem Wohlsein) Anderer; Wohltun aber die Maxime, sich dasselbe zum Zweck zu machen; und Pflicht dazu ist die Nötigung des Subjekts durch die Vernunft, diese Maxime als allgemeines Gesetz anzunehmen.

Es fällt nicht von selbst in die Augen, daß ein solches Gesetz überhaupt in der Vernunft liege; vielmehr scheint die Maxime: »Ein jeder für sich, Gott (das Schicksal) für uns alle« die natürlichste zu sein.

[453]

§ 30

Wohltätig, d. i. anderen Menschen in Nöten zu ihrer Glückseligkeit, ohne dafür etwas zu hoffen, nach seinem Vermögen beförderlich zu sein, ist jedes Menschen Pflicht.

Denn jeder Mensch, der sich in Not befindet, wünscht, daß ihm von anderen Menschen geholfen werde. Wenn er aber seine Maxime, Anderen wiederum in ihrer Not nicht Beistand leisten zu wollen, laut werden ließe, d. i. sie zum allgemeinen Erlaubnisgesetz machte: so würde ihm, wenn er selbst in Not ist, jedermann gleichfalls seinen Beistand versagen oder wenigstens zu versagen befugt sein. Also widerstreitet sich die eigennützige Maxime selbst, wenn sie zum allgemeinen Gesetz gemacht würde, d. i. sie ist pflichtwidrig, folglich die gemeinnützige des Wohltuns gegen Bedürftige allgemeine Pflicht der Menschen, und zwar darum: weil sie als Mitmenschen, d. i. bedürftige, auf einem Wohnplatz durch die Natur zur wechselseitigen Beihilfe vereinigte vernünftige Wesen anzusehen sind.

§ 31

Wohltun ist für den, der reich (mit Mitteln zur Glückseligkeit Anderer überflüssig, d. i. über sein eigenes Bedürfnis versehen) ist, von dem Wohltäter fast nicht einmal für seine verdienstliche Pflicht zu halten; ob er zwar dadurch zugleich den Anderen verbindet. Das Vergnügen, was er sich hiermit selbst macht, welches ihm keine Aufopferung kostet, ist eine Art, in moralischen Gefühlen zu schwelgen. – Auch muß er allen Schein, als dächte er den Anderen hiermit zu verbinden, sorgfältig vermeiden: weil es sonst nicht wahre Wohltat wäre, die er diesem erzeigte, indem er ihm eine Verbindlichkeit (die den letzteren in seinen eigenen Augen immer erniedrigt) auflegen zu wollen äußerte. Er muß sich vielmehr, als durch die Annahme des Anderen selbst verbindlich gemacht oder beehrt, mithin die Pflicht bloß als seine Schuldigkeit äußern, wenn er nicht (welches besser ist) seinen Wohltätigkeitsakt ganz im verborgenen ausübt. – Größer ist diese Tugend, wenn das Vermögen zum Wohltun beschränkt, und der Wohltäter stark genug ist, die Übel, welche er Anderen erspart, stillschweigend über sich zu nehmen, wo er alsdann wirklich für moralisch-reich anzusehen ist.

Kasuistische Fragen [454]

Wie weit soll man den Aufwand seines Vermögens im Wohltun treiben? Doch wohl nicht bis dahin, daß man zuletzt selbst Anderer Wohltätigkeit bedürftig würde. Wieviel ist die Wohltat wert, die man mit kalter Hand (im Abscheiden aus der Welt durch ein Testament) beweist? – Kann derjenige, welcher eine ihm durchs Landesgesetz erlaubte Obergewalt über einen übt, dem er die *Freiheit* raubt, nach seiner eigenen Wahl glücklich zu sein (seinem Erbuntertan eines Guts): kann, sage ich, dieser sich als Wohltäter ansehen, wenn er nach *seinen* eigenen Begriffen von Glückseligkeit für ihn gleichsam väterlich sorgt? Oder ist nicht vielmehr die Ungerechtigkeit, einen seiner Freiheit zu berauben, etwas der Rechtspflicht überhaupt so Widerstreitendes, daß, unter dieser Bedingung auf die Wohltätigkeit der Herrschaft rechnend, sich hinzugeben, die größte Wegwerfung der Menschheit für den sein würde, der sich dazu freiwillig verstände, und die größte Vorsorge der Herrschaft für den letzteren gar keine Wohltätigkeit sein würde? Oder kann etwa das Verdienst mit der letzteren so groß sein, daß es gegen das Menschenrecht aufgewogen werden könnte? – Ich kann niemand nach *meinen* Begriffen von Glückseligkeit wohltun (außer unmündigen Kindern oder Gestörten), sondern nach *jenes* seinen Begriffen, dem ich eine Wohltat zu erweisen denke, indem ich ihm ein Geschenk aufdringe.

Das Vermögen wohlzutun, was von Glücksgütern abhängt, ist größtenteils ein Erfolg aus der Begünstigung verschiedener Menschen durch die Ungerechtigkeit der Regierung, welche eine Ungleichheit des Wohlstandes, die Anderer Wohltätigkeit notwendig macht, einführt. Verdient unter solchen Umständen der Beistand, den der Reiche den Notleidenden erweisen mag, wohl überhaupt den Namen der Wohltätigkeit, mit welcher man sich so gern als Verdienst brüstet?

B. Von der Pflicht der Dankbarkeit

Dankbarkeit ist die *Verehrung* einer Person wegen einer uns erwiesenen Wohltat. Das Gefühl, was mit dieser Beurteilung verbunden ist, ist das der Achtung gegen den (ihn verpflichtenden) Wohltäter, dahingegen dieser gegen den Empfänger nur als im Verhältnis der Liebe betrachtet wird. – Selbst ein bloßes herzliches Wohlwollen des Anderen, ohne physische Folgen, verdient den Namen einer Tugendpflicht; welches dann den Unterschied zwischen der tätigen und bloß affektionellen Dankbarkeit begründet. [455]

§ 32

Dankbarkeit ist Pflicht, d. i. nicht bloß eine Klugheitsmaxime, durch Bezeugung meiner Verbindlichkeit wegen der mir widerfahrenen Wohltätigkeit, den Anderen zu mehrerem Wohltun zu bewegen *(gratiarum actio est ad plus dandum invitatio)*; denn dabei bediene ich mich dieser bloß als Mittel zu meinen anderweitigen Absichten; sondern sie ist unmittelbare Nötigung durchs moralische Gesetz, d. i. Pflicht.

Dankbarkeit aber muß auch noch besonders als heilige Pflicht, d. i. als eine solche, deren Verletzung (als skandalöses Beispiel) die moralische Triebfeder zum Wohltun in dem Grundsatze selbst vernichten kann, angesehen werden. Denn heilig ist derjenige moralische Gegenstand, in Ansehung dessen die Verbindlichkeit durch keinen ihr gemäßen Akt völlig getilgt werden kann (wobei der Verpflichtete immer noch verpflichtet bleibt). Alle andere ist gemeine Pflicht. – Man kann aber durch keine Vergeltung einer empfangenen Wohltat über dieselbe quittieren: weil der Empfänger den Vorzug des Verdienstes, den der Geber hat, nämlich der Erste im Wohlwollen gewesen zu sein, diesem nie abgewinnen kann. – Aber auch ohne einen solchen Akt (des Wohltuns) ist selbst das bloße herzliche Wohlwollen schon Grund der Verpflichtung zur Dankbarkeit. Eine dankbare Gesinnung dieser Art wird Erkenntlichkeit genannt.

16 Beispiel] 2 *Siehe Anmerkungen des Herausgebers*

§ 33

Was die *Extension* dieser Dankbarkeit betrifft, so geht sie nicht allein auf Zeitgenossen, sondern auch auf die Vorfahren, selbst diejenigen, die man nicht mit Gewißheit namhaft machen kann. Das ist auch die Ursache, weswegen es für unanständig gehalten wird, die Alten, die als unsere Lehrer angesehen werden können, nicht nach Möglichkeit wider alle Angriffe, Beschuldigungen und Geringschätzung zu verteidigen; wobei es aber ein törichter Wahn ist, ihnen um des Altertums willen einen Vorzug in Talenten und gutem Willen vor den Neueren, gleich als ob die Welt in kontinuierlicher Abnahme ihrer ursprünglichen Voll-
[456] kommenheit nach Naturgesetzen wäre, anzudichten und alles Neue in Vergleichung damit zu verachten.

Was aber die *Intension*, d. i. den Grad der Verbindlichkeit zu dieser Tugend betrifft, so ist er nach dem Nutzen, den der Verpflichtete aus der Wohltat gezogen hat, und der Uneigennützigkeit, mit der ihm diese erteilt worden, zu schätzen. Der mindeste Grad ist: *gleiche* Dienstleistungen dem Wohltäter, der dieser empfänglich (noch lebend) ist, und, wenn er es nicht ist, Anderen zu erweisen: eine empfangene Wohltat nicht wie eine Last, deren man gern überhoben sein möchte (weil der so Begünstigte gegen seinen Gönner eine Stufe niedriger steht und dies dessen Stolz kränkt), anzusehen; sondern selbst die Veranlassung dazu als moralische Wohltat aufzunehmen, d. i. als gegebene Gelegenheit, diese Tugend der Menschenliebe, welche, mit der *Innigkeit* der wohlwollenden Gesinnung zugleich, *Zärtlichkeit* des Wohlwollens (Aufmerksamkeit auf den kleinsten Grad derselben in der Pflichtvorstellung) ist, zu verbinden und so die Menschenliebe zu kultivieren.

C. Teilnehmende Empfindung ist überhaupt Pflicht

§ 34

Mitfreude und Mitleid *(sympathia moralis)* sind zwar sinnliche Gefühle einer (darum ästhetisch zu nennenden) Lust oder Unlust an dem Zustande des Vergnügens sowohl als Schmerzens Anderer (Mitgefühl, teilnehmende Empfindung), wozu schon die Natur in den Menschen die Empfänglichkeit gelegt hat. Aber diese als Mittel zu Beförderung des tätigen und vernünftigen Wohlwollens zu gebrauchen, ist noch eine besondere, obzwar nur bedingte, Pflicht unter dem Namen der Menschlichkeit *(humanitas)*: weil hier der Mensch nicht bloß als vernünftiges Wesen, sondern auch als mit Vernunft begabtes Tier betrachtet wird. Diese kann nun in dem Vermögen und Willen, sich einander in Ansehung seiner Gefühle mitzuteilen *(humanitas practica)*, oder bloß in der Empfänglichkeit für das gemeinsame Gefühl des Vergnügens oder Schmerzens *(humanitas aesthetica)*, was die Natur selbst gibt, gesetzt werden. Das erstere ist frei und wird daher teilnehmend genannt *(communio sentiendi liberalis)* und gründet sich auf praktische Vernunft; das zweite ist unfrei *(communio sentiendi* [457] *illiberalis, servilis)* und kann mitteilend (wie die der Wärme oder ansteckender Krankheiten), auch Mitleidenschaft heißen: weil sie sich unter nebeneinander lebenden Menschen natürlicherweise verbreitet. Nur zu dem ersteren gibt es Verbindlichkeit.

Es war eine erhabene Vorstellungsart des Weisen, wie ihn sich der Stoiker dachte, wenn er ihn sagen ließ: Ich wünsche mir einen Freund, nicht der mir in Armut, Krankheit, in der Gefangenschaft usw. Hilfe leiste, sondern, damit ich ihm beistehen und einen Menschen retten könne; und gleichwohl spricht ebenderselbe Weise, wenn sein Freund nicht zu retten ist, zu sich selbst: Was geht's mich an? d. i. er verwarf die Mitleidenschaft.

In der Tat, wenn ein Anderer leidet und ich mich durch seinen Schmerz, dem ich doch nicht abhelfen kann, auch (vermittelst der Einbildungskraft) anstecken lasse, so leiden ihrer zwei; obzwar das Übel eigentlich (in der Natur) nur Einen trifft. Es kann aber unmöglich Pflicht sein, die Übel in der Welt zu vermehren, mithin auch nicht aus *Mitleid* wohlzutun; wie dann dieses auch eine beleidigende Art des Wohltuns sein würde, indem es ein Wohlwollen ausdrückt, was sich auf den Unwürdigen bezieht und *Barmherzigkeit* genannt wird unter Menschen, welche mit ihrer Würdigkeit glücklich zu sein eben nicht prahlen dürfen, und respektiv gegeneinander gar nicht vorkommen sollte.

§ 35

Obzwar aber Mitleid (und so auch Mitfreude) mit Anderen zu haben, an sich selbst nicht Pflicht ist, so ist es doch tätige Teilnehmung an ihrem Schicksale, und zu dem Ende also indirekte Pflicht, die mitleidigen natürlichen (ästhetischen) Gefühle in uns zu kultivieren und sie, als so viele Mittel zur Teilnehmung aus moralischen Grundsätzen und dem ihnen gemäßen Gefühl zu benutzen. – So ist es Pflicht: nicht die Stellen, wo sich Arme befinden, denen das Notwendigste abgeht, zu umgehen, sondern sie aufzusuchen, nicht die Krankenstuben oder die Gefängnisse der Schuldner und dergl. zu fliehen, um dem schmerzhaften Mitgefühl, dessen man sich nicht erwehren könne, auszuweichen: weil dieses doch einer der in uns von der Natur gelegten Antriebe ist, dasjenige zu tun, was die Pflichtvorstellung für sich allein nicht ausrichten würde.

[458]

Kasuistische Fragen

Würde es mit dem Wohl der Welt überhaupt nicht besser stehen, wenn alle Moralität der Menschen nur auf Rechtspflichten, doch mit der größten Gewissenhaftigkeit eingeschränkt, das Wohlwollen aber unter die Adiaphora gezählt würde? Es ist nicht

18 zu umgehen] *2* umzugehen 19 nicht die] *2* die

so leicht zu übersehen, welche Folge es auf die Glückseligkeit der Menschen haben dürfte. Aber in diesem Falle würde es doch wenigstens an einer großen moralischen Zierde der Welt, nämlich der Menschenliebe, fehlen, welche also für sich, auch ohne die Vorteile (der Glückseligkeit) zu berechnen, die Welt als ein schönes moralisches Ganzes in ihrer ganzen Vollkommenheit darzustellen erfordert wird.

Dankbarkeit ist eigentlich nicht Gegenliebe des Verpflichteten gegen den Wohltäter, sondern Achtung vor demselben. Denn der allgemeinen Nächstenliebe kann und muß Gleichheit der Pflichten zum Grunde gelegt werden; in der Dankbarkeit aber steht der Verpflichtete um eine Stufe niedriger als sein Wohltäter. Sollte das nicht die Ursache so mancher Undankbarkeit sein, nämlich der Stolz, einen über sich zu sehen; der Widerwille, sich nicht in völlige Gleichheit (was die Pflichtverhältnisse betrifft) mit ihm setzen zu können?

Von den der Menschenliebe gerade *(contrarie)* entgegengesetzten Lastern des Menschenhasses

§ 36

Sie machen die abscheuliche Familie des Neides, der Undankbarkeit und der Schadenfreude aus. – Der Haß ist aber hier nicht offen und gewalttätig, sondern geheim und verschleiert, welches zu der Pflichtvergessenheit gegen seinen Nächsten noch Niederträchtigkeit hinzutut und so zugleich die Pflicht gegen sich selbst verletzt.

a) Der Neid *(livor)* als Hang, das Wohl Anderer mit Schmerz wahrzunehmen, obzwar dem seinigen dadurch kein Abbruch geschieht, der, wenn er zur Tat (jenes Wohl zu schmälern) ausschlägt, qualifizierter Neid, sonst aber nur Mißgunst *(invidentia)* heißt, ist doch nur eine indirekt-bösartige Gesinnung, nämlich ein Unwille, unser eigenes Wohl durch das Wohl Anderer in Schatten gestellt zu sehen, weil wir den Maßstab desselben nicht in dessen innerem Wert, sondern nur in der Vergleichung

[459] mit dem Wohl Anderer zu schätzen und diese Schätzung zu versinnlichen wissen. – Daher spricht man auch wohl von einer *beneidungswürdigen* Eintracht und Glückseligkeit in einer Ehe oder Familie usw.; gleich als ob es in manchen Fällen erlaubt wäre, jemanden zu beneiden. Die Regungen des Neides liegen also in der Natur des Menschen, und nur der Ausbruch derselben macht sie zu dem scheußlichen Laster einer grämischen, sich selbst folternden und auf Zerstörung des Glückes Anderer, wenigstens dem Wunsche nach, gerichteten Leidenschaft, ist mithin der Pflicht des Menschen gegen sich selbst sowohl als gegen Andere entgegengesetzt.

b) *Undankbarkeit* gegen seinen Wohltäter, welche, wenn sie gar so weit geht, seinen Wohltäter zu hassen, *qualifizierte Undankbarkeit*, sonst aber bloß *Unerkenntlichkeit* heißt, ist ein zwar im öffentlichen Urteile höchst verabscheutes Laster, gleichwohl ist der Mensch desselben wegen so berüchtigt, daß man es nicht für unwahrscheinlich hält, man könne sich durch erzeigte Wohltaten wohl gar einen Feind machen. – Der Grund der Möglichkeit eines solchen Lasters liegt in der mißverstandenen Pflicht gegen sich selbst, die Wohltätigkeit Anderer, weil sie uns Verbindlichkeit gegen sie auferlegt, nicht zu bedürfen und aufzufordern, sondern lieber die Beschwerden des Lebens selbst zu ertragen, als Andere damit zu belästigen, mithin dadurch bei ihnen in Schulden (Verpflichtung) zu kommen: weil wir dadurch auf die niedere Stufe des Beschützten gegen seinen Beschützer zu geraten fürchten; welches der echten Selbstschätzung (auf die Würde der Menschheit in seiner eigenen Person stolz zu sein) zuwider ist. Daher Dankbarkeit gegen die, die uns im Wohltun *unvermeidlich* zuvorkommen mußten (gegen Vorfahren im Angedenken oder gegen Eltern) freigebig, die aber gegen Zeitgenossen nur kärglich, ja, um dieses Verhältnis der Ungleichheit unsichtbar zu machen, wohl gar das Gegenteil derselben bewiesen wird. – Dieses ist aber alsdann ein die Menschheit empörendes Laster, nicht bloß des *Schadens* wegen, den ein solches Beispiel Menschen überhaupt zuziehen muß, von fernerer Wohltätigkeit abzuschrecken (denn diese können mit echt moralischer Gesinnung eben in der Verschmähung alles solchen Lohns ihrem Wohltun nur einen desto größeren inneren moralischen Wert setzen): sondern weil die Menschenliebe hier gleichsam auf den Kopf gestellt und der Mangel der Liebe gar in die Befugnis, den Liebenden zu hassen, verunedelt wird.

c) Die Schadenfreude, welche das gerade Umgekehrte der Teilnehmung ist, ist der menschlichen Natur auch nicht fremd; wiewohl, wenn sie soweit geht, das Übel oder Böses selbst- [460] bewirken zu helfen, sie als qualifizierte Schadenfreude den Menschenhaß sichtbar macht und in ihrer Gräßlichkeit erscheint. Sein Wohlsein und selbst sein Wohlverhalten stärker zu fühlen, wenn Unglück oder Verfall Anderer in Skandale gleichsam als die Folie unserem eigenen Wohlstande untergelegt wird, um diesen in ein desto helleres Licht zu stellen, ist freilich nach Gesetzen der Einbildungskraft, nämlich des Kontrastes, in der Natur gegründet. Aber über die Existenz solcher das allgemeine Weltbeste zerstörenden Enormitäten unmittelbar sich zu freuen, mithin dergleichen Ereignisse auch wohl zu wünschen, ist ein geheimer Menschenhaß und das gerade Widerspiel der Nächstenliebe, die uns als Pflicht obliegt. – Der Übermut Anderer bei ununterbrochenem Wohlergehen und der Eigendünkel im Wohlverhalten (eigentlich aber nur im Glück, der Verleitung zum öffentlichen Laster noch immer entwischt zu sein), welches beides der eigenliebige Menschen sich zum Verdienst anrechnet, bringen diese feindselige Freude hervor, die der Pflicht nach dem Prinzip der Teilnehmung (des ehrlichen Chremes beim Terenz): »Ich bin ein Mensch; Alles, was Menschen widerfährt, das trifft auch mich« gerade entgegengesetzt ist.

Von dieser Schadenfreude ist die süßeste und noch dazu mit dem Schein des größten Rechts, ja wohl gar der Verbindlichkeit (als Rechtsbegierde), den Schaden Anderer auch ohne eigenen Vorteil sich zum Zweck zu machen, die Rachbegierde.

Eine jede das Recht eines Menschen kränkende Tat verdient Strafe, wodurch das Verbrechen an dem Täter gerächt (nicht bloß der zugefügte Schaden ersetzt) wird. Nun ist aber Strafe nicht ein Akt der Privatautorität des Beleidigten, sondern eines von ihm unterschiedenen Gerichtshofes, der den Gesetzen eines

Oberen über Alle, die demselben unterworfen sind, Effekt gibt, und wenn wir die Menschen (wie es in der Ethik notwendig ist) in einem rechtlichen Zustande, aber nach bloßen Vernunftgesetzen (nicht nach bürgerlichen) betrachten, so hat niemand die Befugnis, Strafen zu verhängen und von Menschen erlittene Beleidigung zu rächen, als der, welcher auch der oberste moralische Gesetzgeber ist, und dieser allein (nämlich Gott) kann sagen: »Die Rache ist mein; ich will vergelten.« Es ist also Tugendpflicht, nicht allein selbst, bloß aus Rache, die Feindseligkeit Anderer nicht mit Haß zu erwidern, sondern selbst nicht einmal den Weltrichter zur Rache aufzufordern; teils weil der Mensch von eigener Schuld genug auf sich sitzen hat, um der
[461] Verzeihung selbst sehr zu bedürfen, teils, und zwar vornehmlich, weil keine Strafe, von wem es auch sei, aus Haß verhängt werden darf. – Daher ist Versöhnlichkeit *(placabilitas)* Menschenpflicht; womit doch die sanfte Duldsamkeit der Beleidigungen *(mitis iniuriarum patientia)* nicht verwechselt werden muß, als Entsagung auf harte *(rigorosa)* Mittel, um der fortgesetzten Beleidigung Anderer vorzubeugen; denn das wäre Wegwerfung seiner Rechte unter die Füße Anderer und Verletzung der Pflicht des Menschen gegen sich selbst.

Anmerkung: Alle Laster, welche selbst die menschliche Natur hassenswert machen würden, wenn man sie (als qualifiziert) in der Bedeutung von Grundsätzen nehmen wollte, sind inhuman, objektiv betrachtet, aber doch menschlich, subjektiv erwogen; d. i. wie die Erfahrung uns unsere Gattung kennen lehrt. Ob man also zwar einige derselben in der Heftigkeit des Abscheues teuflisch nennen möchte, sowie ihr Gegenstück Engelstugend genannt werden könnte; so sind beide Begriffe doch nur Ideen von einem Maximum, als Maßstab zum Behuf der Vergleichung des Grades der Moralität gedacht, indem man dem Menschen seinen Platz im Himmel oder der Hölle anweiset, ohne aus ihm ein Mittelwesen, was weder den einen dieser Plätze noch den anderen einnimmt, zu machen. Ob es Haller, mit seinem »zweideutig Mittelding von Engeln und von Vieh« besser getroffen habe, mag hier unausgemacht bleiben.

Aber das Halbieren in einer Zusammenstellung heterogener Dinge führt auf gar keinen bestimmten Begriff, und zu diesem kann uns in der Ordnung der Wesen nach ihrem uns unbekannten Klassenunterschiede nichts hinleiten. Die erstere Gegeneinanderstellung (von Engelstugend und teuflischem Laster) ist Übertreibung. Die zweite, obzwar Menschen leider! auch in viehische Laster fallen, berechtigt doch nicht, eine zu ihrer Spezies gehörige Anlage dazu ihnen beizulegen, so wenig, als die Verkrüppelung einiger Bäume im Walde ein Grund ist, sie zu einer besonderen Art von Gewächsen zu machen.

Zweiter Abschnitt [462]

Von den Tugendpflichten gegen andere Menschen aus der ihnen gebührenden Achtung

§ 37

Mäßigung in Ansprüchen überhaupt, d.i. freiwillige Einschränkung der Selbstliebe eines Menschen durch die Selbstliebe Anderer, heißt Bescheidenheit. Der Mangel dieser Mäßigung (Unbescheidenheit) in Ansehung der Würdigkeit, von Anderen geliebt zu werden, die Eigenliebe *(philautia)*. Die Unbescheidenheit der Forderung aber, von Anderen geachtet zu werden, ist der Eigendünkel *(arrogantia)*. Achtung, die ich für Andere trage, oder die ein Anderer von mir fordern kann *(observantia aliis praestanda)*, ist also die Anerkennung einer Würde *(dignitas)* an anderen Menschen, d.i. eines Werts, der keinen Preis hat, kein Äquivalent, wogegen das Objekt der Wertschätzung *(aestimii)* ausgetauscht werden könnte. – Die Beurteilung eines Dinges als eines solchen, das keinen Wert hat, ist die Verachtung.

§ 38

Ein jeder Mensch hat rechtmäßigen Anspruch auf Achtung von seinen Nebenmenschen, und wechselseitig ist er dazu auch gegen jeden Anderen verbunden.

Die Menschheit selbst ist eine Würde; denn der Mensch kann von keinem Menschen (weder von Anderen noch sogar von sich selbst) bloß als Mittel, sondern muß jederzeit zugleich als Zweck gebraucht werden, und darin besteht eben seine Würde (die Persönlichkeit), dadurch er sich über alle anderen Weltwesen, die nicht Menschen sind und doch gebraucht werden können, mithin über alle Sachen erhebt. Gleichwie er also sich selbst für keinen Preis weggeben kann (welches der Pflicht der Selbstschätzung widerstreiten würde), so kann er auch nicht der ebenso notwendigen Selbstschätzung Anderer als Menschen entgegenhandeln, d. i. er ist verbunden, die Würde der Menschheit an jedem anderen Menschen praktisch anzuerkennen; mithin ruht auf ihm eine Pflicht, die sich auf die jedem anderen Menschen notwendig zu erzeigende Achtung bezieht.

[463]

§ 39

Andere verachten *(contemnere)*, d. i. ihnen die dem Menschen überhaupt schuldige Achtung weigern, ist auf alle Fälle pflichtwidrig; denn es sind Menschen. Sie vergleichungsweise mit Anderen innerlich geringschätzen *(despicatui habere)* ist zwar bisweilen unvermeidlich, aber die äußere Bezeigung der Geringschätzung ist doch Beleidigung. – Was gefährlich ist, ist kein Gegenstand der Verachtung, und so ist es auch nicht der Lasterhafte; und wenn die Überlegenheit über die Angriffe desselben mich berechtigt zu sagen, ich verachte jenen, so bedeutet das nur soviel als: es ist keine Gefahr dabei, wenn ich gleich gar keine Verteidigung gegen ihn veranstaltete, weil er sich in seiner Verworfenheit selbst darstellt. Nichtsdestoweniger kann ich selbst dem Lasterhaften als Menschen nicht alle Achtung versagen, die ihm wenigstens in der Qualität eines Menschen nicht entzogen werden kann; ob er zwar durch seine Tat sich derselben unwürdig macht. So kann es schimpfliche, die Menschheit selbst entehrende Strafen geben (wie das Vierteilen, von Hunden zerreißen lassen, Nasen und Ohren abschneiden), die nicht bloß dem Ehrliebenden (der auf Achtung Anderer Anspruch macht, was ein jeder tun muß) schmerzhafter sind als der Verlust der Güter und des Lebens, sondern auch dem Zuschauer Schamröte abjagen, zu einer Gattung zu gehören, mit der man so verfahren darf.

Anmerkung: Hierauf gründet sich eine Pflicht der Achtung für den Menschen selbst im logischen Gebrauch seiner Vernunft: die Fehltritte derselben nicht unter dem Namen der Ungereimtheit, des abgeschmackten Urteils u. dgl. zu rügen, sondern vielmehr vorauszusetzen, daß in demselben doch etwas Wahres sein müsse, und dieses herauszusuchen; dabei aber auch zugleich den trüglichen Schein (das Subjektive der Bestimmungsgründe des Urteils, was durch ein Versehen für objektiv gehalten wurde) aufzudecken, und so, indem man die Möglichkeit zu irren erklärt, ihm noch die Achtung für seinen Verstand zu erhalten. Denn spricht man seinem Gegner in einem gewissen Urteile durch jene Ausdrücke allen Verstand ab, wie will man ihn dann darüber verständigen, daß er geirrt habe? – Ebenso ist es auch mit dem Vorwurf des Lasters bewandt, welcher nie zur völligen Verachtung und Absprechung alles moralischen Werts des Lasterhaften ausschlagen muß: weil er, nach dieser Hypothese, auch nie gebessert werden könnte; welches mit der [464]
Idee eines Menschen, der, als solcher (als moralisches Wesen), nie alle Anlage zum Guten einbüßen kann, unvereinbar ist.

§ 40

Die Achtung vor dem Gesetze, welche subjektiv als moralisches Gefühl bezeichnet wird, ist mit dem Bewußtsein seiner Pflicht einerlei. Ebendarum ist auch die Bezeigung der Achtung vor dem Menschen als moralischem (seine Pflicht höchstschätzenden) Wesen selbst eine Pflicht, die Andere gegen ihn haben, und ein Recht, worauf er den Anspruch nicht aufgeben kann. Man nennt diesen Anspruch Ehrliebe, deren Phänomen im äußeren Betragen Ehrbarkeit *(honestas externa)*, der Verstoß dawider aber Skandal heißt: ein Beispiel der Nichtachtung derselben, das Nachfolge bewirken dürfte; welches zu geben zwar höchst pflichtwidrig, aber am bloß Widersinnigen *(paradoxon)*, sonst an sich Guten zu nehmen, ein Wahn (da man das Nichtgebräuchliche auch für nicht erlaubt hält), ein der Tugend gefährlicher und verderblicher Fehler ist. – Denn die schuldige Achtung für andere ein Beispiel gebende Menschen kann nicht bis zur blinden Nachahmung (da der Gebrauch, *mos*, zur Würde eines Gesetzes erhoben wird) ausarten; als welche Tyrannei der Volkssitte der Pflicht des Menschen gegen sich selbst zuwider sein würde.

§ 41

Die Unterlassung der bloßen Liebespflichten ist Untugend *(peccatum)*. Aber die Unterlassung der Pflicht, die aus der schuldigen Achtung für jeden Menschen überhaupt hervorgeht, ist Laster *(vitium)*. Denn durch die Verabsäumung der ersteren wird kein Mensch beleidigt; durch die Unterlassung aber der zweiten geschieht dem Menschen Abbruch in Ansehung seines gesetzmäßigen Anspruchs. – Die erstere Übertretung ist das Pflichtwidrige des Widerspiels *(contrarie oppositum virtutis)*. Was aber nicht allein keine moralische Zutat ist, sondern sogar den Wert derjenigen, die sonst dem Subjekt zugute kommen würde, aufhebt, ist Laster.

Ebendarum werden auch die Pflichten gegen den Nebenmenschen aus der ihm gebührenden Achtung nur negativ ausge-
[465] drückt, d. i. diese Tugendpflicht wird nur indirekt (durch das Verbot des Widerspiels) ausgedrückt werden.

Von den die Pflicht der Achtung für andere Menschen verletzenden Lastern

Diese Laster sind: A. der Hochmut, B. das Afterreden und C. die Verhöhnung.

A. Der Hochmut

§ 42

Der Hochmut (*superbia* und, wie dieses Wort es ausdrückt, die Neigung, immer oben zu schwimmen) ist eine Art von Ehrbegierde (*ambitio*), nach welcher wir anderen Menschen ansinnen, sich selbst in Vergleichung mit uns gering zu schätzen, und ist also ein der Achtung, worauf jeder Mensch gesetzmäßigen Anspruch machen kann, widerstreitendes Laster.

Er ist vom Stolz (*animus elatus*) als Ehrliebe, d. i. Sorgfalt, seiner Menschenwürde in Vergleichung mit Anderen nichts zu vergeben (der daher auch mit dem Beiwort des edlen belegt zu werden pflegt), unterschieden; denn der Hochmut verlangt von Anderen eine Achtung, die er ihnen doch verweigert. – Aber dieser Stolz selbst wird doch zum Fehler und Beleidigung, wenn er auch bloß ein Ansinnen an Andere ist, sich mit seiner Wichtigkeit zu beschäftigen.

Daß der Hochmut, welcher gleichsam eine Bewerbung des Ehrsüchtigen um Nachtreter ist, und denen verächtlich zu begegnen er sich berechtigt glaubt, ungerecht und der schuldigen Achtung für Menschen überhaupt widerstreitend sei; daß er Torheit, d. i. Eitelkeit im Gebrauch der Mittel zu etwas, was in einem gewissen Verhältnisse gar nicht den Wert hat, um Zweck zu sein; ja daß er sogar Narrheit, d. i. ein beleidigender Unverstand sei, sich solcher Mittel, die an Anderen gerade das Widerspiel seines Zwecks hervorbringen müssen, zu bedienen (denn dem Hochmütigen weigert ein jeder um desto mehr seine Achtung, je bestrebter er sich danach bezeigt) – dies alles ist für sich

[466] klar. Weniger möchte doch angemerkt worden sein, daß der Hochmütige jederzeit im Grunde seiner Seele niederträchtig ist. Denn er würde Anderen nicht ansinnen, sich selbst in Vergleichung mit ihm gering zu halten, fände er nicht bei sich, daß, wenn ihm das Glück umschlüge, er es gar nicht hart finden würde, nun seinerseits auch zu kriechen und auf alle Achtung Anderer Verzicht zu tun.

B. Das Afterreden

§ 43

Die üble Nachrede *(obtrectatio)* oder das Afterreden, worunter ich nicht die Verleumdung *(contumelia)*, eine falsche, vor Recht zu ziehende Nachrede, sondern bloß die unmittelbare, auf keine besondere Absicht angelegte Neigung verstehe, etwas der Achtung für Andere Nachteiliges ins Gerücht zu bringen, ist der schuldigen Achtung gegen die Menschheit überhaupt zuwider: weil jedes gegebene Skandal diese Achtung, auf welcher doch der Antrieb zum Sittlichguten beruht, schwächt und soviel möglich gegen sie ungläubisch macht.

Die geflissentliche Verbreitung *(propalatio)* desjenigen, die Ehre eines Anderen Schmälernden, was auch nicht zur öffentlichen Gerichtsbarkeit gehört, es mag übrigens auch wahr sein, ist Verringerung der Achtung für die Menschheit überhaupt, um endlich auf unsere Gattung selbst den Schatten der Nichtswürdigkeit zu werfen und Misanthropie (Menschenscheu) oder Verachtung zur herrschenden Denkungsart zu machen, oder sein moralisches Gefühl durch den öfteren Anblick derselben abzustumpfen und sich daran zu gewöhnen. Es ist also Tugendpflicht, statt einer hämischen Lust an der Bloßstellung der Fehler Anderer, um sich dadurch die Meinung, gut, wenigstens nicht schlechter als alle anderen Menschen zu sein, zu sichern, den Schleier der Menschenliebe nicht bloß durch Milderung unserer Urteile, sondern auch durch Verschweigung derselben über die Fehler Anderer zu werfen: weil Beispiele der Achtung, welche uns Andere geben, auch die Bestrebung rege machen können, sie gleichmäßig zu verdienen. – Um deswillen ist die Ausspähungssucht der Sitten Anderer *(allotrio-episcopia)* auch für sich selbst schon ein beleidigender Vorwitz der Menschenkunde, welchem jedermann sich mit Recht als Verletzung der ihm schuldigen Achtung widersetzen kann.

C. Die Verhöhnung [467]

§ 44

Die leichtfertige Tadelsucht und der Hang, Andere zum Gelächter bloßzustellen, die Spottsucht, um die Fehler eines Anderen zum unmittelbaren Gegenstande seiner Belustigung zu machen, ist Bosheit, und von dem Scherz, der Vertraulichkeit unter Freunden, sie nur zum Schein als Fehler, in der Tat aber als Vorzüge des Muts, bisweilen aber auch außer der Regel der Mode zu sein, zu belachen (welches dann kein Hohnlachen ist), gänzlich unterschieden. Wirkliche Fehler aber, oder, gleich als ob sie wirklich wären, angedichtete, welche die Person ihrer verdienten Achtung zu berauben abgezweckt sind, dem Gelächter bloßzustellen, und der Hang dazu, die bittere Spottsucht *(spiritus causticus)*, hat etwas von teuflischer Freude an sich, und ist darum eben eine desto härtere Verletzung der Pflicht der Achtung gegen andere Menschen.

Hiervon ist doch die scherzhafte, wenngleich spottende Abweisung der beleidigenden Angriffe eines Gegners mit Verachtung *(retorsio iocosa)* unterschieden, wodurch der Spötter (oder überhaupt ein schadenfroher, aber kraftloser Gegner) gleichmäßig verspottet wird und rechtmäßige Verteidigung der Achtung, die er von jenem fordern kann. Wenn aber der Gegenstand eigentlich kein Gegenstand für den Witz, sondern ein solcher ist, an welchem die Vernunft notwendig ein moralisches Interesse nimmt, so ist es, der Gegner mag noch soviel Spötterei ausgestoßen, hierbei aber auch selbst zugleich noch soviel Blößen zum Belachen gegeben haben, der Würde des Gegenstandes und der

Achtung für die Menschheit angemessener, dem Angriffe entweder gar keine oder eine mit Würde und Ernst geführte Verteidigung entgegenzusetzen.

Anmerkung: Man wird wahrnehmen, daß unter dem vorhergehenden Titel nicht sowohl Tugenden angepriesen, als vielmehr die ihnen entgegenstehenden Laster getadelt werden; das liegt aber schon in dem Begriffe der Achtung, sowie wir sie gegen andere Menschen zu beweisen verbunden sind, welche nur eine negative Pflicht ist. – Ich bin nicht verbunden, Andere (bloß als Menschen betrachtet zu verehren, d.i. ihnen positive Hochachtung zu beweisen. Alle Achtung, zu der ich von Natur verbunden bin, ist
[468] die vor dem Gesetz überhaupt *(reverere legem)*, und dieses, nicht aber andere Menschen überhaupt zu verehren *(reverentia adversus hominem)* oder hierin ihnen etwas zu leisten, ist allgemeine und unbedingte Menschenpflicht gegen Andere, welche, als die ihnen ursprünglich schuldige Achtung *(observantia debita)*, von jedem gefordert werden kann.

Die verschiedene Anderen zu beweisende Achtung nach Verschiedenheit der Beschaffenheit der Menschen oder ihrer zufälligen Verhältnisse, nämlich der des Alters, des Geschlechts, der Abstammung, der Stärke oder Schwäche, oder gar des Standes und der Würde, welche zum Teil auf beliebigen Anordnungen beruhen, darf in metaphysischen Anfangsgründen der Tugendlehre nicht ausführlich dargestellt und klassifiziert werden, da es hier nur um die reinen Vernunftprinzipien derselben zu tun ist.

ZWEITES HAUPTSTÜCK
Von den ethischen Pflichten der Menschen gegeneinander in Ansehung ihres Zustandes

§ 45

Diese (Tugendpflichten) können zwar in der reinen Ethik keinen Anlaß zu einem besonderen Hauptstück im System derselben geben; denn sie enthalten nicht Prinzipien der Verpflichtung der Menschen als solcher gegeneinander und können also von den metaphysischen Anfangsgründen der Tugendlehre eigentlich nicht einen Teil abgeben, sondern sind nur, nach Verschiedenheit der Subjekte der Anwendung des Tugendprinzips (dem Formalen nach) auf in der Erfahrung vorkommende Fälle (das Materiale), modifizierte Regeln, weshalb sie auch, wie alle empirischen Einteilungen, keine gesichert-vollständige Klassifikation zulassen. Indessen, gleichwie von der Metaphysik der Natur zur Physik ein Überschritt, der seine besonderen Regeln hat, verlangt wird: so wird der Metaphysik der Sitten ein Ähnliches mit Recht angesonnen: nämlich durch Anwendung reiner Pflichtprinzipien auf Fälle der Erfahrung jene gleichsam zu schematisieren und zum moralisch-praktischen Gebrauch fertig darzulegen. – Welches Verhalten also gegen Menschen, z. B. in der moralischen Reinigkeit ihres Zustandes oder in ihrer Verdorbenheit, welches im kultivierten oder rohen Zustande, was die Gelehrten oder Ungelehrten, und jenen im Ge- [469] brauch ihrer Wissenschaft als umgänglichen (geschliffenen) oder in ihrem Fach unumgänglichen Gelehrten (Pedanten), pragmatischen oder mehr auf Geist und Geschmack ausgehenden, welches nach Verschiedenheit der Stände, des Alters, des Geschlechts, des Gesundheitszustandes, des der Wohlhabenheit oder Armut usw. zukomme: das gibt nicht so vielerlei Arten der ethischen Verpflichtung (denn es ist nur eine, nämlich die der Tugend überhaupt), sondern nur Arten der Anwendung (Porismen) ab; die also nicht, als Abschnitte der Ethik und Glieder der Einteilung eines Systems (das *a priori* aus einem Vernunftbegriffe hervorgehen muß), aufgeführt, sondern nur angehängt werden können. – Aber eben diese Anwendung gehört zur Vollständigkeit der Darstellung desselben.

BESCHLUSS DER ELEMENTARLEHRE
Von der innigsten Vereinigung der Liebe mit der Achtung in der Freundschaft

§ 46

Freundschaft (in ihrer Vollkommenheit betrachtet) ist die Vereinigung zweier Personen durch gleiche wechselseitige Liebe und Achtung. – Man sieht leicht, daß sie ein Ideal der Teilnehmung und Mitteilung an dem Wohl eines jeden dieser durch den moralisch guten Willen Vereinigten sei, und wenn es auch nicht das ganze Glück des Lebens bewirkt, die Aufnahme desselben in ihre beiderseitige Gesinnung die Würdigkeit enthalte, glücklich zu sein, mithin daß Freundschaft unter Menschen Pflicht derselben ist. – Daß aber Freundschaft eine bloße (aber doch praktisch-notwendige) Idee, in der Ausübung zwar unerreichbar, aber doch danach (als einem Maximum der guten Gesinnung gegeneinander) zu streben, von der Vernunft aufgegebene, nicht etwa gemeine, sondern ehrenvolle Pflicht sei, ist leicht zu ersehen. Denn, wie ist es für den Menschen in Verhältnis zu seinem Nächsten möglich, die Gleichheit eines der dazu erforderlichen Stücke ebenderselben Pflicht (z. B. des wechselseitigen Wohlwollens) in dem einen mit ebenderselben Gesinnung im Anderen auszumitteln, noch mehr aber, welches Verhältnis das Gefühl aus der einen Pflicht zu dem aus der anderen (z. B. das aus dem Wohlwollen zu dem aus der Achtung) in derselben Person habe, und ob, wenn die eine in der Liebe inbrünstiger ist, [470] sie nicht ebendadurch in der Achtung des Anderen etwas einbüße, so daß beiderseitig Liebe und Hochschätzung subjektiv schwerlich in das Ebenmaß des Gleichgewichts gebracht werden wird, welches doch zur Freundschaft erforderlich ist? – Denn man kann jene als Anziehung, diese als Abstoßung betrachten, und wenn das Prinzip der ersteren Annäherung gebietet, das der zweiten sich einander in geziemendem Abstande zu halten fordert; welche Einschränkung der Vertraulichkeit durch die Regel: daß auch die besten Freunde sich untereinander nicht gemein machen sollen, ausgedrückt, eine Maxime enthält, die nicht bloß dem Höheren gegen den Niedrigen, sondern auch umgekehrt gilt. Denn der Höhere fühlt, ehe man es sich versieht, seinen Stolz gekränkt, und will die Achtung des Niedrigen etwa für einen Augenblick aufgeschoben, nicht aber aufgehoben wissen, welche aber, einmal verletzt, innerlich unwiderbringlich verloren ist; wenngleich die äußere Bezeichnung derselben (das Zeremoniell) wieder in den alten Gang gebracht wird.

Freundschaft in ihrer Reinigkeit oder Vollständigkeit als erreichbar (zwischen Orestes und Pylades, Theseus und Pirithous) gedacht, ist das Steckenpferd der Romanschreiber; wogegen Aristoteles sagt: Meine lieben Freunde, es gibt keinen Freund! Folgende Anmerkungen können auf die Schwierigkeiten derselben aufmerksam machen.

Moralisch erwogen, ist es freilich Pflicht, daß ein Freund dem anderen seine Fehler bemerklich mache; denn das geschieht ja zu seinem Besten, und es ist also Liebespflicht. Seine andere Hälfte aber sieht hierin einen Mangel der Achtung, die er von jenem erwartete, und zwar, daß er entweder darin schon gefallen sei, oder, da er von dem Anderen beobachtet und insgeheim kritisiert wird, beständig Gefahr läuft, in den Verlust seiner Achtung zu fallen; wie dann selbst, daß er beobachtet und gemeistert werden solle, ihm schon für sich selbst beleidigend zu sein dünken wird.

Ein Freund in der Not, wie erwünscht ist er nicht (wohl zu verstehen, wenn er ein tätiger, mit eigenem Aufwande hilfreicher Freund ist)? Aber es ist doch auch eine große Last, sich an Anderer ihrem Schicksal angekettet und mit fremdem Bedürfnis beladen zu fühlen. – Die Freundschaft kann also nicht eine auf wechselseitigen Vorteil abgezweckte Verbindung, sondern diese muß rein moralisch sein, und der Beistand, auf den jeder von beiden von dem Anderen im Falle der Not rechnen darf, muß nicht als Zweck und Bestimmungsgrund zu derselben – dadurch würde er die Achtung des anderen Teils verlieren –, sondern
[471] kann nur als äußere Bezeichnung des inneren, herzlich gemeinten Wohlwollens, ohne es doch auf die Probe, als die immer gefährlich ist, ankommen zu lassen, gemeint sein, indem ein

jeder großmütig den Anderen dieser Last zu überheben, sie für sich allein zu tragen, ja ihm sie gänzlich zu verhehlen bedacht ist, sich aber immer doch damit schmeicheln kann, daß im Falle der Not er auf den Beistand des Anderen sicher würde rechnen können. Wenn aber einer von dem Anderen eine Wohltat annimmt, so kann er wohl vielleicht auf Gleichheit in der Liebe, aber nicht in der Achtung rechnen, denn er sieht sich offenbar eine Stufe niedriger, verbindlich zu sein und nicht gegenseitig verbinden zu können. – Freundschaft ist, bei der Süßigkeit der Empfindung des bis zum Zusammenschmelzen in eine Person sich annähernden wechselseitigen Besitzes, doch zugleich etwas so Zartes *(teneritas amicitiae)*, daß, wenn man sie auf Gefühlen beruhen läßt und dieser wechselseitigen Mitteilung und Ergebung nicht Grundsätze oder das Gemeinmachen verhütende, und die Wechselliebe durch Forderungen der Achtung einschränkende Regeln unterlegt, sie keinen Augenblick vor Unterbrechungen sicher ist; dergleichen unter unkultivierten Personen gewöhnlich sind, ob sie zwar darum eben nicht immer Trennung bewirken (denn Pöbel schlägt sich und Pöbel verträgt sich); sie können voneinander nicht lassen, aber sich auch nicht untereinander einigen, weil das Zanken selbst ihnen Bedürfnis ist, um die Süßigkeit der Eintracht in der Versöhnung zu schmecken. – Auf alle Fälle aber kann die Liebe in der Freundschaft nicht Affekt sein; weil dieser in der Wahl blind und in der Fortsetzung verrauchend ist.

§ 47

Moralische Freundschaft (zum Unterschiede von der ästhetischen) ist das völlige Vertrauen zweier Personen in wechselseitiger Eröffnung ihrer geheimen Urteile und Empfindungen, soweit sie mit beiderseitiger Achtung gegeneinander bestehen kann.

12 Gefühlen] 2 Gefühle

Der Mensch ist ein für die Gesellschaft bestimmtes (obzwar doch auch ungeselliges) Wesen, und in der Kultur des gesellschaftlichen Zustandes fühlt er mächtig das Bedürfnis, sich Anderen zu eröffnen (selbst ohne etwas dabei zu beabsichtigen). Anderseits aber auch durch die Furcht vor dem Mißbrauch, den Andere von dieser Aufdeckung seiner Gedanken machen dürften, beengt und gewarnt, sieht er sich genötigt, einen guten Teil seiner Urteile (vornehmlich über andere Menschen) in sich selbst
[472] zu verschließen. Er möchte sich gern darüber mit irgend jemandem unterhalten, wie er über die Menschen, mit denen er umgeht, wie er über die Regierung, Religion usw. denkt; aber er darf es nicht wagen; teils weil der Andere, der sein Urteil behutsam zurückhält, davon zu seinem Schaden Gebrauch machen, teils, was die Eröffnung seiner eigenen Fehler betrifft, der Andere die seinigen verhehlen und er so in der Achtung desselben einbüßen würde, wenn er sich ganz offenherzig gegen ihn darstellte.

Findet er also einen, der Verstand hat, bei dem er in Ansehung jener Gefahr gar nicht besorgt sein darf, sondern dem er sich mit völligem Vertrauen eröffnen kann, der überdem auch eine mit der seinigen übereinstimmende Art, die Dinge zu beurteilen an sich hat, so kann er seinen Gedanken Luft machen; er ist mit seinen Gedanken nicht völlig allein wie im Gefängnis, und genießt eine Freiheit, die er in dem großen Haufen entbehrt, wo er sich in sich selbst verschließen muß. Ein jeder Mensch hat Geheimnisse und darf sich nicht blindlings Anderen anvertrauen; teils wegen der unedeln Denkungsart der Meisten, davon einen ihm nachteiligen Gebrauch zu machen, teils wegen des Unverstandes mancher in der Beurteilung und Unterscheidung dessen, was sich nachsagen läßt, oder nicht (der Indiskretion), welche Eigenschaften zusammen in einem Subjekt anzutreffen selten ist *(rara avis in terris, et nigro similima cygno)*; zumal da die engste Freundschaft es verlangt, daß dieser verständige und vertraute Freund zugleich verbunden ist, ebendasselbe ihm anvertraute Geheimnis einem Anderen, für ebenso zuverlässig gehaltenen, ohne des ersteren ausdrückliche Erlaubnis nicht mitzuteilen.

Diese (bloß moralische) Freundschaft ist kein Ideal, sondern (der schwarze Schwan) existiert wirklich hin und wieder in seiner Vollkommenheit; jene aber mit den Zwecken anderer Menschen sich, obzwar aus Liebe, belästigende (pragmatische) kann weder die Lauterkeit noch die verlangte Vollständigkeit haben, die zu einer genau bestimmenden Maxime erforderlich ist, und ist ein Ideal des Wunsches, das im Vernunftbegriffe keine Grenzen kennt, in der Erfahrung aber doch immer sehr begrenzt werden muß.

Ein Menschenfreund überhaupt aber (d. i. der ganzen Gattung) ist der, welcher an dem Wohl aller Menschen ästhetischen Anteil (der Mitfreude) nimmt und es nie ohne inneres Bedauern stören wird. Doch ist der Ausdruck eines Freundes der Menschen noch von etwas engerer Bedeutung als der des bloß Menschenliebenden (Philanthrop). Denn in jenem ist [473] auch die Vorstellung und Beherzigung der Gleichheit unter Menschen, mithin die Idee, dadurch selbst verpflichtet zu werden, indem man Andere durch Wohltun verpflichtet, enthalten; gleichsam als Brüder unter einem allgemeinen Vater, der Aller Glückseligkeit will. – Denn das Verhältnis des Beschützers, als Wohltäters, zu dem Beschützten, als Dankpflichtigen, ist zwar ein Verhältnis der Wechselliebe, aber nicht der Freundschaft: weil die schuldige Achtung beider gegeneinander nicht gleich ist. Die Pflicht, als Freund den Menschen wohlzuwollen (eine notwendige Herablassung) und die Beherzigung derselben dient dazu, vor dem Stolz zu verwahren, der die Glücklichen anzuwandeln pflegt, welche das Vermögen wohlzutun besitzen.

Zusatz
Von den Umgangstugenden
(*virtutes homileticae*)

§ 48

Es ist Pflicht sowohl gegen sich selbst als auch gegen Andere, mit seinen sittlichen Vollkommenheiten untereinander Verkehr zu treiben (*officium commercii, sociabilitas*), sich nicht zu isolieren *(separatistam agere)*; zwar sich einen unbeweglichen Mittelpunkt seiner Grundsätze zu machen, aber diesen um sich gezogenen Kreis doch auch als einen, der den Teil von einem allbefassenden, der weltbürgerlichen Gesinnung, ausmacht, anzusehen; nicht eben um das Weltbeste als Zweck zu befördern, sondern nur die wechselseitige Zusammenkunft, die indirekt dahin führt, die Annehmlichkeit in derselben, die Verträglichkeit, die wechselseitige Liebe und Achtung (Leutseligkeit und Wohlanständigkeit, *humanitas aesthetica et decorum*) zu kultivieren, und so der Tugend die Grazien beizugesellen; welches zu bewerkstelligen selbst Tugendpflicht ist.

Dies sind zwar nur Außenwerke oder Beiwerke *(parerga)*, welche einen schönen tugendähnlichen Schein geben, der auch nicht betrügt, weil ein jeder weiß, wofür er ihn annehmen muß. Es ist zwar nur Scheidemünze, befördert aber doch das Tugendgefühl selbst durch die Bestrebung, diesen Schein der Wahrheit so nahe wie möglich zu bringen, in der Zugänglichkeit, der Gesprächigkeit, der Höflichkeit, Gastfreiheit, Gelindigkeit (im Widersprechen, ohne zu zanken), insgesamt als
[474] bloßen Manieren des Verkehrs mit geäußerten Verbindlichkeiten, dadurch man zugleich Andere verbindet, also doch zur Tugendgesinnung hinwirken; indem sie die Tugend wenigstens beliebt machen.

Es fragt sich aber hierbei: ob man auch mit Lasterhaften Umgang pflegen dürfe? Die Zusammenkunft mit ihnen kann man nicht vermeiden, man müßte denn sonst aus der Welt gehen; und selbst unser Urteil über sie ist nicht kompetent. – Wo aber das Laster ein Skandal, d.i. ein öffentlich gegebenes Beispiel der Verachtung strenger Pflichtgesetze ist, mithin Ehrlosigkeit bei sich führt: da muß, wenngleich das Landesgesetz es nicht bestraft, der Umgang, der bis dahin stattfand, abgebrochen oder soviel möglich gemieden werden: weil die fernere Fortsetzung desselben die Tugend um alle Ehre bringt und sie für jeden zu Kauf stellt, der reich genug ist, um den Schmarotzer durch die Vergnügungen der Üppigkeit zu bestechen.

6 wechselseitige Zusammenkunft] wechselseitige; vgl. 25

II. ETHISCHE METHODENLEHRE

DER ETHISCHEN METHODENLEHRE [477]
ERSTER ABSCHNITT
Die ethische Didaktik

§ 49

Daß Tugend erworben werden müsse (nicht angeboren sei), liegt, ohne sich deshalb auf anthropologische Kenntnisse aus der Erfahrung berufen zu dürfen, schon in dem Begriffe derselben. Denn das sittliche Vermögen des Menschen wäre nicht Tugend, wenn es nicht durch die Stärke des Vorsatzes in dem Streit mit so mächtigen entgegenstehenden Neigungen hervorgebracht wäre. Sie ist das Produkt aus der reinen praktischen Vernunft, sofern diese im Bewußtsein ihrer Überlegenheit (aus Freiheit) über jene die Obermacht gewinnt.

Daß sie könne und müsse gelehrt werden, folgt schon daraus, daß sie nicht angeboren ist; die Tugendlehre ist also eine Doktrin. Weil aber durch die bloße Lehre, wie man sich verhalten solle, um dem Tugendbegriffe angemessen zu sein, die Kraft zur Ausübung der Regeln noch nicht erworben wird, so meinten die Stoiker hiermit nur, die Tugend könne nicht durch bloße Vorstellungen der Pflicht, durch Ermahnungen (paränetisch) gelehrt, sondern sie müsse durch Versuche der Bekämpfung des inneren Feindes im Menschen (asketisch) kultiviert, geübt werden; denn man kann nicht Alles sofort, was man will, wenn man nicht vorher seine Kräfte versucht und geübt hat, wozu aber freilich die Entschließung auf einmal vollständig genommen werden muß: weil die Gesinnung *(animus)* sonst, bei einer Kapitulation mit dem Laster, um es allmählich zu verlassen, an sich unlauter und selbst lasterhaft sein, mithin auch keine Tugend (als die auf einem einzigen Prinzip beruht) hervorbringen könnte.

[478] § 50

Was nun die doktrinale Methode betrifft (denn methodisch muß eine jede wissenschaftliche Lehre sein, sonst wäre der Vortrag tumultuarisch): so kann sie auch nicht fragmentarisch, sondern muß systematisch sein, wenn die Tugendlehre eine Wissenschaft vorstellen soll. – Der Vortrag aber kann entweder akroamatisch, da alle Anderen, welchen er geschieht, bloße Zuhörer sind, oder erotematisch sein, wo der Lehrer das, was er seine Jünger lehren will, ihnen abfragt; und diese erotematische Methode ist wiederum entweder die, da er es ihrer Vernunft, die dialogische Lehrart, oder bloß ihrem Gedächtnisse abfragt, die katechetische Lehrart. Denn wenn jemand der Vernunft des Anderen etwas abfragen will, so kann es nicht anders als dialogisch, d. i. dadurch geschehen, daß Lehrer und Schüler einander wechselseitig fragen und antworten. Der Lehrer leitet durch Fragen den Gedankengang seines Lehrjüngers dadurch, daß er die Anlage zu gewissen Begriffen in demselben durch vorgelegte Fälle bloß entwickelt (er ist die Hebamme seiner Gedanken); der Lehrling, welcher hierbei inne wird, daß er selbst zu denken vermöge, veranlaßt durch seine Gegenfragen (über Dunkelheit oder den eingeräumten Sätzen entgegenstehende Zweifel), daß der Lehrer nach dem *docendo discimus* selbst lernt, wie er gut fragen müsse. (Denn es ist eine an die Logik ergehende, noch nicht genugsam beherzigte Forderung: daß sie auch Regeln an die Hand gebe, wie man zweckmäßig suchen solle, d. i. nicht immer bloß für bestimmende, sondern auch für vorläufige Urteile *(iudicia praevia)*, durch die man auf Gedanken gebracht wird; eine Lehre, die selbst dem Mathematiker zu Erfindungen ein Fingerzeig sein kann und die von ihm auch oft angewandt wird.)

§ 51

Das erste und notwendigste doktrinale Instrument der Tugendlehre für den noch rohen Zögling ist ein moralischer Kate-

chismus. Dieser muß vor dem Religionskatechismus hergehen und kann nicht bloß als Einschiebsel in die Religionslehre mit verwebt, sondern muß abgesondert, als ein für sich bestehendes Ganzes, vorgetragen werden; denn nur durch rein moralische Grundsätze kann der Überschritt von der Tugendlehre zur Religion getan werden, weil dieser ihre Bekenntnisse sonst unlauter sein würden. – Daher haben gerade die würdigsten und größten Theologen Anstand genommen, für die statutarische Religionslehre [479] einen Katechismus abzufassen (und sich zugleich für ihn zu verbürgen); da man doch glauben sollte, es wäre das Kleinste, was man aus dem großen Schatz ihrer Gelehrsamkeit zu erwarten berechtigt wäre.

Dagegen hat ein *moralischer* Katechismus, als Grundlehre der Tugendpflichten, keine solche Bedenklichkeit oder Schwierigkeit, weil er aus der gemeinen Menschenvernunft (seinem Inhalte nach) entwickelt werden kann und nur den didaktischen Regeln der ersten Unterweisung (der Form nach) angemessen werden darf. Das formale Prinzip eines solchen Unterrichts aber verstattet zu diesem Zweck nicht die sokratisch-*dialogische* Lehrart, weil der Schüler nicht einmal weiß, wie er fragen soll; der Lehrer ist also allein der Fragende. Die Antwort aber, die er aus der Vernunft des Lehrlings methodisch auslockt, muß in bestimmten, nicht leicht zu verändernden Ausdrücken abgefaßt und aufbewahrt, mithin seinem *Gedächtnis* anvertraut werden: als worin die *katechetische Lehrart* sich sowohl von der *dogmatischen* (da der Lehrer allein spricht) als auch der *dialogischen* (da beide Teile einander fragend und antwortend sind) unterscheidet.

§ 52

Das *experimentale* (technische) Mittel der Bildung zur Tugend ist das *gute Beispiel* an dem Lehrer selbst (von exemplarischer Führung zu sein) und das *warnende* an Anderen; denn Nachahmung ist dem noch ungebildeten Menschen die erste Willensbestimmung zu Annehmung von Maximen, die er sich in der Folge macht. – Die Angewöhnung oder Abgewöhnung ist die Begründung einer beharrlichen Neigung ohne alle Maximen, durch die öftere Befriedigung derselben, und ist ein Mechanismus der Sinnesart statt eines Prinzips der Denkungsart (wobei das Verlernen in der Folge schwerer wird als das Erlernen). – Was aber die Kraft des Exempels (es sei zum Guten oder Bösen), betrifft, was sich dem Hange zur Nachahmung [480] oder Warnung darbietet*, so kann das, was uns Andere geben, keine Tugendmaxime begründen. Denn diese besteht gerade in der subjektiven Autonomie der praktischen Vernunft eines jeden Menschen, mithin, daß nicht anderer Menschen Verhalten, sonder das Gesetz uns zur Triebfeder dienen müsse. Daher wird der Erzieher seinem verunarteten Lehrling nicht sagen: Nimm ein Exempel an jenem guten (ordentlichen, fleißigen) Knaben! denn das wird jenem nur zur Ursache dienen, diesen zu hassen, weil er durch ihn in ein nachteiliges Licht gestellt wird. Das gute Exempel (der exemplarische Wandel) soll nicht als Muster, sondern nur zum Beweise der Tunlichkeit des Pflichtmäßigen dienen. Also nicht die Vergleichung mit irgend einem anderen Menschen (wie er ist), sondern mit der Idee (der Menschheit), wie er sein soll, also mit dem Gesetz, muß dem Lehrer das nie fehlende Richtmaß seiner Erziehung an die Hand geben.

Anmerkung: Bruchstück eines moralischen Katechismus.

Der Lehrer = L. fragt der Vernunft seines Schülers = S. dasjenige ab, was er ihn lehren will, und wenn dieser etwa nicht die Frage zu beantworten wüßte = 0, so legt er sie ihm (seine Vernunft leitend) in den Mund.

* Beispiel, ein deutsches Wort, was man gemeiniglich für Exempel als ihm gleichgeltend braucht, ist mit diesem nicht von einerlei Bedeutung. Woran ein Exempel nehmen und zur Verständlichkeit eines Ausdrucks ein Beispiel anführen, sind ganz verschiedene Begriffe. Das Exempel ist ein besonderer Fall von einer praktischen Regel, sofern diese die Tunlichkeit oder Untunlichkeit einer Handlung vorstellt. Hingegen ein Beispiel ist nur das Besondere *(concretum)* als unter dem Allgemeinen nach Begriffen *(abstractum)* enthalten vorgestellt, und bloß theoretische Darstellung eines Begriffs.

1. L. Was ist dein größtes, ja dein ganzes Verlangen im Leben? S. = 0. L. Daß es dir *Alles* und *immer* nach Wunsch und Willen gehe.

2. L. Wie nennt man einen solchen Zustand? S. = 0. L. Man nennt ihn *Glückseligkeit* (das beständige Wohlergehen, vergnügtes Leben, völlige Zufriedenheit mit seinem Zustande).

3. L. Wenn du nun alle Glückseligkeit (die in der Welt möglich ist) in deiner Hand hättest, würdest du sie alle für dich behalten oder sie auch deinen Nebenmenschen mitteilen? S. Ich würde sie mitteilen, Andere auch glücklich und zufrieden machen.

4. L. Das beweist nun wohl, daß du noch so ziemlich ein gutes *Herz* hast; laß aber sehen, ob du dabei auch guten *Verstand* zeigst. – Würdest du wohl dem Faulenzer weiche Polster verschaffen, damit er im süßen Nichtstun sein Leben [481] dahinbringe, oder dem Trunkenbolde es an Wein, und was sonst zur Berauschung gehört, nicht ermangeln lassen, dem Betrüger eine einnehmende Gestalt und Manieren geben, um Andere zu überlisten oder dem Gewalttätigen Kühnheit und starke Faust, um Andere überwältigen zu können? Das sind ja soviel Mittel, die ein jeder sich wünscht, um nach seiner Art glücklich zu sein. S. Nein, das nicht.

5. L. Du siehst also: daß, wenn du auch alle Glückseligkeit in deiner Hand und dazu den besten Willen hättest, du jene doch nicht ohne Bedenken jedem, der zugreift, preisgeben, sondern erst untersuchen würdest, wiefern ein jeder der Glückseligkeit *würdig* wäre. – Für dich selbst aber würdest du doch wohl kein Bedenken haben, dich mit Allem, was du zu deiner Glückseligkeit rechnest, zuerst zu versorgen? S. Ja. L. Aber kommt dir da nicht auch die Frage in Gedanken, ob du wohl selbst auch der Glückseligkeit würdig sein mögest? S. Allerdings. L. Das nun in dir, was nur nach Glückseligkeit strebt, ist die *Neigung*; dasjenige aber, was deine Neigung auf die Bedingung einschränkt, dieser Glückseligkeit zuvor würdig zu sein, ist

deine Vernunft, und daß du durch deine Vernunft deine Neigung einschränken und überwältigen kannst, das ist die Freiheit deines Willens.

6. L. Um nun zu wissen, wie du es anfängst, um der Glückseligkeit teilhaftig und doch auch nicht unwürdig zu werden, dazu liegt die Regel und Anweisung ganz allein in deiner Vernunft; das heißt soviel als: du hast nicht nötig, diese Regel deines Verhaltens von der Erfahrung oder von Anderen durch ihre Unterweisung abzulernen; deine eigene Vernunft lehrt und gebietet dir geradezu, was du zu tun hast. Z. B. wenn dir ein Fall vorkommt, da du durch eine fein ausgedachte Lüge dir oder deinen Freunden einen großen Vorteil verschaffen kannst, ja noch dazu dadurch auch keinem Anderen schadest, was sagt dazu deine Vernunft? S. Ich soll nicht lügen, der Vorteil für mich und meinen Freund mag so groß sein, wie er immer wolle. Lügen ist niederträchtig und macht den Menschen unwürdig, glücklich zu sein. – Hier ist eine unbedingte Nötigung durch ein Vernunftgebot (oder Verbot), dem ich gehorchen muß: wogegen alle meine Neigungen verstummen müssen. L. Wie nennt man diese unmittelbar durch [482] die Vernunft dem Menschen auferlegte Notwendigkeit, einem Gesetze derselben gemäß zu handeln? S. Sie heißt Pflicht. L. Also ist dem Menschen die Beobachtung seiner Pflicht die allgemeine und einzige Bedingung der Würdigkeit, glücklich zu sein, und diese ist mit jener ein und dasselbe.

7. L. Wenn wir uns aber auch eines solchen guten und tätigen Willens, durch den wir uns würdig (wenigstens nicht unwürdig) halten, glücklich zu sein, auch bewußt sind, können wir darauf auch die sichere Hoffnung gründen, dieser Glückseligkeit teilhaftig zu werden? S. Nein! darauf allein nicht; denn es steht nicht immer in unserem Vermögen, sie uns zu verschaffen, und der Lauf der Natur richtet sich auch nicht so von selbst nach dem Verdienst, sondern das Glück des Lebens (unsere Wohlfahrt überhaupt) hängt von Umständen ab, die bei weitem nicht alle in des Menschen Gewalt

sind. Also bleibt unsere Glückseligkeit immer nur ein Wunsch, ohne daß, wenn nicht irgend eine andere Macht hinzukommt, dieser jemals Hoffnung werden kann.

8. L. Hat die Vernunft wohl Gründe für sich, eine solche, die Glückseligkeit nach Verdienst und Schuld der Menschen austeilende, über die ganze Natur gebietende und die Welt mit höchster Weisheit regierende Macht als wirklich anzunehmen, d. i. an Gott zu glauben? S. Ja; denn wir sehen an den Werken der Natur, die wir beurteilen können, so ausgebreitete und tiefe Weisheit, die wir uns nicht anders als durch eine unaussprechlich große Kunst eines Weltschöpfers erklären können, von welchem wir uns denn auch, was die sittliche Ordnung betrifft, in der doch die höchste Zierde der Welt besteht, eine nicht minder weise Regierung zu versprechen Ursache haben: nämlich, daß, wenn wir uns nicht selbst der Glückseligkeit unwürdig machen, welches durch Übertretung unserer Pflicht geschieht, wir auch hoffen können, ihrer teilhaftig zu werden.

In dieser Katechese, welche durch alle Artikel der Tugend und des Lasters durchgeführt werden muß, ist die größte Aufmerksamkeit darauf zu richten, daß das Pflichtgebot ja nicht auf die aus dessen Beobachtung für den Menschen, den es verbinden soll, je selbst auch nicht einmal für Andere, fließenden Vorteile oder Nachteile, sondern ganz rein auf das sittliche Prinzip gegründet werde, der letzteren aber nur beiläufig, als an sich zwar entbehrlicher, aber für den Gaumen der von Natur Schwachen zu bloßen Vehikeln dienender Zusätze, Erwähnung geschehe. Die Schändlichkeit, nicht die Schädlichkeit des Lasters (für den Täter selbst) muß überall hervorstechend dargestellt werden. [483] Denn wenn die Würde der Tugend in Handlungen nicht über Alles erhoben wird, so verschwindet der Pflichtbegriff selbst und zerrinnt in bloße pragmatische Vorschriften; da dann der Adel des Menschen in seinem eigenen Bewußtsein verschwindet, und er für einen Preis feil ist und zu Kauf steht, den ihm verführerische Neigungen anbieten.

Wenn dieses nun weislich und pünktlich nach Verschiedenheit der Stufen des Alters, des Geschlechts und des Standes, die der Mensch nach und nach betritt, aus der eigenen Vernunft des Menschen entwickelt worden, so ist noch etwas, was den Beschluß machen muß, was die Seele inniglich bewegt und den Menschen auf eine Stelle setzt, wo er sich selbst nicht anders als mit der größten Bewunderung der ihm beiwohnenden ursprünglichen Anlagen betrachten kann, und wovon der Eindruck nie erlischt. – Wenn ihm nämlich beim Schlusse seiner Unterweisung seine Pflichten in ihrer Ordnung noch einmal summarisch vorerzählt (rekapituliert), wenn er bei jeder derselben darauf aufmerksam gemacht wird, daß alle Übel, Drangsale und Leiden des Lebens, selbst Bedrohung mit dem Tode, die ihn darüber, daß er seiner Pflicht treu gehorcht, treffen mögen, ihm doch das Bewußtsein, über sie alle erhoben und Meister zu sein, nicht rauben können, so liegt ihm nun die Frage ganz nahe: Was ist das in dir, was sich getrauen darf, mit allen Kräften der Natur in dir und um dich in Kampf zu treten und sie, wenn sie mit deinen sittlichen Grundsätzen in Streit kommen, zu besiegen? Wenn diese Frage, deren Auflösung das Vermögen der spekulativen Vernunft gänzlich übersteigt und die sich dennoch von selbst einstellt, ans Herz gelegt wird, so muß selbst die Unbegreiflichkeit in diesem Selbsterkenntnisse der Seele eine Erhebung geben, die sie zum Heilighalten ihrer Pflicht nur desto stärker belebt, je mehr sie angefochten wird.

In dieser katechetischen Moralunterweisung würde es zur sittlichen Bildung von großem Nutzen sein, bei jeder Pflichtzergliederung einige kasuistische Fragen aufzuwerfen und die versammelten Kinder ihren Verstand versuchen zu lassen, wie ein jeder von ihnen die ihm vorgelegte verfängliche Aufgabe aufzulösen meinte. – Nicht allein, daß dieses eine der Fähigkeit des Ungebildeten am meisten [484] angemessene Kultur der *Vernunft* ist (weil diese in Fragen, die, was Pflicht ist, betreffen, weit leichter entscheiden kann, als in Ansehung der spekulativen) und so den Verstand der Jugend überhaupt zu schärfen die schicklichste Art ist: sondern vornehmlich deswegen, weil es in der Natur des Menschen liegt, das zu lieben, worin und in dessen Bearbeitung er es bis zu einer Wissenschaft (mit der er nun Bescheid weiß) gebracht hat, und so der Lehrling durch dergleichen Übungen unvermerkt in das Interesse der Sittlichkeit gezogen wird.

Von der größten Wichtigkeit aber in der Erziehung ist es, den moralischen Katechismus nicht mit dem Religionskatechismus vermischt vorzutragen (zu amalgamieren), noch weniger ihn auf den letzteren folgen zu lassen; sondern jederzeit den ersteren und zwar mit dem größten Fleiße und Ausführlichkeit zur klarsten Einsicht zu bringen. Denn ohne dieses wird nachher aus der Religion nichts als Heuchelei, sich aus Furcht zu Pflichten zu bekennen und eine Teilnahme an derselben, die nicht im Herzen ist, zu lügen.

ZWEITER ABSCHNITT
Die ethische Asketik

§ 53

Die Regeln der Übung in der Tugend *(exercitiorum virtutis)* gehen auf die zwei Gemütsstimmungen hinaus, wackeren und fröhlichen Gemüts *(animus strenuus et hilaris)* in Befolgung ihrer Pflichten zu sein. Denn sie hat mit Hindernissen zu kämpfen, zu deren Überwältigung sie ihre Kräfte zusammennehmen muß und zugleich manche Lebensfreuden zu opfern, deren Verlust das Gemüt wohl bisweilen finster und mürrisch machen kann; was man aber nicht mit Lust, sondern bloß als Frohndienst tut, das hat für den, der hierin seiner Pflicht gehorcht, keinen inneren Wert und wird nicht geliebt, sondern die Gelegenheit ihrer Ausübung soviel möglich geflohen.

Die Kultur der Tugend, d. i. die moralische Asketik, hat, in Ansehung des Prinzips der rüstigen, mutigen und wackeren Tugendübung den Wahlspruch der Stoiker: Gewöhne dich, die zufälligen Lebensübel zu ertragen und die ebenso überflüssigen Ergötzlichkeiten zu entbehren *(assuesce incommodis et*
[485] *desuesce commoditatibus vitae)*. Es ist eine Art von Diätetik für den Menschen, sich moralisch gesund zu erhalten. Gesundheit ist aber nur ein negatives Wohlbefinden, sie selber kann nicht gefühlt werden. Es muß etwas dazu kommen, was einen angenehmen Lebensgenuß gewährt und doch bloß moralisch ist. Das ist das jederzeit fröhliche Herz in der Idee des tugendhaften Epikur. Denn wer sollte wohl mehr Ursache haben, frohen Muts zu sein und nicht darin selbst eine Pflicht finden, sich in eine fröhliche Gemütsstimmung zu versetzen und sie sich habituell zu machen, als der, welcher sich keiner vorsätzlichen Übertretung bewußt und, wegen des Verfalls in eine solche, gesichert ist *(hic murus aheneüs est etc.* Horaz). Die Mönchsasketik hingegen, welche aus abergläubischer Furcht oder geheucheltem Abscheu an sich selbst mit Selbstpeinigung

und Fleischeskreuzigung zu Werke geht, zweckt auch nicht auf Tugend, sondern auf schwärmerische Entsündigung ab, sich selbst Strafe aufzulegen und, anstatt sie moralisch (d. i. in Absicht auf die Besserung) zu bereuen, sie büßen zu wollen; welches, bei einer selbstgewählten und an sich vollstreckten Strafe (denn die muß immer ein Anderer auflegen), ein Widerspruch ist, und kann auch den Frohsinn, der die Tugend begleitet, nicht bewirken, vielmehr nicht ohne geheimen Haß gegen das Tugendgebot stattfinden. – Die ethische Gymnastik besteht also nur in der Bekämpfung der Naturtriebe, die das Maß erreicht, über sie bei vorkommenden, der Moralität Gefahr drohenden, Fällen Meister werden zu können; mithin die wacker und im Bewußtsein seiner wiedererworbenen Freiheit fröhlich macht. Etwas bereuen (welches bei der Rückerinnerung ehemaliger Übertretungen unvermeidlich, ja wobei diese Erinnerung nicht schwinden zu lassen, es sogar Pflicht ist) und sich eine Pönitenz auferlegen (z. B. das Fasten), nicht in diätetischer, sondern frommer Rücksicht, sind zwei sehr verschiedene moralisch gemeinte Vorkehrungen, von denen die letztere, welche freudenlos, finster und mürrisch ist, die Tugend selbst verhaßt macht und ihre Anhänger verjagt. Die Zucht (Disziplin), die der Mensch an sich selbst verübt, kann daher nur durch den Frohsinn, der sie begleitet, verdienstlich und exemplarisch werden.

[486]

BESCHLUSS

Die Religionslehre als Lehre der Pflichten gegen Gott liegt außerhalb den Grenzen der reinen Moralphilosophie

Protagoras von Abdera fing sein Buch mit den Worten an: »Ob Götter sind oder nicht sind, davon weiß ich nichts zu sagen.«* Er wurde deshalb von den Atheniensern aus der Stadt und von seinem Landbesitz verjagt und seine Bücher vor der öffentlichen Versammlung verbrannt. *(Quinctiliani Inst. Orat. lib. 3. cap. 1.)* – Hierin taten ihm die Richter von Athen, als Menschen, zwar sehr unrecht; aber, als Staatsbeamte und Richter, verfuhren sie ganz rechtlich und konsequent; denn, wie hätte man einen Eid schwören können, wenn es nicht öffentlich und gesetzlich, von hoher Obrigkeit wegen *(de par le Sénat)*, befohlen wäre: daß es Götter gebe.**

* *»De diis, neque ut sint, neque ut non sint, habeo dicere.«*

** Zwar hat späterhin ein großer moralisch-gesetzgebender Weise das Schwören als ungereimt und zugleich beinahe an Blasphemie grenzend ganz und gar verboten; allein in politischer Rücksicht glaubt man noch immer dieses mechanischen, zur Verwaltung der öffentlichen Gerechtigkeit dienlichen Mittels schlechterdings nicht entbehren zu können und hat milde Auslegungen ausgedacht, um jenem Verbot auszuweichen. – Da es eine Ungereimtheit wäre, im Ernst zu schwören, daß ein Gott sei (weil man diesen schon postuliert haben muß, um überhaupt nur schwören zu können), so bleibt noch die Frage: ob nicht ein Eid möglich und geltend sei, da man nur auf den Fall, daß ein Gott sei (ohne, wie Protagoras, darüber etwas auszumachen), schwöre. – In der Tat mögen wohl alle redlich und zugleich mit Besonnenheit abgelegten Eide in keinem anderen Sinne getan worden sein. – Denn, daß einer sich erböte, schlechthin zu beschwören, daß ein Gott sei, scheint zwar kein bedenkliches Anerbieten zu sein, er mag ihn glauben oder nicht. Ist einer (wird der Betrüger sagen), so habe ich's getroffen; ist keiner, so zieht mich auch keiner zur Verantwortung, und ich bringe mich durch solchen Eid in keine Gefahr. – Ist denn aber keine Gefahr dabei, wenn ein solcher ist, auf einer vorsätzlichen und, selbst um Gott zu täuschen, angelegten Lüge betroffen zu werden?

Diesen Glauben aber zugestanden und, daß Religionslehre ein integrierender Teil der allgemeinen Pflichtenlehre sei, eingeräumt, ist jetzt nun die Frage von der Grenzbestimmung der Wissenschaft, zu der sie gehört: ob sie als ein Teil der Ethik (denn vom Recht der Menschen gegeneinander kann hier nicht die Rede sein) angesehen, oder ganz außerhalb der Grenzen einer rein-philosophischen Moral liegend müsse betrachtet werden. [487]

Das Formale aller Religion, wenn man sie so erklärt: sie sei »der Inbegriff aller Pflichten als *(instar)* göttlicher Gebote«, gehört zur philosophischen Moral, indem dadurch nur die Beziehung der Vernunft auf die Idee von Gott, welche sie sich selber macht, ausgedrückt wird, und eine Religionspflicht wird alsdann noch nicht zur Pflicht gegen *(erga)* Gott, als ein außer unserer Idee existierendes Wesen, gemacht, indem wir hierbei von der Existenz desselben noch abstrahieren. – Daß alle Menschenpflichten diesem Formalen (der Beziehung derselben auf einen göttlichen, *a priori* gegebenen Willen) gemäß gedacht werden sollen, davon ist der Grund nur subjektiv-logisch. Wir können uns nämlich Verpflichtung (moralische Nötigung) nicht wohl anschaulich machen, ohne einen Anderen und dessen Willen (von dem die allgemein gesetzgebende Vernunft nur der Sprecher ist), nämlich Gott, dabei zu denken. – Allein diese Pflicht in Ansehung Gottes (eigentlich der Idee, welche wir uns von einem solchen Wesen machen) ist Pflicht des Menschen gegen sich selbst, d. i. nicht objektive, die Verbindlichkeit zur Leistung gewisser Dienste an einen Anderen, sondern nur subjektive, zur Stärkung der moralischen Triebfeder in unserer eigenen gesetzgebenden Vernunft.

Was aber das Materiale der Religion, den Inbegriff der Pflichten gegen *(erga)* Gott, d. i. den ihm zu leistenden Dienst *(ad praestandum)* anlangt, so würde sie besondere, von der allgemein-gesetzgebenden Vernunft allein nicht ausgehende, von uns also nicht *a priori*, sondern nur empirisch erkennbare, mithin nur zur geoffenbarten Religion gehörende Pflichten als göttliche Gebote enthalten können; die also auch das Dasein dieses Wesens, nicht bloß die Idee von demselben, in praktischer Absicht, nicht willkürlich, voraussetzen, sondern als unmittelbar (oder mittelbar, in der Erfahrung gegeben) darlegen. Eine solche Religion aber würde, so gegründet sie sonst auch sein möchte, doch keinen Teil der *reinen philosophischen Moral* ausmachen.

Religion also, als Lehre der Pflichten *gegen* Gott, liegt [488] jenseits aller Grenzen der rein-philosophischen Ethik hinaus, und das dient zur Rechtfertigung des Verfassers des Gegenwärtigen, daß er zur Vollständigkeit derselben nicht, wie es sonst wohl gewöhnlich war, die Religion, in jenem Sinne gedacht, in die Ethik mit hineingezogen hat.

Es kann zwar von einer »Religion *innerhalb den Grenzen* der bloßen Vernunft«, die aber nicht *aus* bloßer Vernunft abgeleitet, sondern zugleich auf Geschichts- und Offenbarungslehren gegründet ist, und die nur die *Übereinstimmung* der reinen praktischen Vernunft mit denselben (daß sie jener nicht widerstreiten) enthält, die Rede sein. Aber alsdann ist sie auch nicht *reine*, sondern auf eine vorliegende *Geschichte angewandte* Religionslehre, für welche in einer *Ethik*, als reiner praktischen Philosophie, kein Platz ist.

> *Schlußanmerkung*: Alle moralischen Verhältnisse vernünftiger Wesen, welche ein Prinzip der Übereinstimmung des Willens des Einen mit dem des Anderen enthalten, lassen sich auf *Liebe* und *Achtung* zurückführen und, sofern dies Prinzip praktisch ist, der Bestimmungsgrund des Willens in Ansehung der ersteren auf den *Zweck*, in Ansehung des zweiten auf das *Recht* des Anderen. – Ist eines dieser Wesen ein solches, was lauter Rechte und keine Pflichten gegen das andere hat (Gott), hat mithin das Andere gegen das Erstere lauter Pflichten und keine Rechte, so ist das Prinzip des moralischen Verhältnisses zwischen ihnen *transzendent* (dagegen das der Menschen gegen Menschen, deren Wille gegeneinander wechselseitig einschränkend ist, ein *immanentes* Prinzip hat).
>
> Den göttlichen Zweck in Ansehung des menschlichen

2 darlegen] dargelegt werden

Geschlechts (dessen Schöpfung und Leistung) kann man sich nicht anders denken, als nur aus Liebe, d. i. daß er die Glückseligkeit der Menschen sei. Das Prinzip des Willens Gottes aber in Ansehung der schuldigen Achtung (Ehrfurcht), welche die Wirkungen der ersteren einschränkt, d. i. des göttlichen Rechts, kann kein anderes sein, als das der Gerechtigkeit. Man könnte sich (nach Menschenart) auch so ausdrücken: Gott hat vernünftige Wesen erschaffen, gleichsam aus dem Bedürfnisse, etwas außer sich zu haben, was er lieben könne, oder auch von dem er geliebt werde. [489]

Aber nicht allein ebenso groß, sondern noch größer (weil das Prinzip einschränkend ist) ist der Anspruch, den die göttliche Gerechtigkeit im Urteile unserer eigenen Vernunft und zwar als strafende an uns macht. – Denn Belohnung *(praemium, remuneratio gratuita)* bezieht sich gar nicht auf Gerechtigkeit gegen Wesen, die lauter Pflichten und keine Rechte gegen das Andere haben, sondern bloß auf Liebe und Wohltätigkeit *(benignitas)*; – noch weniger kann ein Anspruch auf Lohn *(merces)* bei einem solchen Wesen stattfinden, und eine belohnende Gerechtigkeit *(iustitia brabeutica)* ist im Verhältnis Gottes gegen Menschen ein Widerspruch.

Es ist aber doch in der Idee einer Gerechtigkeitsausübung eines Wesens, was über allen Abbruch an seinen Zwecken erhaben ist, etwas, was sich mit dem Verhältnis des Menschen zu Gott nicht wohl vereinigen läßt: nämlich der Begriff einer Läsion, welche an dem unumschränkten und unerreichbaren Weltherrscher begangen werden könne; denn hier ist nicht von den Rechtsverletzungen, die Menschen gegeneinander verüben, und worüber Gott als strafender Richter entscheide, sondern von der Verletzung, die Gott selber und seinem Recht widerfahren solle, die Rede; wovon der Begriff transzendent ist, d. i. über den Begriff aller Strafgerechtigkeit, wovon wir irgend ein Beispiel aufstellen können (d. i. der unter Menschen), ganz hinaus liegt und überschwengliche Prinzipien enthält, die mit denen, welche wir in Erfahrungsfällen gebrauchen würden, gar nicht in Zusammenstimmung gebracht werden können, folglich für unsere praktische Vernunft gänzlich leer sind.

Die Idee einer göttlichen Strafgerechtigkeit wird hier personifiziert; es ist nicht ein besonderes richtendes Wesen, was sie ausübt (denn da würden Widersprüche desselben mit Rechtsprinzipien vorkommen), sondern die Gerechtigkeit gleich als Substanz (sonst die ewige Gerechtigkeit genannt), die, wie das Fatum (Verhängnis) der alten philosophierenden Dichter, noch über dem Jupiter ist, spricht das Recht nach der eisernen, unablenkbaren Notwendigkeit aus, die für uns weiter unerforschlich ist. Hiervon jetzt einige Beispiele.

Die Strafe läßt (nach dem Horaz) den vor ihr stolz schreitenden Verbrecher nicht aus den Augen, sondern hinkt ihm unablässig nach, bis sie ihn ertappt. – Das unschuldig vergossene Blut schreit um Rache. – Das Verbrechen kann nicht
[490] ungerächt bleiben; trifft die Strafe nicht den Verbrecher, so werden es seine Nachkommen entgelten müssen; oder geschieht es nicht bei seinem Leben, so muß es in einem Leben nach dem Tode* geschehen, welches ausdrücklich darum auch angenommen und gern geglaubt wird, damit der Anspruch der ewigen Gerechtigkeit ausgeglichen werde. – Ich will keine Blutschuld auf mein Land kommen lassen, dadurch daß ich einen boshaft mordenden Duellanten, für den

* Die Hypothese von einem künftigen Leben darf hier nicht einmal eingemischt werden, um jene drohende Strafe als vollständig in der Vollziehung vorzustellen. Denn der Mensch, seiner Moralität nach betrachtet, wird als übersinnlicher Gegenstand vor einem übersinnlichen Richter, nicht nach Zeitbedingungen beurteilt; es ist nur von seiner Existenz die Rede. Sein Erdenleben, es sei kurz oder lang oder gar ewig, ist nur das Dasein desselben in der Erscheinung, und der Begriff der Gerechtigkeit bedarf keiner näheren Bestimmung; wie denn auch der Glaube an ein künftiges Leben eigentlich nicht vorausgeht, um die Strafgerechtigkeit an ihm ihre Wirkung sehen zu lassen, sondern vielmehr umgekehrt aus der Notwendigkeit der Bestrafung auf ein künftiges Leben die Folgerung gezogen wird.

ihr Fürbitte tut, begnadige, sagte einmal ein wohldenkender Landesherr. – Die *Sündenschuld* muß bezahlt werden und sollte sich auch ein völlig Unschuldiger zum Sühnopfer hingeben (wo dann freilich die von ihm übernommenen Leiden eigentlich nicht Strafe – denn er hat selbst nichts verbrochen – heißen könnten); aus welchem allen zu ersehen ist, daß es nicht eine die Gerechtigkeit verwaltende *Person* ist, der man diesen Verurteilungsspruch beilegt (denn die würde nicht so sprechen können, ohne Anderen unrecht zu tun), sondern daß die bloße Gerechtigkeit, als überschwengliches, einem übersinnlichen Subjekt angedachtes Prinzip, das Recht dieses Wesens bestimme; welches zwar dem *Formalen* dieses Prinzips gemäß ist, dem *Materialen* desselben aber, dem *Zweck*, welcher immer die *Glückseligkeit* der Menschen ist, widerstreitet. – Denn, bei der etwaigen großen Menge der Verbrecher, die ihr Schuldenregister immer so fortlaufen lassen, würde die Strafgerechtigkeit den *Zweck* der Schöpfung nicht in der *Liebe* des Welturhebers (wie man sich doch denken muß), sondern in der strengen Befolgung des *Rechts* setzen (das Recht selbst zum *Zweck* machen, der in der *Ehre* Gottes gesetzt wird); welches, da das letztere (die Gerechtigkeit) nur die einschränkende Bedingung des ersteren (der Gültigkeit) ist, den Prinzipien der praktischen Vernunft zu widersprechen [491] scheint, nach welchen eine Weltschöpfung hätte unterbleiben müssen, die ein der Absicht ihres Urhebers, die nur Liebe zum Grunde haben kann, so widerstreitendes Produkt geliefert haben würde.

Man sieht hieraus: daß in der Ethik, als reiner praktischer Philosophie der inneren Gesetzgebung, nur die moralischen Verhältnisse des *Menschen* gegen den *Menschen* für uns begreiflich sind; was aber zwischen Gott und dem Menschen hierüber für ein Verhältnis obwalte, die Grenzen derselben gänzlich übersteigt und uns schlechterdings unbegreiflich ist; wodurch dann bestätigt wird, was oben behauptet ward: daß die Ethik sich nicht über die Grenzen der wechselseitigen Menschenpflichten erweitern könne.

ANMERKUNGEN DES HERAUSGEBERS

Im Folgenden wird ohne weitere Hinweise Gebrauch sowohl von den Erläuterungen P. Natorps (VI 525 f.) als auch vom »Personenindex zweiter Stufe zu Kants gesammelten Schriften I–XXIII«, von K. Holger und E. Gerresheim, Bonn 1964, gemacht.

S. 8, Z. 28 f.: Berlinische Monatsschrift] Kants Aufsatz »Über einen neuerdings erhobenen vornehmen Ton in der Philosophie« (Mai 1796) VIII 387–406, hier besonders VIII 395,32 f.

S. 16, Z. 19: Cochius] Leonhard Cochius (1717–1779), Hofprediger und Mitglied der Akademie der Wissenschaften zu Berlin; gewann mit seiner »Untersuchung über die Neigungen« den 1767 ausgesetzten Preis der Akademie (gedruckt: Berlin 1769).

S. 16, Z. 27: Anmerkung] Die Anmerkungen sind in Rechts- und Tugendlehre durchweg eindeutig durch Einrückung ausgezeichnet. Die Kennzeichnungen »Anmerkung« in der Tugendlehre sind daher eigentlich redundant. In den ersten vier (bis § 9) stand »Anmerkung« ursprünglich in einer separaten Überschriftzeile.

S. 16, Z. 27: Die Tugend = +a] vgl. zu dieser Schreibweise VI 22,29 und II 182.

S. 31, Z. 34 ff.: Der Mensch … Engeln] Albrecht von Hallers (1708–1777) Gedicht »Über den Ursprung des Übels« (1733) enthält die Verse:

Denn Gott liebt keinen Zwang, die Welt mit Ihren Mängeln
Ist besser als ein Reich von Willen-losen Engeln (II 33/34).

S. 38, Z. 23: Aristoteles] Vgl. XXVIII 654,10

S. 38, Z. 26 ff.: *medio tutissimus ibis*] (auf dem Mittelweg gehst Du am sichersten) Ovid (43 v. u. Z – 18 u. Z.), Metamorphoses II 137; *omne nimium vertitur in vitium*] (alles Übermaß wird zum Laster) s. Seneca (4 v. u. Z. – 65 u. Z), De tranquilitate animi 9,6: *vitiosum est ubique, quod nimium est; est modus in rebus etc.*] s. u. S. 72, Z. 16 f.; *medium tenuere beati*] (Die Glücklichen hielten sich an die Mitte) nicht nachgewiesen, vgl. XXVII 611,28 (dort Zeile 32 lies: § 170); *insani sapiens nomen habeat etc.*] s. u. S. 44, Z. 8; in der zweiten Auflage: *virtus est medium vitiorum et utrinque reductum*] (Tugend ist die Mitte zwischen Fehlern, von beiden gleich entfernt) Horaz (65–27), Epistulae I 18,9.

S. 40, Z. 1: XIV.] Diese Zahl fehlt in der ersten Ausgabe, daher sind dort nachfolgende Abschnitte um eine Einheit niedriger numeriert.

S. 44, Z. 8 f.: *insani sapiens nomen habeat, aequus iniqui, ultra quam satis est virtutem si petat ipsam*] (Der Weise müßte den Namen des Irren tragen und umgekehrt, wenn er selbst die Tugend mehr als nötig erstrebte.) Horaz, Epistulae I 6,15 f.

S. 47, Z. 18: Katechetik] Nur in der Einleitung der ersten Auflage (vgl. auch die zweite Tafel in XIX) wird »Katechetik« als Gliederungstitel benutzt, sonst stets »Didaktik« (vgl. § 49 ff.).

S. 49, Z. 4 ff.: Tafel] Diese Tafel befindet sich in der ersten Auflage am Ende des Buches, in einzelnen Exemplaren der zweiten am Ende der Vorrede. Siehe dazu oben S. XXVII.

S. 51, Z. 2–5: Der … überhaupt] Diese Zeilen stehen in den Originalausgaben zu Beginn der folgenden Seite.

S. 58, Z. 1: Der Pflichten gegen sich selbst] Siehe oben S. XXVII.

S. 61, Z. 1: Monarchen] Gemeint ist Friedrich II.

S. 66, Z. 12 f.: *virtus eius incaluit mero?*] Horaz, Carmina III 21,12: *narratur et prisci Catonis saepe mero caluisse virtus* (man erzählt, daß auch des strengen Cato reines Gemüt sich [am Wein] erwärmte); vgl. VII 171,13 dort gleichermaßen Seneca zugeschrieben.

S. 66, Z. 13–19: Wer … sind] Die beiden Sätze sind in der ersten Auflage in umgekehrter Reihenfolge abgedruckt.

S. 66, Z. 27: Chesterfield] dort nicht aufgefunden, ursprünglich Gellius (125–175), Noctes atticae XIII 11,2; vgl. VII 278,12.

S. 67, Z. 15: *aliud lingua promptum, aliud pectore inclusum gerere*] (Offen anderes auf der Zunge als verschlossen in der Brust tragen) s. Sallust (86–35), De coniuratione Catilinae 10,5: *alius clausum in pectore, aliud in lingua promptum habere*; vgl. XII 371.

S. 68, Z. 26–37: Die Lüge … werden können] stand ursprünglich nach S. 67, Z. 22: … sein Schatten.]

S. 68, Z. 7–13: Der Mensch … verpflichtet.] stand ursprünglich nach S. 69, Z. 6: … enthalten scheint.]

S. 72, Z. 15: Aristoteles] Vgl. Nikomachische Ethik II 5.

S. 72, Z. 16 ff.: *est modus in rebus, sunt certi denique fines, quos ultra citraque nequit consistere rectum*] (Es gibt ein Maß in den Dingen, es sind ferner feste Grenzen, über die das Richtige nicht hinausreicht) Horaz, Sermones I 1,106; für die beiden anderen Sequenzen vgl. o. Anm. zu S. 247, Z. 21 ff.

S. 77, Z. 21: *ohe, iam satis est!*] (genug, genug!) Horaz, Sermones I 5,12; auch bei Hamann (s. u. Anm. zu S. 82, Z. 6) S. 159.

S. 77, Z. 26: *Hae nugae in seria ducunt*] Dieser Unsinn wird zu Ernst.

S. 78, Z. 19 f.: (»vor welchem sich seine Gedanken einander verklagen oder entschuldigen«)] NT, Römer II,15.

S. 82, Z. 10 ff.: (nur ... Vergötterung)] Aus: Johann Georg Hamann (1730–1788) »Abaelardi Virbii Chimärische Einfälle« (1761), Sämtl. Werke J.Nadler, Hg. Wien 1950, Bd. 2, S. 164; vgl. VII 55,29.

S. 88, Z. 23: »Seid heilig«] NT, 1.Petrus I,16.

S. 88, Z. 27: »Seid vollkommen«] NT, Matthäus V,48.

S. 88, Z. 29 f.: »Ist etwa eine Tugend, ist etwa ein Lob, dem trachtet nach«] NT, Philipper VI,8.

S. 94, Z. 11 ff.: »so würde ... trinken«] Aus Hallers (s. o. Anm. zu S. 31, Z. 34) von Kant mehrfach (I 315 321 365, II 40, VIII 327) zitierten Gedicht »Über die Ewigkeit« (1736):

Oh Gott! du bist allein des Alles Grund...
Ja, könnten nur bei Dir die festen Kräfte sinken,
So würde bald mit aufgesperrtem Schlund,
Ein allgemeines Nichts des Wesens ganzes Reich,
Die Zeit und Ewigkeit zugleich,
Als wie der Ozean ein Tröpfchen Wasser trinken (76 ff.).

S. 101, Z. 15 f.: (als skandalöses Beispiel)] Diese Klammerbemerkung steht in der ersten Auflage hinter dem folgenden »kann«.

S. 107, Z. 26: Chremes] Terenz (195–159), Heautontimorumenos I 1,25: *homo sum humani nil a me alienum puto*, vgl. XXII 415; XXVII 677,18.

S. 108, Z. 8: »Die Rache ... vergelten«] NT, Römer XII,19.

S. 108, Z. 35: Haller] »Vom Ursprung des Übels« II 107, s. o. S. 31, Z. 43.

S. 120, Z. 12: Aristoteles] laut Favorinus (Diogenes Laertius, Leben und Meinungen etc. Buch V 1,21) von Aristoteles immer wieder behauptet; vgl. VII 152,29 und XI 319.

S. 122, Z. 32: *rara avis in terris, nigroque simillima cygno*] (Ein seltener Vogel auf Erden, ganz wie ein schwarzer Schwan) Juvenal (58–138), Satiren VI,164.

S. 136, Z. 31: *hic murus aheneus esto etc.*] Horaz, Epistulae I 1,60: *hic murus aenus esto: nil conscire sibi, nulla pallescere culpa* (Dies sei unser eherner Schutzwall: sich keiner Schuld bewußt sein, wegen keiner Schuld erblassen).

S. 138, Z. 9: Quinctiliani] An der genannten Stelle wird Protagoras zwar erwähnt, das Zitat findet sich jedoch nicht. Die Quelle ist vielmehr Cicero, De natura deorum I 23,63.

S. 138, Z. 12: Eid] Vgl. die folgende Anm. und Rechtslehre § 40.

S. 138, Z. 16: Weise] Es ist an den »Weisen des Evangelii« (Matthäus V,33) gedacht: VI 159,35 ff.; vgl. VII 268 Anm.

S. 142, Z. 14: Horaz] s. Carmina III 2,31: *raro antecedentem scelestum deseruit pede Poena claudo* (Selten ist die Strafe – obgleich lahmen Fußes – dem vorauseilenden Verbrecher von der Seite gewichen).

BEILAGE
Die Abweichungen der zweiten Auflage (außer Orthographie und Interpunktion)

Die zweite Auflage benennt die Haupt-Gliederungsabschnitte des Buches generell um:

1./2. Teil *statt* I./II.
1./2. Buch *statt* 1./2. Teil
1./2. Abteilung *statt* 1./2. Buch

In den §§ 9–12 sind die drei Unterpunkte (I., II., III.) in Anlehnung an die vorangehenden §§ 6–8 als Erster, Zweiter und Dritter Artikel bezeichnet. Die drei nachfolgenden »Abschnitte« (§§ 13–18) werden durch bloße Änderung des dem § 13 vorangehenden Titels zu einem »Dritten Hauptstück« erklärt.

S. 6, Z. 4: einer Kraft und herkulischer Stärke machen] der hohen Kraft und herkulischen Stärke machen, die ausreichen sollte

S. 6, Z. 27: Allein kein moralisches Prinzip gründet sich in der Tat] Allein in der Tat gründet sich kein moralisches Prinzip

S. 6, Z. 28: sondern] ein solches Prinzip

S. 6, Z. 36: zu sagen] sagen zu können

S. 7, Z. 2: scholastisch] nicht notwendig scholastisch

S. 8, Z. 15: sich] sich also

S. 9, Z. 10: Sich aber] Der Unmut aber

S. 9, Z. 13–17: wird ... fühlt, gleichsam zum allgemeinen Aufgebot der für die Allgewalt der theoretischen Vernunft verbündeten gereizt,] reizt ... fühlt, die für die Allgewalt der theoretischen Vernunft verbündeten gleichsam zum allgemeinen Aufgebot

S. 11, Z. 10: *ius*] *iurisprudentia*

S. 13, Z. 18: Daß] Wenn

S. 13, Z. 23 f.: dieses würde der Begriff von einem Zweck sein] so gibt dieses den Begriff von einem Zweck

S. 13, Z. 25: würde] kann

S. 13, Z. 30: Pflicht] Zwangspflicht

S. 13, Z. 34: weil dazu (sie zu haben) ein Zwang] weil ein Zwang, dergleichen zu haben oder sich vorzusetzen

S. 14, Z. 10: ist] wäre

S. 14, Z. 11: ist] wäre

S. 15, Z. 11: als welcher] indem dieser

S. 15, Z. 24: aller Pflicht] allen Pflichten

S. 15, Z. 26 f.: diese heißen besonders Rechtspflichten] nur den besonders sogenannten Rechtspflichten

S. 15, Z. 37: (tugendhafte Gesinnung)] Pflicht (nur eine tugendhafte Gesinnung)

S. 16, Z. 14 f.: aller fremdartigen Triebfeder als der der Pflicht] einer der Pflicht fremdartigen Triebfeder

S. 16, Z. 37: des Menschen] der Seele sich befindet

S. 20, Z. 17: es] sie

S. 20, Z. 19: das moralische Gefühl] der moralische Sinn heißt

S. 20, Z. 20: ist, der], der

S. 20, Z. 25: zum Gegenstande] zu dem seinigen

S. 21, Z. 3: das] der

S. 22, Z. 5: das *Ius*] die Rechtslehre

S. 24, Z. 5: taugen, so stammt Untugend von] taugen herkömmt, so bedeutet Untugend der Etymologie nach soviel als

S. 24, Z. 7: vorsätzliche] vorsätzliche Übertretung

S. 24, Z. 28: d. i. der] der *(übernommen, d. Hrsg.)*

S. 27, Z. 14: geliebt (in Notfällen geholfen) zu werden] geliebt zu werden (in Notfällen von ihnen Hilfe zu erhalten)

S. 28, Z. 1: *salubritas*] *salus*

S. 28, Z. 11: welches man Skandal nennt] das heißt, ihm kein Skandal zu geben

S. 28, Z. 28: die ethischen] und zwar enthalten die ethischen

S. 28, Z. 30 f.: ist; beide also eines Zwanges] ist. In beiden liegt also der Begriff eines Zwanges

S. 29, Z. 17: anderer] Zwange anderer

S. 29, Z. 24: und die Verbindlichkeit zu der Maxime desselben heißt Tugendpflicht, deren es also viele gibt] und da die Verbindlichkeit zu der Maxime desselben Tugendpflicht heißt, so folgt, daß es auch der Tugendpflichten mehrere gebe

S. 30, Z. 5: sein] zu sein

S. 31, Z. 34: Der Mensch] So daß man zwei bekannte Verse von Haller also variieren könnte: Der Mensch

S. 36, Z. 20 f.: es gelingt ihm mit seiner wohltätigen Absicht] die Absicht seines Wohltuns gelingen sieht

S. 37, Z. 14: nicht] nicht aber kann man sagen

S. 38, Z. 7 ff.: Was aber die Mehrheit … betrifft, womit man sich tröstet] Wenn man sich aber bei der Mehrheit … damit tröstet

S. 38, Z. 27: *insani sapiens nomen habeat*] *virtus est medium vitiorum et utrinque reductum*

S. 39, Z. 2: sie als Tugend nicht] ihr Ursprung als einer Tugend weder

S. 39, Z. 5 f.: als entspringend vorgestellt werden, indem] erklärt; auch können diese Laster nicht so angesehen werden, als ob

S. 39, Z. 10: Ebensowenig und aus] Aus

S. 39, Z. 11: Absichten] Handlungen

S. 39, Z. 29: Meinungen] Lastern *(übernommen, d. Hrsg.)*

S. 41, Z. 9: anderen] andern ihm

S. 43, Z. 11 f.: zu wurzeln] einwurzeln zu lassen

S. 43, Z. 18: mithin] mithin das Gebot *(übernommen, d. Hrsg.)*

S. 44, Z. 8: *habeat*] *ferat (übernommen, d. Hrsg.)*

S. 44, Z. 12 f.: er mag durch einen Gegenstand erregt werden, welcher es wolle] durch was für eine Gegenstand er auch erregt werden möge

S. 44, Z. 23 f.: ich mich ... mir] man sich .. einem

S. 45, Z. 6: Nehmung] der Wahl

S. 45, Z. 25: die] was

S. 46, Z. 25: dahin, zu] zu *(übernommen, d. Hrsg.)*

S. 47, Z. 1 f.: Fragmentarisch also] Sie ist also fragmentarisch

S. 47, Z. 2: erstere] Ethik

S. 47, Z. 9–12: wovon die erstere ... entweder,] Die Methodik der ersten Übung (in der Theorie der Pflichten) heißt Didaktik, und hier ist die Lehrart entweder akromatisch oder erotematisch; die letzte ist die Kunst, dem Lehrling dasjenige von Pflichtbegriffen abzufragen, was er schon weiß, und dies zwar entweder

S. 47, Z. 18: Der Katechetik als theoretischer Übung] Der Didaktik als der Methode theoretischer Übung

S. 47, Z. 27: welche] und diese

S. 47, Z. 28: wogegen] gegen welche

S. 48, Z. 24/25: andere Wesen] andere Menschen

S. 48, Z. 30: Katechetik] Didaktik

S. 49, Z. 4: Tafel der Einteilung der Ethik] Inhalt der Tugendlehre *Das Verzeichnis ist in der zweiten Auflage den Umbenennungen der Gliederungseinheiten (s. o.) angepaßt und etwas detaillierter ausgeführt*

S. 54, Z. 23 f.: zwar gegen sich selbst ... betrachtet] insonderheit der Verpflichtung gegen sich selbst ... fähiges Wesen

S. 55, Z. 26: einschränkend (negative Pflichten)] einschränkende (oder negative) Pflichten

S. 55, Z. 27 f.: erweiternd (positive Pflichten gegen sich selbst)] erweiternde (positive) Pflichten gegen sich selbst

S. 56, Z. 4: Die erstere gehört] Die ersteren gehören *(übernommen, d. Hrsg.)*

S. 56, Z. 17: 2) Es wird] Es gibt aber 2)

S. 56, Z. 23 ff.: betrifft: … angenehmen zum] betrifft dreifach: nämlich a) der Trieb durch welche die Natur, zur Erhaltung seiner selbst, b) der, durch welchen sie die Erhaltung der Art, c) der Trieb, wodurch sie die Erhaltung seines Vermögens zum zweckmäßigen Gebrauche seiner Kräfte, und zum angenehmen

S. 57, Z. 8: ihrem Charakter als moralischer Wesen] dem Charakter des Menschen, als eines moralischen Wesens

S. 57, Z. 15: Ehrbegierde] Ehrsucht

S. 58, Z. 1 f.: Der Tugendlehre erster Teil, Ethische Elementarlehre] *in der zweiten Auflage getilgt*

S. 58, Z. 7: einem animalischen] ein animalisches

S. 58, Z. 12–21: Das Widerspiel… Kräfte beraubt] Das Widerspiel derselben ist die willkürliche oder vorsätzliche Zerstörung seiner animalischen Natur, welche entweder als total oder bloß als partial gedacht werden kann. – Die totale heißt die Selbstentleibung *(autochiria, suicidum)*, die partiale läßt sich wiederum einteilen in die materiale, da man sich selbst gewisser integrierenden Teile, als Organe beraubt, Entgliederung oder Verstümmelung, und in die formale, da man sich (auf immer oder auf einige Zeit) des Vermögens des physischen (und hiermit indirekt auch des moralischen) Gebrauchs seiner Kräfte beraubt: Selbstbetäubung.

S. 59, Z. 7: an] bloß an

S. 59, Z. 8: dieser ihre Selbstentleibung] dieses zugleich

S. 59, Z. 12: Eheleute, Eltern] als eines der Ehegatten gegen den anderen, der Eltern

S. 59, Z. 16 f.: die Rede von Verletzung einer Pflicht gegen sich selbst, ob nämlich, wenn ich] davon die Rede, ob die vorsätzliche Selbstentleibung eine Verletzung der Pflicht gegen sich selbst sei, und ob, wenn man

S. 60, Z. 6: ihm] einem

S. 60, Z. 16–19: Amputation … gerechnet werden] Amputation abnehmen zu lassen. Auch kann es nicht zum Verbrechen an seiner eigenen Person gerechnet werden, sich etwas, das zwar ein Teil aber kein Organ des Körpers ist, z. B. die Haare, abzuschneiden

S. 60, Z. 25: Märtertum] Märtyrertum *(übernommen, d. Hrsg.)*

S. 61, Z. 30: jene] jene Ursache

S. 61, Z. 32: absichtlich Menschen hervorbringend] als brächte sie absichtlich die Wirkung hervor

S. 61, Z. 33–S 62, Z. 1: letzteren Vermögens] Vermögens zur Erhaltung der Art oder zur Fortpflanzung des Geschlechts

S. 65, Z. 6: (solchen Krankheiten)] selbst Krankheiten *(übernommen, d. Hrsg.)*

S. 65, Z. 27: dadurch] dabei

S. 65, Z. 29 f.: hervorgebracht] hervorgebracht; schädlich aber dadurch, daß nachher

S. 65, Z. 31: dieses] diese

S. 66, Z. 3: welche] wobei

S. 66, Z. 4: Vorstellungen] Vorstellungen stattfindet

S. 66, Z. 5: des Viehes] viehischen Genusse

S. 66, Z. 12: Seneca] Horaz *(übernommen, d. Hrsg.)*

S. 66, Z. 13–19: *Satz 3* Wer ... ist *und 4* Der ... sind *dieses Absatzes sind in der 2. Auflage vertauscht (übernommen, d. Hrsg.)*

S. 66, Z. 31: der] und zur

S. 67, Z. 7: einem moralischen Wesen] moralisches Wesen betrachtet

S. 67, Z. 14: Die] oder die

S. 67, Z. 24: er sich] sich der Mensch

S. 67, Z. 27 – S. 68, Z. 2: Person; wobei ... Schade, den er sich selbst] Person. Hierbei kommt weder der Schade, der anderen Menschen daraus entspringen kann, da er nicht das Eigentümliche des Lasters trifft (das alsdann bloß in der Verletzung der Pflicht gegen Andere bestände), in Anschlag, noch auch der Schade, den der Lügner sich selbst

S. 68, Z. 16 ff.: Persönlichkeit und eine bloß täuschende Erscheinung vom Menschen, nicht der Mensch selbst] Persönlichkeit, wobei der Lügner sich als eine bloß täuschende Erscheinung vom Menschen, nicht als wahren Menschen zeigt

S. 68, Z. 27 f.: so ist doch] dennoch ist

S. 69, Z. 16: Unredlichkeit] Unlauterkeit

S. 69, Z. 18 f.: wenn diese in ihrer höchsten Strenge betrachtet wird, wo] Z. B. nach der größten Strenge betrachtet, ist es schon Unlauterkeit, wenn

S. 70, Z. 19: In wirklichen ... Geschäften] Muß ich, wenn ich in wirklichen ... eine Unwahrheit sage, alle die Folgen

S. 71, Z. 4: der Erweiterung] den Hang zu Erweiterung

S. 71, Z. 7: auch nicht] sondern

S. 71, Z. 9–14: aber doch ... widerstreitet.] und zwar nicht insofern es in Vernachlässigung seiner Liebespflichten gegen Andere besteht; sondern insofern als die Verengung seines eigenen Genusses der Mittel zum Wohlleben unter das Maß des wahren Bedürfnisses der Pflicht gegen sich selbst widerstreitet.

S. 71, Z. 31 ff.: Die Maxime ... erhalten.] Die Maxime der verschwenderischen Habsucht ist: alle Mittel des Wohllebens lediglich in der Absicht auf den Genuß anzuschaffen.

S. 71, Z. 35–72, Z. 2: aber ohne Absicht … sei)] wobei man sich den Besitz zum Zwecke macht, und sich des Genusses entäußert

S. 72, Z. 16 ff.: *Die lateinischen Sentenzen sind in der 2. Auflage ausgelassen*

S. 72, Z. 31: begehen] begehen kann *(oben im Text wurde dieses in der ersten Auflage fehlende* kann *an das vorangehende* Daher *angeschlossen)*

S. 72, Z. 33: *habeat*] *ferat (übernommen, d. Hrsg.)*

S. 73, Z. 10: armselig] auf den Vorsatz armselig

S. 74, Z. 32 und S. 75, Z. 10: Geringfähigkeit] Geringfügigkeit *(übernommen, d. Hrsg.)*

S. 75, Z. 6 ff.: mit dem Bewußtsein … ist)] das Bewußtsein der Erhabenheit seiner moralischen Anlage in sich aufrecht erhalten

S. 75, Z. 12: Demut] moralische Demut

S. 75, Z. 17 f.: sittlich-falsche Kriecherei *(humilitas spuria)*] falsche moralische Demut *(humilitas moralis spuria)* oder geistliche Kriecherei

S. 75, Z. 19: Demut] Demut als Geringschätzung seiner selbst

S. 75, Z. 22: diesem Verhältnisse] solcher Demut

S. 76, Z. 16: in folgenden Beispielen] durch folgende Vorschriften

S. 78, Z. 1: Des zweiten Hauptstücks] Drittes Hauptstück

S. 78, Z. 3: angeborenen] geborenen

S. 79, Z. 12: d. i. als] d. i. einen Anderen als

S. 80, Z. 29: den Regeln] sich als Regel

S. 81, Z. 14: der erstere] der erste Spruch

S. 81, Z. 20: was] eine Seligkeit, die

S. 82, Z. 3: Das moralische Selbsterkenntnis, das] Die Selbstprüfung, die

S. 82, Z. 4: verlangt] verlangt und die dadurch zu erhaltende Selbsterkenntnis

S. 82, Z. 9: der Entwicklung der] der Bestrebung die

S. 82, Z. 15 f.: als Mensch (seiner ganzen Gattung) überhaupt] als eines Menschen, oder des ganzen Menschengeschlechts überhaupt

S. 82, Z. 20 f.: (sich selbst, aber nicht die Menschheit in sich) verachtungswürdig findet] und in einem solchen Falle auch sich selbst der Verachtung würdig findet: einer Verachtung, die denn immer nur diesen oder jenen Menschen, nicht die Menschheit überhaupt treffen kann

S. 83, Z. 4: sich selbst ist, für Pflicht gegen Andere] sich oder andere Menschen ist, für Pflicht gegen andere Wesen

S. 83, Z. 25: für] mit einer *(übernommen, d. Hrsg.)*

S. 84, Z. 11–15: aber doch … Gewächsreichs)] aber doch eine der Moral günstige Stimmung der Sinnlichkeit sehr befördert, wenigstens dazu vorbereitet, nämlich die Lust, etwas auch ohne Absicht auf Nutzen zu lieben, und z. B. an den schönen Kristallisationen, an der unbeschreiblichen Schönheit des Gewächsreichs ein uninteressiertes Wohlgefallen zu finden

S. 84, Z. 17: Pflicht der Enthaltung von gewaltsamer und zugleich grausamer] gewaltsame und zugleich grausame *(übernommen, d. Hrsg.)*

S. 85, Z. 4: dessen] eines Wesens

S. 85, Z. 6: z. B. der Idee von Gott] nämlich der Gottheit

S. 85, Z. 19: es] sie *(übernommen, d. Hrsg.)*

S. 86, Z. 14: Naturanlage] Naturanlagen

S. 86, Z. 21 f.: das der Zwecke (sich Gegenstände zum Zweck zu machen) fähig ist] das Zwecke zu haben oder Gegenstände sich zum Zweck zu machen fähig ist

S. 87, Z. 26: Auf welche] Welche *(übernommen, d. Hrsg.)*

S. 88, Z. 6: abwürdigen] herabwürdigen

S. 88, Z. 27: zu welchem Ziele aber hinzustreben] die Bestrebung nach diesem Ziele ist

S. 88, Z. 29: andern ist] andern

S. 89, Z. 8: nur im] nur in

S. 89, Z. 26: jener] jener Tugenden

S. 89, Z. 27: aufzufinden] bei sich aufzufinden

S. 93, Z. 11: verdienstlich] verdienstliche

S. 94, Z. 19: verstanden] genommen

S. 94, Z. 28: sondern nur] sondern

S. 95, Z. 11: abzuwürdigen] herabzuwürdigen

S. 96, Z. 24 f.: einschließt, nicht der Mensch] einschließt

S. 96, Z. 27: alle Anderen] mit allen Anderen

S. 98, Z. 6 f.: (sklavisch) des zum frohen Genuß des Lebens Notwendigen oder] (sklavisch) oder

S. 98, Z. 13: praktisch sei, d. i. das Wohltun] praktisch werde, d. i. wie kann man das Wohltun

S. 99, Z. 4: folglich die gemeinnützige, des] folglich ist die gemeinnützige Maxime des

S. 99, Z. 10: für den, der] im Fall, daß jemand

S. 99, Z. 12: seine] eine

S. 99, Z. 24: seinen Wohltätigkeitsakt] seine Wohltätigkeit

S. 100, Z. 19: Gestörten] Blödsinnigen und Verrückten

S. 100, Z. 20: denke, indem] denke; dem ich aber wirklich keine Wohltat erweise, indem

S. 101, Z. 15 f.: *Die 1. Auflage setzt* (als skandalöses Beispiel) *nach* kann *(übernommen, d. Hrsg.)*

S. 101, Z. 26 f.: Wohlwollen schon Grund der Verpflichtung zur Dankbarkeit] Wohlwollen gegen den Wohltäter schon eine Art von Dankbarkeit

S. 102, Z. 19: der] deren

S. 102, Z. 25: Tugend der Menschenliebe] Tugend

S. 102, Z. 28 f.: zu verbinden] verbindet, auszuüben

S. 103, Z. 19: *liberalis*] *libera*

S. 103, Z. 21: *illiberalis, servilis*] *necessaria*

S. 104, Z. 4–7: wie dann ... genannt wird] wie dann auch eine beleidigende Art des Wohltuns, Barmherzigkeit genannt, die ein Wohlwollen ausdrückt, was sich auf den Unwürdigen bezieht

S. 104, Z. 12–17: so ist es ... benutzen.] so ist doch tätige Teilnehmung an ihrem Schicksal Pflicht, und zu dem Ende also die mitleidigen natürlichen ... zu benutzen wenigstens indirekte Pflicht

S. 104, Z. 18: umzugehen] zu umgehen *(übernommen, d. Hrsg.)*

S. 104, Z. 19: die] nicht die *(übernommen, d. Hrsg.)*

S. 105, Z. 13: das] also

S. 105, Z. 13 f.: sein, nämlich der Stolz, einen über sich zu sehen] der Stolz sein, einen nicht über sich zu wollen

S. 107, Z. 7: Böses] Böse

S. 107, Z. 25 f.: Teilnehmung (des ... Terenz):] Teilnehmung der Maxime des ... Terenz:

S. 108, Z. 16: sanfte] schlaffe

S. 108, Z. 17: *mitis*] *ignave (sic!, d. Hrsg.)*

S. 108, Z. 18: Entsagung] Verzichtleistung

S. 109, Z. 19: (Unbescheidenheit)] oder die Unbescheidenheit

S. 109, Z. 19: Würdigkeit] Forderung

S. 109, Z. 21: der Forderung aber] aber in der Forderung

S. 111, Z. 5 f.: dem Ehrliebenden (der auf ... muß) schmerzhafter] dem Bestraften (der noch auf ... muß) durch diese Entehrung schmerzhafter

S. 111, Z. 25 f.: Verachtung und ... muß] Verachtung des Lasterhaften ausschlagen, nie ihm allen moralischen Wert absprechen muß

S. 112, Z. 1: höchstschätzenden] hochschätzenden

S. 112, Z. 8 f.: pflichtwidrig, aber ... nehmen] pflichtwidrig, hingegen an dem, was bloß als Abweichung von den gemeinen Vernunft auffallend *(paradoxon)*, sonst aber an sich gut ist, solches zu nehmen

S. 112, Z. 10: hält), ein] hält) und ein

S. 112, Z. 32: Widerspiels] Gegenteils

S. 114, Z. 19 f.: desjenigen die Ehre eines Anderen Schmälernden, was] desjenigen, was die Ehre eines Anderen schmälert, wenn es

S. 114, Z. 21: es mag übrigens auch wahr sein] gesetzt, daß es übrigens auch wahr wäre

S. 115, Z. 1: uns Andere] wir Anderen

S. 115, Z. 13: sie] gewisse Sonderbarkeiten

S. 116, Z. 13 f.: dieses, nicht] dieses auch in Beziehung auf andere Menschen zu befolgen, nicht

S. 117, Z. 23–30: Zustande; ... usw. zukomme] Zustande zu beobachten sei; welches Verhalten dem Gelehrten oder Ungelehrten gezieme, und welches den im Gebrauch seiner Wissenschaft als unumgänglichen (geschliffenen), oder in seinem Fach unumgänglichen Gelehrten (Pedanten), den pragmatischen ... Gelehrten charakterisiere; welches nach Verschiedenheit ... usw. zu beobachten sei

S. 119, Z. 12: Menschen] Menschen zu suchen

S. 119, Z. 13–17: Daß aber ... zu ersehen.] Daß aber, obwohl sich Freundschaft als einem Maximum der guten Gesinnung gegeneinander zu streben eine von der Vernunft aufgegebene, nicht etwa gemeine, sondern ehrenvolle Pflicht ist, dennoch eine vollkommene Freundschaft eine bloße aber doch praktisch notwendige Idee, in jeder Ausübung unerreichbar sei, ist leicht zu ersehen.

S. 119, Z. 22: noch mehr aber, welches] oder, was noch mehr ist zu erforschen, welches

S. 119, Z. 26 ff.: einbüße, ... wird] einbüße? Wie läßt sich also erwarten, daß von beiden Seiten Liebe und Hochschätzung subjektiv in das Ebenmaß des Gleichgewichts gebracht werden solle

S. 119, Z. 31: und wenn] so daß

S. 119, Z. 33: welche Einschränkung der Vertraulichkeit] eine Einschränkung der Vertraulichkeit welche,

S. 120, Z. 13: Folgende Anmerkungen können] Auch können noch folgende Anmerkungen

S. 120, Z. 19: und zwar, ... zu fallen] und glaubt entweder darin schon gesunken zu sein, oder fürchtet wenigstens, da er von dem Anderen beobachtet und insgeheim kritisiert wird, immer die Gefahr seine Achtung zu verlieren

S. 121, Z. 12: Gefühle] Gefühlen *(übernommen, d. Hrsg.)*

S. 121, Z. 14: oder] oder feste,

S. 122, Z. 12–16: teils weil ... würde] weil Andere, indem sie ihr Urteil behutsam zurückhalten, davon zu seinem Schaden Gebrauch machen könnten. Er möchte auch wohl anderen seine Mängel oder Fehler eröffnen; aber er muß fürchten, daß der Andere die seinigen verhehlen, und er so in der Achtung desselben einbüßen möchte

S. 122, Z. 18–22: Findet er … an sich hat] Findet er also einen Menschen, der gute Gesinnung und Verstand hat, so daß er ihm, ohne jene Gefahr besorgen zu dürfen, sein Herz mit völligem Vertrauen aufschließen kann, und der überdem in der Art die Dinge zu beurteilen mit ihm übereinstimmt

S. 122, Z. 30–32: (der Indiskretion) … selten ist] oder der Indiskretion. Nun ist es aber äußerst selten jene Eigenschaften zusammen in einem Subjekt anzutreffen;

S. 122, Z. 34 f.: zugleich verbunden ist, ebendasselbe ihm anvertraute Geheimnis] sich verbunden erachte, ein ihm anvertrautes Geheimnis

S. 122, Z. 36: ersteren] ersteren, der es ihm anvertraute

S. 123, Z. 1–6: Diese … ist] Indes ist doch die …

S. 123, Z. 4: (pragmatische)] (pragmatische) Freundschaft

S. 123, Z. 9: d. i. der] d. i. ein Freund der

S. 123, Z. 14: bloß Menschenliebenden (Philanthrop)] Philanthropen, die Menschen bloß liebenden Menschen

S. 123, Z. 18 f.: gleichsam … will] wobei man alle Menschen als Brüder unter einem allgemeinen Vater, der Aller Glückseligkeit will, sich vorstellt

S. 124, Z. 3–5: als einen, der … anzusehen] als einen Teil eines allbefassenden Kreises der weltbürgerlichen Gesinnung anzusehen

S. 124, Z. 6 f.: die wechselseitige, die indirekt dahin führt] die Mittel, die indirekt dahin führen

S. 124, Z. 7: derselben] der Gesellschaft

S. 124, Z. 15: Es ist zwar nur Scheidemünze, befördert] Sie gelten nur als Scheidemünze, befördern

S. 124, Z. 19–21: zanken) … verbindet] zanken, welche insgesamt als bloße Manieren des Verkehrs durch geäußerte Verbindlichkeiten, zugleich Andere verbinden

S. 127, Z. 28: sein] sein würde

S. 128, Z. 7–8: welchen er geschieht] an welche er gerichtet wird

S. 129, Z. 26: dogmatischen] akromatischen

S. 129, Z. 31: Beispiel] Exempel* *(mit der folgenden Anmerkung)*

S. 130, Z. 1: Angewöhnung oder Abgewöhnung] Angewöhnung

S. 130, Z. 25 ff.: *In der 2. Auflage: stets* schweigt *statt* = 0; Lehrer *und* Schüler *ausgeschrieben, statt* S. *und* L.; *die Darstellung ist insgesamt etwas übersichtlicher gestaltet; die Numerierung der Unterabschnitte (1.-8.) fehlt.*

S. 131, Z. 2: Alles] in allem

S. 136, Z. 9: zu opfern] aufzuopfern

S. 136, Z. 19f.: *(assuesce incommodis et desuesce commoditatibus vitae)*] *sustine et abstine*

S. 137, Z. 10: das Maß erreicht] es dahin bringt

S. 140, Z. 2: dargelegt werden könnte] darlegen müßte

S. 140, Z. 8: des Gegenwärtigen] der gegenwärtigen

S. 141, Z. 2: aus] als Zwecke der

S. 141, Z. 15–19: Denn (...) ... *(benignitas)*;] Denn Belohnung (...) läßt sich von seiten des höchsten Wesens gar nicht aus Gerechtigkeit gegen Wesen, die lauter Pflichten und keine Rechte gegen jenes haben, sondern bloß aus Liebe und Wohltätigkeit *(benignitas)* ableiten

S. 141, Z. 36: d.i. der unter Menschen] wie sie unter Menschen vorkömmt

S. 143, Z. 37: wechselseitige Menschenpflichten] Menschenpflichten gegen sich selbst und andere Menschen,

PERSONENREGISTER*

* Kursivierte Seitenangaben weisen auf Zitate ohne Namensnennung hin

SACHREGISTER

REGISTER KLASSISCHER FACHTERMINI